中国社会科学学科文摘系列

新闻学传播学文摘

Journalism and Communication Studies Digest

2015. NO. 1   总第2卷（Vol. 02）

中国社会科学院新闻与传播研究所 主办
唐绪军·主编

中国社会科学出版社

图书在版编目(CIP)数据

新闻学传播学文摘.2015.NO.1/中国社会科学院新闻与传播研究所主办;唐绪军主编.—北京:中国社会科学出版社,2015.12
ISBN 978-7-5161-7456-2

Ⅰ.①新… Ⅱ.①中…②唐… Ⅲ.①新闻学—传播学—文集 Ⅳ.①G210-53

中国版本图书馆 CIP 数据核字(2015)第 309547 号

出 版 人	赵剑英
责任编辑	彭莎莉
责任校对	林福国
责任印制	张雪娇

出　　版	中国社会科学出版社
社　　址	北京鼓楼西大街甲 158 号
邮　　编	100720
网　　址	http://www.csspw.cn
发 行 部	010-84083685
门 市 部	010-84029450
经　　销	新华书店及其他书店
印刷装订	三河市东方印刷有限公司
版　　次	2015 年 12 月第 1 版
印　　次	2015 年 12 月第 1 次印刷
开　　本	710×1000　1/16
印　　张	18
插　　页	2
字　　数	293 千字
定　　价	52.00 元

凡购买中国社会科学出版社图书,如有质量问题请与本社营销中心联系调换
电话:010-84083683
版权所有　侵权必究

《新闻学传播学文摘》编委会

主　　任　唐绪军
副 主 任　宋小卫
委　　员　(以姓氏笔画为序)
　　　　　卜　卫　王怡红　孙五三　刘晓红
　　　　　时统宇　孟　威　杨瑞明　姜　飞
　　　　　赵天晓　殷　乐　钱莲生
主　　编　唐绪军
执行主编　殷　乐
编　　辑　时统宇　张建珍　张化冰

目　录

全文转载

新闻学

整体转型：关于当前中国新闻传播学科建设的一点想法 … 黄　旦（3）

"理想"与"新媒体"：中国新闻社群的话语建构与
权力关系 ………………………………………… 丁方舟（17）

互联网思维下的全球新闻编辑部转型
思路与趋势 ………………… 唐绪军　黄楚新　王　丹（39）

新闻史

从立场到图景：试论"中国报刊史"的书写缘起
和逻辑 ……………………………… 朱至刚　张海磊（47）

建构报刊合法性："有闻必录"兴起的另一种认识
——从《申报》"杨乃武案"报道谈起 ………… 操瑞青（61）

中西新闻比较与认知中国新闻业的文化心态 …………… 单　波（86）

传播学

"认识世界"与"改造世界"
——探讨行动传播研究的概念、方法论与研究策略 … 卜　卫（114）

大数据与"被遗忘权" ………………………… 吴　飞　傅正科（134）

人类择偶行为的传播学阐释：一种进化论的视角 ……… 潘祥辉（149）

中国网络群体事件研究的全球学术地图
——基于 CSSCI、TSSCI 和 SSCI 数据库 2003—2014 年
的实证研究 ………………………… 苗伟山　隋　岩（170）

广播影视

电视传播与村民国家形象的建构及乡村社会治理
　　——基于贵州、湖南、河南三省部分乡村的
　　　实地调查 ………………… 孙秋云　王利芬　郑　进（188）
中国电影的全球化想象与自由流动身份建构 … 张建珍　吴海清（200）

新媒体研究

在线集体记忆的协作性书写
　　——中文维基百科"南京大屠杀"条目（2004—
　　2014）的个案研究 ……………… 黄顺铭　李红涛（213）
场景：移动时代媒体的新要素 ………………………… 彭　兰（235）

观点摘登

新闻学

中国新闻从业者的社交媒体运用及其影响因素：
一项针对上海青年新闻从业者的调查研究 ………… 周葆华（253）
新媒体语境下的新闻叙事模式 ………………………… 曾庆香（253）
从"新闻人"到"产品经理"，从"受众中心"到"用户
驱动"：网络时代的媒体转型与"大众新闻"危机
　　——兼谈财经新闻教育改革 ………………… 林　晖（254）
大数据在电视新闻中的应用：创新、问题与方向
　　——以央视2014年大数据系列报道为例 … 毛湛文　李瑞阳（255）

新闻史

清末民初新闻团体争取言论自由的历史轨迹 ……………… 余　玉（256）
清末学堂学生的读报活动与观念变革 …………………… 蒋建国（256）

传播学

为了重建的反思：传播研究的范式创新 …………………… 孙　玮（257）

新媒体视域下"沉默的螺旋"理论的检视与研究
　　——以长三角农民工的QQ表达为例 …… 宋红岩　曾静平（258）
对话的重要性：国际传播中的理解和接受 ………… 张小娅（259）
辟谣信息构成要素：一种整合框架
　　——二战以后西方辟谣实证研究回顾 …………… 熊　炎（259）
突发性群体事件谣言的人物关系分析 ……………… 蔡盈洲（260）
面向公众的科学传播：新技术时代的理念与
实践原则 ……………………………… 陆　晔　周睿鸣（261）
中国语境下"传播"概念的演变及意义 ……………… 刘海龙（261）

广播影视

广播史研究的范式转移 ………………………………… 李　煜（262）
中国国家形象个人代言的传播
效果研究 ……………………… 薛　可　黄炜琳　鲁思奇（263）

新媒体研究

跨时期网络舆论铺垫效果的构念启动与使用
　　——基于《人民日报》"城管"议题微博的统计分析
　　　与时序考察 …………………………………… 廖为民（263）
社交媒体的中国道路：现状、特色和未来 …… 李　娜　胡　泳（264）
微博语境下大数据"技术神话"的建构与批判 ……… 何　睿（265）
美国关于新媒体规制的争论 …………… 戴元光　周鸿雁（266）

传媒经济

大数据时代传媒业的转型进路：试析定制内容、
众包生产与跨界融合的实践模式 ……… 喻国明　李慧娟（267）
论中国社会转型初期（1978—1991）的
"社会主义广告" …………………………………… 王凤翔（268）
中国社区媒体运行模式及其价值研究 …… 贾　茜　蔡　雯（269）

推荐论文题录

新闻学	（273）
新闻史	（273）
传播学	（274）
媒介、社会与文化	（274）
广播影视	（275）
新媒体研究	（275）

Contents

Full paper reprint

Journalism

Whole transformation: Thoughts on the current construction of
 journalism and communication studies in China .... Huang Dan (3)
"Ideal" and "new media": The construction of discourse and power
 relations in Chinese journalistic community .... Ding Fangzhou (17)
Approaches and trends in global newsroom transformation from the perspective
 of the Internet mindset ...... Tang Xujun, Huang Chuxin, Wang Dan (39)

History of journalism

From position to prospect: on the writing origin and logic of "the history
 of Chinese press" .... Zhu Zhigang, Zhang Hailei (47)
The construction of newspaper legitimacy: Rethinking the rise of *You
 Wen Bi Lu* by Discussing the Case of Yang Nai Wu Reported
 by Shen Pao .... Cao Ruiqing (61)
Comparisons between Chinese and western journalism and the cognition
 of Chinese journalism's cultural attitude .... Shan Bo (86)

Communication Studies

"The point is to change it": Exploring the concepts, methodology and
 strategies of action – oriented communication research ...... Bu Wei (114)
Big data and the "right to be forgotten" .... Wu Fei, Fu Zhengke (134)
Explaining human mate choice behavior with communication: An

Contents

evolutionary perspective ·················· Pan Xiang Hui (149)

Mapping out the global outline of Chinese online activism research:
A study based on data from CSSCI, TSSCI and SSCI
(2003 - 2014) ························· Miao Weishan, Sui Yan (170)

Broadcasting, film and television

Television communication, villagers' national image construction
and governance of rural society: A field study in parts of rural
Guizhou, Hunan and Henan ······ Sun Qiuyun, Wang Lifen, Zheng Jin (188)

Chinese films' global imagination and construction of free - flow
identity ····························· Zhang Jianzhen, Wu Haiqing (200)

New media studies

Writing online collective memory collaboratively: A case study
of the entry of "Nanking Massacre" (2004—2014) in Chinese
Wikipedia ······························ Huang Shunming, Li Hongtao (213)

Scenario: The new element in the age of mobile media ······ Peng Lan (235)

Excerpts

Journalism

Chinese journalists' social media usage and its influential factors:
A survey study on young journalists in Shanghai ······ Zhou Baohua (253)

New models of news narrative in the context of new
media ···································· Zeng Qingxiang (253)

From "newsman" to "product manager", from "audience -
centric" to "user - driven": Media's transformation and
"mass journalism's" crisis. A discussion on the reforming
financial journalism education ····················· Lin Hui (254)

The application of big data in television journalism: Innovations,
difficulties and directions. A case study of the CCTV 2014 big
data reports ···················· Mao Zhanwen, Li Ruiyang (255)

History of journalism

News organization's fight for the freedom of speech in late Qing
and early Republic era ·· Yu Yu (256)

School students' newspaper reading and conceptual transformation
in late Qing Dynasty ··· Jiang Jianguo (256)

Communication studies

Reflection for reconstruction: Innovations on communication
studies' paradigm ·· Sun Wei (257)

A review and study on the spiral of silence theory from the new
media perspective: A case study of QQ usage of migrant workers
in the Yangtze River delta ············ Song Hongyan, Zeng Jingping (258)

The importance of dialogue: Understanding and acceptance
in international communication ··························· Zhang Xiaoya (259)

Requirements for dispelling rumors: An integrated framework.
A review of Western empirical studies on dispelling rumors
after the Second World War. ·································· Xiong Yan (259)

Analysis of personal relationships in rumors of emergent
mass incidents ·· Cai Yingzhou (260)

Science communication for the public: Ideas and practical principles
for the age of new technology ·················· Lu Ye, Zhou Ruiming (261)

The evolution and meaning of the concept of communication in
Chinese context ··· Liu Hailong (261)

Broadcasting, film and television

Paradigm shift in the study of radio history ······················· Li Yu (262)

A study on the communication efficacy of China's national image
represented by individuals ········· Xue Ke, Huang Weilin, Lu Siqi (263)

New media studies

The activation and adoption of constructs in the priming effect of

intertemporal online: A statistical analysis and historical examination of
micro-bloggers related with issues of "Chengguan" ...... Liao Weimin (263)
China's approach to social media: Its current situation,
features and future .... Li Na, Hu Yong (264)
The construction of "technological myth" of big data in the
context of Weibo .... He Rui (265)
Disputes over the regulation of new media in the
United States .... Dai Yuanguang, Zhou Hongyan (266)

Media Economy

The media industry's road forward for transformation in the
age of big data: An attempt to analyze the practical model of
customized content, crowdsourcing and inter-discipline
convergence .... Yu Guoming, Li Huijuan (267)
On "socialist advertising" in the early transformation period of
Chinese society (1978 – 1991) .... Wang Fengxiang (268)
A study on the operation model of China's community media and
its value .... Jia Qian, Cai Wen (269)

List of Recommended Papers

Journalism .... (273)

History of journalism .... (273)

Communication studies .... (274)

Media, society and culture .... (274)

Broadcasting, film and television .... (275)

New media studies .... (275)

全文转载

新闻学

整体转型：关于当前中国新闻传播学科建设的一点想法

黄 旦

摘 要：构成新闻传播学科的新闻学和传播学，由于出自不同的社会历史脉络，从而导致其性质相异：新闻学以职业规范导向为己任，传播学则是经验性学科，着重于传播对于社会的影响。在当前新传播技术革命的背景下，新闻传播学科的建设再不能是在原有框架中的修修补补，而是需要整体转型。这包括三方面内容：研究方式向经验性研究转向；教学上改变原有以媒介种类划分专业的做法，转向以传播内容为类别，并与新媒体实验室互相勾连；思维方式上引入网络化关系，以重新理解和思考传播、媒介及其与人和社会的关系。整体转型是一个大方向，在这一基础上，突出各自的特色，以特色为中心带动学科的转型。

关键词：新闻传播 学科建设 整体转型
中图分类号：G206 〔文献标识码〕A

"学科建设"总是被我们挂在嘴边，这既表明了其重要性，同时也表明学科本身是需要不断养护、修补乃至改造，以适应内外情势的变化。因此，学科建设总是常说常新，常新常说。不过，触发我写这篇文章，倒是事出有因。一方面是新一轮学科规划的制定迫在眉睫，另一方面又总觉得

> 全文转载

新闻传播学科的特殊之处，被我们认识不够。它们有的或者在过去的讨论中有所涉及但尚不够深入，有的需要我们重新认识，也有的是在目前情势下逐渐显露，需要重视和认真考虑的。

特殊性大概可以归纳为三个方面：第一，是学科本身。"新闻传播学"之名，包含了"新闻学"和"传播学"两个部分，以规范化语言表述，是两个二级学科。从"新闻学"到扩加"传播学"，再到"新闻传播学"成为一级学科，在学科建制架构上是一个很大的飞跃。俗话说，"升基斗屋"，基础开阔了，自然为我们搭建学科大厦提供了可能。但这不过是外延的扩展，内涵如何，很少讨论。由此带来第二个问题，即如果"新闻传播学"作为一个学科是一体的而不是两个学科的叠加或者拼凑，也就是说，"新闻传播学"不是也不应该是"新闻学"+"传播学"，那么，究竟该如何整合和运转？其实，对此多年前就有讨论，"新闻学"和"传播学"的关系的疑问，就是由此而来，但这一疑惑至今仍在。在我看来甚至已经影响到了整个学科的建设。第三是来自于外在。如同大家所看到的，新传播技术革命风起云涌，网络化造就了全新的社会形态，从而使我们更深切体会到恩格斯在《反杜林论》中说的话，"当我们深思熟虑地考察自然界或人类历史或我们自己的精神活动的时候，首先呈现在我们眼前的，是一幅由种种联系和相互作用无穷无尽地交织起来的画面，其中没有任何东西是不动的和不变的，而是一切都在运动、变化、产生和消失"。在这样一种去中心与再中心的波浪式涌动和多重相互交叠联结中，线性因果不复存在，相反，充满了不可预见和不可逆[1]，真正进入了麦克切斯尼所谓的"紧要关头"[2]。那么，与此相关最为密切的"新闻传播学"承受巨大的压力，逼迫我们要重新思考专业设置、人才培养的目标，教学的和研究的方式诸问题。基于上述的前提，本文试图提出自己一点浅显的想法，供同好讨论，以求抛砖引玉。

一 如何认识"学科"

在新闻传播领域中，关于学科建设的讨论不少，但于学科的来历不大

---

[1] 参见［英］约翰·厄里《全球复杂性》，李冠福译，北京师范大学出版社2009年版。
[2] ［美］罗伯特·麦克切斯尼：《传播革命》，高金萍译，上海译文出版社2009年版，第11—12页。

涉及。其实，学科如何建设与如何看待学科有直接的关系，因此就舍近求远，迂回从学科说起，以使下面的展开有一个基础。

学科是一个外来词，英文是 Discipline，含"学科/规训"之意，为门徒和学者所属。这与另一个英文词 doctrine——教义不同，教义则为博士和教师所有。如果"学科/规训"跟实习或练习关联，那么，教义则属抽象理论。因此，学科是基于经验方法和诉诸客观性的。称一个研究范围为一门"学科"，即是说它不是依赖教条而立，其权威性并非源自一人或一派，而是基于普遍接受的方法和真理。① 正如韦伯在《以学术为业》中说："学术，今天是一种按专业划分的'职业'，其目的在于认识自己，认识实际中的联系。它不是先知先觉们施舍救世仙丹和启迪浑噩众生的隆恩大礼，也不是智者哲人对人世的意义进行的思维组成部分——它自然是我们的历史环境中的一种无法回避的既成事实，只要我们忠于自己，就不能摆脱这种事实。"② 然而，"学科"的产生和变化，实蕴含着现实变迁及其对于现实的认识，在这个意义上，学科不只是一种知识生产，其实也是一种以知识生产为方式的社会实践。"明白了学科是社会践行，我们就可以将学科规训的组织形式联结上其他的社会践行来研究。"③

作为一种社会践行，依照华勒斯坦的勾勒，社会科学的原初实践者，原本是统罩在哲学之下，但恰因为法国大革命，导致整个世界体系的动荡和变化，遂产生了意识形态、社会运动和社会科学三种秩序。"社会科学在19世纪被定义时，是对社会性世界的经验主义研究，希望了解'正常的变化'，并因此有能力来影响'正常的变化'。"由于19世纪逐渐占据主导的自由主义意识形态认为有三个领域的活动——市场、国家和个人——关系到社会进步的核心部分，于是它们分别单独被命名为政治科学、经济学和社会学。由此，四个前提构成了社会科学之大厦：第一，现代世界的巨大成就是由"权力实施的公共领域、生产的半公共领域和日常生活的私人领域"的人类活动分化而致，政治、经济和文化的竞技场是三种知识的起源，也是当代认识论的基

---

① [美]沙姆韦、梅瑟-达维多：《学科规训制度导论》，载[美]华勒斯坦等《学科·知识·权力》，刘健芝等编译，生活·读书·新知三联书店1999年版，第12—42页，引见13页。
② [德]马克斯·韦伯：《伦理之业：马克斯·韦伯的两篇哲学演讲》，王蓉芬译，广西师范大学出版社2008年版，第30页。
③ [美]沙姆韦、梅瑟-达维多：《学科规训制度导论》，载[美]华勒斯坦等《学科·知识·权力》，刘健芝等编译，生活·读书·新知三联书店1999年版，第12—42页，引见26页。

础；第二，进化论的历史观，即世界总是不断进步演化的；第三，人类心理学的功利主义观点，假定有一个来源于自然法的"人类本性"；第四，西方文明优越感的自我证明。依此而进，探讨主导本领域的普遍规律，就是社会科学的主要目的。至于没有跻身于并达到西方文明的地区，就变成了不够文明的另类标本，只能用民族志或东方学来描述，"被当作先前不变的特征化事物的残余——有如名贵的、或许正在腐化中的玩具小屋——被研究"①，研究目的是要探清他们落后之原因。至于人文科学，则是对应于社会科学而被命名，"是20世纪对那些遭排拒在自然和社会科学之外的学科的简便总称"②。

上面这一简单的描述，足以让我们明白，学科如何划分，呈何种面目，不是自然长出来而是人为的划分和归类，其背后暗含着关于世界及其历史的认识，尽管表面看上去不过是一种建制和知识场域的分门别类。在1848年至1914年间，成为专业化知识活动的社会科学在大学中慢慢落地生根，分化成为一系列的学科，学科分立的建制化开始。③ 建制化了的学科，自然就牵涉到了人员、资金和生源，"以学系为基础的学科是人力资源和经费流通的场所，拥有权力充当很难被打破的知识生产地盘"，如Jenchs和Riesman指出的，这会令人以为"一个学科最后不过是属于行政管理的范畴"④。就这样，一门学科（或较大的学科群）以学术要求与社会实践的某种特殊的、不断变化的融合为基础，它们相互支撑相互生产相互强化，"这种互动越密集，它的结构就会给要对评价、承认、奖励和分配作出决策的权威留下更大的空间"⑤，导致了"从历史的角度来看，一旦某一门学科得到了制度化，人们就很难不顾其普遍主义要求在当时所具有的表面上的学术合理性而成功地对这些要求进行挑战"⑥。在这样的情况下，学科看上去就抽离于与之同生相伴的社会实

---

① ［美］沃勒斯坦：《否思社会科学——19世纪范式的局限》，刘琦岩、叶萌芽译，生活·读书·新知三联书店2008年版，第17—18、110—113页。
② ［美］沙姆韦、梅瑟-达维多：《学科规训制度导论》，载［美］华勒斯坦等《学科·知识·权力》，刘健芝等编译，生活·读书·新知三联书店1999年版，第16页。
③ ［美］沃勒斯坦：《否思社会科学——19世纪范式的局限》，刘琦岩、叶萌芽译，生活·读书·新知三联书店2008年版，第110—111页。
④ ［美］沙姆韦、梅瑟-达维多：《学科规训制度导论》，载［美］华勒斯坦等《学科·知识·权力》，刘健芝等编译，生活·读书·新知三联书店1999年版，第33页、第21页。
⑤ 转引自［美］罗伯特·K. 默顿《科学社会学散记》，鲁旭东译，商务印书馆2004年版，第11页。
⑥ ［美］华勒斯坦等：《开放社会科学》，刘锋译，生活·读书·新知三联书店1997年版，第53页。

践，变成纯粹以知识本身为对象的象牙塔；知识的地盘和界限标志着专业的权力和威望，意味着行政建制等级中的地位；学科是扩展还是萎缩，关系到资源分配，关系到同一圈子群体成员的衣食，其前景究竟是黯淡还是光明。在这个意义上说，如果学科可以分为三个层面，即：制度架构、教学和培养人才，以及创造知识的话，那么，就中国目前情形，尤其是新闻传播学科观之，这些年所谓的学科建设，其主要着眼点基本都在第一个层次。关于此，待后面再稍作展开，此处暂且停住。

二 新闻学和传播学

奇怪的是，尽管我们对于新闻学和传播学的关系有过不长不短不急也不缓的讨论甚至争议，据说形成了六种论点[1]。粗粗看来，基本上都是就学科谈学科，以范围、对象、性质和传统作为辩论的依据，很少有人像华勒斯坦们那样，从学科与社会实践的关系来观看一下这两个学科。

全面铺陈新闻学和传播学的历史，非我所能亦非本文主旨之所在，因此就长话短说。

显然，从学科与社会实践的关系看，中国的新闻学首先是因报业而起，也就是说，当报业慢慢成为中国社会中职业的一个类别时，就开始需要具有一定知识基础和技能的人才。中国"报业教育之发端"是北京大学新闻学研究会[2]，但首先设立报学系的是1922年的上海圣约翰大学[3]，圣约翰的新闻教育完全模仿美国的密苏里大学。其实也不只是圣约翰，按照张咏和李金铨两位学者的研究，中国整个新闻教育，实质上都是"密苏里大学新闻教育模式"的翻版[4]。说来有趣，自王韬开始的中国人办报

---

[1] 唐远清：《对"新闻无学论"的辨析及反思》，中国广播电视出版社2008年版，第215—234页。

[2] 戈公振：《中国报学史》，生活·读书·新知三联书店1955年版，第259页。

[3] 周婷婷：《中国新闻教育的初曙——以北京大学新闻学研究会为中心的考察》，华中科技大学出版社2013年版，第104页。

[4] 张咏、李金铨：《密苏里新闻教育模式在现代中国的移植——兼论帝国使命：美国实用主义与中国现代化》，载李金铨编著《文人论政：民国知识分子与报刊》，台北：政大出版社2008年版，第321—350页。

实践中，对于英国的《泰晤士报》一直钦敬有加，如泰山北斗之仰望，但新闻教育却是亦步亦趋于美国。关于此中的原因，张、李文章里有多方面论证，颇有说服力，但除此而外，以我理解，可能还有新闻教育情况之不同。新闻事业"尤以北美合众国为盛。自美国新闻家Joseph Pulitzer君创设新闻学校于哥伦比亚大学，而各大学之特设新闻科者，亦所在多有。新闻学之取资，以美为最便"①。这可能是一个原因，但最根本的英国新闻业主要是行业自己的"学徒制"，并不是美国"学院制"②。犹如戈公振在讲演中说的，美国新闻教育是注重职业的训练，德国的方式是重视普通教育，英国是想把二者结合起来。③ 就这点而言，中国大学的眼睛瞟向大洋彼岸，是有一定道理的。

具体而言，以密苏里为代表的美国新闻教育，主张学新闻最佳的方式是实践，强调动手做和职业取向。④ 在20世纪初，美国的新闻教育大体上是职业教育，着重技能，到20世纪20年代开始，在重视技术训练基础上，强调学生要具备广博的知识，⑤ 但目的还是职业人才培养，不过关于人才的标尺发生某些变化罢了。联系到民国初年中国新闻业的乱象，"十而八九者，形式与精神均不成为一种报纸"⑥，美国以职业为取向的新闻教育，自然容易产生共鸣并且也容易见实效，况且大学也需要扩展招徕生源。这与中国业界的想法也是合拍的，在1912年中国报界俱进会成立会议上，就有人联袂提出要创办新闻学校，"各国大学均有新闻一科""我报界欲图与欧西媲美，非设此学堂不可""不先养专才，欲起而与世界报业相抗争，乌得乎"⑦？难怪徐宝璜的《新闻学》，意于"希望能导其正

---

① 蔡元培：《蔡序》，载徐宝璜《新闻学》，中国人民大学出版社1994年版。
② 胡连利：《美日新闻教育的差异论析》，《日本问题研究》1998年第1期，第42—46页。
③ 秦绍德：《戈公振谈新闻教育》，《新闻大学》1982年第3期，第117—118页。
④ 张咏、李金铨：《密苏里新闻教育模式在现代中国的移植——兼论帝国使命：美国实用主义与中国现代化》，载李金铨编著《文人论政：民国知识分子与报刊》，台北：政大出版社2008年版，第335页。
⑤ 郑北渭：《美国新闻教育的演变与特点》，《新闻大学》1983年总第6期，第89—93页。
⑥ 戊午编译社：《北京新闻界之因果录》，杨光辉、熊尚厚、吕良海、李仲民编《中国近代报刊发展概况》，新华出版社1980年版，第165—185页。
⑦ 周婷婷：《中国新闻教育的初曙——以北京大学新闻学研究会为中心的考察》，华中科技大学出版社2013年版，第14页。

当之方向而行，为新闻界开一新生面"，"导新闻业于正轨"①。后来的圣约翰、燕京都是这样的思路。"中国的公众舆论正处于黎明期，受过专业训练的编辑和作者，将拥有中国新闻界人士现在普遍缺乏的理想。他们将成为公众舆论的领导者和塑造者，通过传播公众智慧、为大众提供实际的精神指导，来对他们的国家，他们的社区提供无价的服务"②，这是圣约翰自己的报告。燕京的新闻系成立后，即被安置于文理学院的第五组——职业组③，就很能说明问题。这种倡导具有公共服务精神的职业导向之新闻教育，于1949年后在性质、方向及目标发生了根本性变化，然而，这种变化是政治上的而不是职业导向上的。目标还是培养新闻事业的从业者，不过是为谁服务的问题。正因如此，中国新闻学和新闻教育总是跟随着媒介行走，由报纸而广播而电视。每一次新的媒介出现，也就自然而然意味着新闻学外延上的又一次扩展，因为新的媒介需要新的工作者，虽然后起的这些媒介未必都是做新闻的。

由于始终是框定在"职业"之中，是顺随着新闻职业所搭建起的一套操作知识体系，新闻学作为一种"社会践行"，基本属于规范性学科。当然，这是我从规范性理论一说中借用而来，放到学科上不知是否合适。我的意思是，新闻学主要是围绕报刊实践所形成的一套规范——新闻生产的基本过程、报刊性质的认识和理解、报刊职业与社会的关系、报刊从业者必须具有的道德和素质等而展开。这一切职业实践的规范是既定和明确的，新闻学就是通过介绍说明这些规范来培养学生，分析新闻现象，指导新闻实践。举一例子，《新闻的十大基本原则》书中说："尽管新闻的传播速度、技术及新闻传递手段已经发生变化，并还将以更快的速度变化，但是在新闻的社会功能中，始终存在着一个关于新闻工作的清晰的理论和哲学。新闻工作的首要目标是为公民提供自由和自治所需的信息。"④ 这就是一个规范性表述，一切均已确定，关键是如何通过实践去实现。所以，新闻学的目的就是研究和指导如何做好新闻工作，总是围绕着什么是

---

① 徐宝璜：《新闻学》，中国人民大学出版社1994年版，第11、132页。
② 周婷婷：《中国新闻教育的初曙——以北京大学新闻学研究会为中心的考察》，华中科技大学出版社2013年版，第105页。
③ 同上书，第106—108页。
④ [美]比尔·科瓦齐、汤姆·罗森斯蒂尔：《新闻的十大原则》，刘海龙、连晓东译，北京大学出版社2011年版，第9页。

应该或不应该的层面打转,是一种价值判断。新闻理论、新闻业务都是如此。因此,新闻学基本上都只能是事后发话,是事后的一种分析、批评和解释,类似于文艺鉴赏。比如这个报道真实或不真实,客观或不客观,如此做法是否合适。很有意思的是,本来理应以经验性材料揭示历史的报刊史,也是顺着这样的"规范"做研究,研究报刊史的益处是可以"帮助我们更好地继承和发扬历史上的新闻宣传活动的优良传统""帮助我们更好地借鉴和参考历史上各种新闻传播媒介的工作经验""帮助我们更好地向老一辈的新闻工作者学习""帮助新闻工作者丰富有关新闻事业的历史知识"①。所有都是与如何做新闻工作有关。这与社会科学大不一样。看看一位社会学家对同行所提出的警告:如果社会学是一味追求解释而不顾及理论总结,就会染上新闻学或历史学那样随兴而发的论调作风。②

没有人可以否认,新闻业和新闻实践与社会、政治的关系密切,比如上面引证的所谓"新闻工作的首要目标是为公民提供自由和自治所需的信息",就是一个政治问题。但是,这是需要政治学,尤其是政治哲学来解决的,新闻学常常对之无能为力,因为如果新闻学要讨论这样的问题,必定是在一定的政治学理论前提下的讨论,这就超出了新闻学的界限,新闻学是在一个不证自明的政治前提下讨论新闻业的实践规范,而不是去讨论其前提,在这个意义上说,新闻实践可以是社会学或者政治学研究的一种经验现象,是为解决政治或社会问题所涉及的对象,比如新闻社会学之类的,但社会学和政治学却不是新闻学的对象。因为新闻学关注的是新闻职业的社会实践,而不是作为一种社会实践的新闻业。由此来看,关于新闻"有学"还是"无学"之讨论,基本是一个伪命题,如果事先不对"学"做出一个界定的话。

传播学则不一样,简而言之,其不同有三:第一,传播学注视的对象,不是职业,就美国大众传播而言,是媒介对于人和社会的影响。第二,传播学的研究意在揭示传播与社会的诸种关系及其意义,从而在理论上予以验证或者揭示。因而,它关注媒介却不是以媒介来划界,更不是讨

---

① 方汉奇:《序言》,载方汉奇主编《中国新闻事业通史》(第一卷),中国人民大学出版社1992年版,第3—7页。

② [澳]马尔科姆·沃特斯:《现代社会学理论》,杨善华、李康、汪宏波、郭金华、毕向阳译,华夏出版社2000年版,第1页。

论具体媒介的操作，相反，是从媒介的实践中推论出理论或理论意义。第三，虽然像新闻一样，美国的大众传播也是需要专业教育，回应技艺的要求和产业界客户的需要[1]，但传播学教育的重点不是职业规范，而是培养理解、分析并预测传播实践变化及其影响的人才。总之，传播学是和大众媒介，尤其是电视产生后传播所产生的问题有关，直接的因素则与第二次世界大战、宣传和大众化社会的认定相联系。作为一种"社会践行"，传播学是要了解揭示传播变化所造成的社会影响。其性质属经验性学科，研究的是"是"或"不是"，不是新闻学的"应该"或是"不应该"。以华勒斯坦的追根溯源，传播学是1945年之后，由于社会政治和经济的变迁，原有社会科学分门别类的合法性遭到质疑而产生的。"一方面，无论是依据研究的对象还是依据处理数据的方法，要想为这几门学科找到明确的分界线都越来越困难；另一方面，由于可接受的研究对象有了范围上的扩大，每一门学科也变得越来越不纯粹。这样便导致了对这些学科的统一性和学术前提的合法性的不容忽视的内在质疑，而在以前，每一门学科正是借此而为自身的独立存在权利进行辩护的。解决这个问题的一个方法便是新创一些带有'跨学科'色彩的名词，如传播学（communications studies）、行政学和行为科学。"[2] 传播学本就是从社会科学中破门而出的"异类"。

传播学被引入中国，最初动力来自新闻学，主要是想借此推动新闻改革和新闻学研究，因为美国大众传播重视的是传播过程，尤其是受众、效果等，恰是之前中国新闻实践和新闻学研究所根本没有想到的为中国新闻实践和新闻学打开了一扇新的窗口。"第二次全国传播学术讨论会"的一段话就很能说明问题，"在对外国传播学评介的基础上，去粗取精，去伪存真，利用大众传播研究中某些有用的理论和方法，研究中国的大众传播事业，特别要与我国传统新闻学相结合，取长补短，以促进我国新闻学研究，推动我国新闻传播事业的发展"[3]。因此，传播学进入中国，对于新闻学带来的影响首先是研究方面的，它不仅是开辟了一个过去新闻学所没

---

[1] ［美］汉诺·哈特：《传播学批判研究》，何道宽译，北京大学出版社2008年版，第11页。

[2] ［美］华勒斯坦等：《开放社会科学——重建社会科学报告书》，刘锋译，生活·读书·新知三联书店1997年版，第40—51页。

[3] 《第二次全国传播学术讨论会召开》，《国际新闻界》1986年第6期。

> 全文转载

有的学术领域,更是导入了一种新的研究方式,这包括问题的提出、理论的运用、方法的操作乃至于学术的评判,等等,而后者与新闻学过去所习惯的总结、分析和解释,是完全不同的套路。不过,传播学在中国的一个尴尬,是教学上落不下来,我的意思是它不能为大学教育提供一个职业想象,因为始终无法说清传播学是培养何种职业人才。后来一些高校把广告、媒介经营管理之类,或者广播电视中不属于新闻的部分归入传播学,那也只是一种机会主义的权宜之计,可以让不是新闻学的东西有一个比较响亮的学科归属,没有实质性的意义。传播学在本科教育的转机来自于互联网。网络是一种职业,有人才需求;又是一种传播,更有利的是新闻学所无法覆盖,于是网络传播立马成为各校争抢的热点专业。这样,传播学也算是在本科专业上有了自己的立足点。

由此我们可以看出,当新闻传播学成为一级学科时,在形式上是新闻学和传播学的组合,在性质上,却是规范式学科和经验式学科的并存,这在中国其他的学科中,恐怕是不大有的。这本应该是我们讨论学科建设的一个基本前提,可是几乎完全被忽视了。引介传播学的前驱之一,复旦大学的郑北渭老师倒是很早注意到了这个问题,并对二者做过这样的比拟,"传播学之与新闻学或许有点类似艺术哲学的美学与艺术的关系那样"[①],只是没有人真正对之予以理会。

三 整体转型:当前新闻传播学科建设的课题

基于上面所描述的状况,我认为,当前新闻传播的学科建设,必须有一个整体的转型。所谓整体转型,就是要在思路上有根本性变化,通盘考虑,再不能忽视两个学科的差别,在原有框架里剪裁粘贴,更不是叠床架屋,化出一个又一个的所谓"二级"或"三级"学科,在外延上有更多的涵盖。

前面提到过,由于学科牵涉到很多因素,大略落在三个主要层面,即:建制架构、教学和人才培养,以及创造知识,这些年我们看到的"学科建设",主要就是在建制上有了突破。这当然很重要,尤其是就传统看,新闻学科历来弱小,努力把盘子做大,才有进一步发展的空间。恰

---

① 郑北渭:《美国新闻教育的演变与特点》,《新闻大学》1983年第1期,第89—93页。

好传播学的引入为此提供了可能，在这个意义上，或许我们可以把新闻传播学作为一级学科，看作是新闻传播学科的第一次转型，由单一的新闻学科变成了双轨——职业规范导向和经验研究取向并存的学科。正是因为有了这样的转变，为增加博士点和硕士点提供了可能，才有了新闻传播教学和研究的今天的局面，这是三十多年来众多时贤共同努力的结果，是新闻传播学科的一大转折。

但是，外延的扩展毕竟属于粗放式经营，这些年学科点的不断扩张就是一个明证，几乎所有高校都在为此而打拼：有了二级学科研究生教育授予权的，则想方设法要获得一级学科授予权，有了一级学科授予权的，则在学科点的数量上，不断出花样增加，似乎点越多，越齐全，就表明学科建设越有成效，水平就越高。甚至暗地里攀比较劲，别人有什么我也不能缺，没有人也变着法子倒腾补上，否则就显得不如人。我曾经公开说过这样一句话，如果学科点都设完了，我们的学科建设还能做什么？这不是笑话，假如作为一个问题，相信没有多少人真正思考过。每一次听到的学科建设总结和汇报，几乎都是一个模式：有多少硕士点和博士点，拿了多少项目，出版了多少论著，获得了多少个奖项，建立了多少个研究机构，招收了多少学生，师资中有博士学位的有多少，其中多少是海归，有了什么样的实验室，等等，就是听不到这些年学科建设的具体目标是什么，为此采取了什么样的措施，如今有了什么样的进展和变化，为此接下来需要做什么样的努力，就好像我在其他学科所听到的学科建设汇报那样。自然，学科点数量、项目、经费、实验设备、成果等这些东西不是不重要，尤其在现有的一些评估体系下，但这些数字是学科建设上的"GDP"，为应付检查或许是需要的，但乐此不疲，以为就代表了学科的质量和水平，不是错觉就是误解。所以，当前的学科建设要用全新的思路重新整合和组织，也就是"整体转型"。

"整体转型"包括三层含义：

第一，学术研究方式的转变，要从职业的规范式研究转向人文和社科的经验性研究。其实，这些年来，在新闻传播研究中就一直存在这两种不同的研究分野，由此带来对学术认知、学者身份、研究生培养方式等的不同理解。这样的表述，并不是在比较好坏高低，不过道出一个实情，而这种状况是由新闻学和传播学各自的学科基础及其历史所形成的。之所以要有这样的转变，是考虑到新闻传播作为一级学科，已不复是原来以职业导向为唯一目的的单一的新闻学。这既是学科的需要，同样也是现实变化的需要，因为即便是从职业，也就是新闻业的情况看，原来那样的对采写编评和新闻真实、客观等的衡量，在现有的网络关系时代，也早已是捉襟见肘，无法应答。因此，只有把新闻作为社会实践的一个类别，放到人类传播乃至于社会构成的共同平台上进行研究，使之成为经验性的，提出诸如是什么、为什么是这样、是什么导致的、与其他社会实践有何种关系等问题，才既可以突出其特性，同时也使之有了更为广阔的研究和分析场景，与传播学乃至其他学科有了一个共同的契合点，一级学科名副其实。同时，与其他学科也有了对话的基础。

第二，专业设置逻辑的转变。与新闻学不同，由于传播宽泛无边，传播学这个筐也就可以装进许许多多的东西，导致教育目标和人才培养指向上模糊不清。就欧美发达国家看，传播研究和教育也是五花八门各显神通，并无一个具体轮廓，反而不如新闻学，马上让人明白它是干什么的。由于我们的新闻学和传播学的历史逻辑、学科基础和外国不一样，更关键的是，新媒体新传播所带来的新格局新情势，不仅对于所有国家都是全新的，并无现成经验可求，同时也为我们根据自己的实际情况重新规划本科教育提供了机会。如果说媒介融合的最大特点就是取消了以媒介为界限的旧逻辑，那么，顺应变化主动变革已刻不容缓。四五年以前，复旦大学新闻学院经过谨慎讨论，拿出了一个教学方案，打破原来以媒介区分专业的惯例，而是以不同传播内容来设置专业点，横架在这些专业之间的是一个新媒体实验室，所有的专业课程都与这个实验室联结并在其中完成其课程教学和训练。这是一个很富有创意的设想和改革，完全突破了原有的结构框架，一方面因应了全媒体传播的变化，同时也使得传播学有了具体的人才培养落脚点，不再是吊在空中。当然，这个方案真正全面落实，还会牵涉到每个专业课群的设置，也牵涉到教学方式的改变，是一个比较长期的过程。同样当然的是，复旦的想法属于复旦，并不是所有学校均依此为标准。网络化社会与工业化社会一个根本区别，就是标准化、中心化不再是必须的，多元则是一种趋势。在学科建设上也是如此，各个学校可以也应该是根据自己的实际做出新的选择和安排。复旦的例子或许不是样板但肯定可以是启示，使我们在考虑学科建设的重要环节本科教育及其专业方案时，能够跳出原有的框架，不再盯着专业或专业方向的增减，比如增设一个网络传播专业，而是要有新思维、新想法、新框架。

第三，思维方式的转变。之所以要专门提出这一条，是因为无论是新闻传播的研究还是教学，在现在新媒体新传播时代，思维方式的转变已是当务之急。换言之，没有思维方式的转变，上面的两点也都是空的。思维方式的转变，当务之急，就是要将网络化思维贯彻在教学和研究的全过程中。网络，不仅是一种媒体和硬件，也不只是一种新的传播方式，更是一种新的社会关系和一种全新的社会形态。依照卡斯特的说法，"网络社会的崛起"，使得各种沟通模式整合入一个互动式的网络中。或者换句话说，通过超文本和后设语言的形构，历史上首度将人类沟通的书写、口语和视听模态整合到一个系统里。经过人脑两端，也就是机械和社会脉络之间的崭新互动，人类心灵的不同向度重新结合起来。① 这就迫使我们不得不反思以往关于媒介和传播的种种理解。重新理解媒介和传播，将成为新闻传播教学和研究的关键所在。新媒体的研究，似乎成为一种流行时尚，可是很少有人来澄清什么是新媒体研究。我粗粗归纳，新媒体大概可以分为三个层面：一是以新媒体的逻辑和思维，来研究媒介和传播；二是将新媒体，亦即把某一种具体传播手段，比如移动媒体或互联网等，作为具体研究对象；三是注目于新传播技术的特性及其操作，以便培训学生。就我感觉，新闻传播院系如今所热闹非凡的新媒体研究，基本是局限在第三个层面，而在我看来，这恰恰是最不重要而且也是不需要我们来承担的，只要请上一个计算机或信息学院的硕士生，就一切都解决了。第二个层次的重要性是不言而喻的，关注的人也有不少，只是尚没有显示出自己的特色和研究取向。最被人忽视但又是最重要的，恰恰是第一个层面。假若我们同意说，新媒体改变了人类的生存方式，网络化社会重组了人类关系，那么，它同样是为我们提供了一种新的视野和思维逻辑，以便我们用新的眼光重新考察媒介的历史（报刊还仅仅是一种被使用的工具吗），重新思考媒介、传播和人类的关系（比如虚拟和真实，比如主客体），重新理解传播知识生产的规则和过程，从而也就需要重新确认新闻传播人才的素质和要求（比如最重要的素质、技能是什么）。由此，我们也就同样可以重新理解并构建新闻传播学科的历史，预测新闻传播学科的未来。同样也只有如此，新闻传播学科才可称为是应对社会变化的一种社会践行。

---

① ［美］纽曼·卡斯特：《网络社会的崛起》，夏铸九、王志弘等译，社会科学文献出版社2000年版，第406页。

做到整体转型，还必须注意两点：首先，整体转型一定是有规划有设想并主动推进，即有顶层设计及其目标。当然，目前最重要的是将学科建设的观念和精力，从原来的建制结构层面转移到教学和研究的维度，并将前者，即建制结构的发展纳入教学和研究设想的通盘考虑之中，不是用前者凌驾于后者，相反，要通过教学和研究来引领建制结构的改变，比如点的设置、人力资源的培植和项目的申报。其次，整体转型是就新闻传播学科建设总体思路而言，并不是要以此造成新的标准化从而又是一个千人一面，无法分辨彼此。其实，在整体转型的思路下，各个新闻院系应该是重点考虑自己的特色。别人没有你有，别人有的不如你，就是一流。在这个意义上，整体转型是学科建设的总体方向，学科特色才是学科建设的重点和核心，或者也可以说，是在突出自己特色和重点的过程中，带动整个学科的转型。因此，学科建设的规划，也就是特色的规划。特色，犹如学科建设的其他方面一样，从来不是自然而然形成，更不是将现有的成果堆积一起分门别类就是特色。特色不仅需要规划并且需要有意识培植，是一个长期的过程。特色也不等于优势，特色是优势的长期积淀。具有了特色，一个新闻院系就有了"定海神针"，有了自己的基本立足点，有了自己的自信，并因此而有传承，构成其特有的传统和文化。所谓"山不转水转"，说的就是这个道理。"特色"就是"山"，学科建设要让各种"水"——资源围绕着自己独特的"山势"来转，为"山"增光添彩，但绝不可倒过来，使"山"跟随"水"转，否则看上去转得飞快，汇聚了大量的"资源"，但回头一看，"山"已经崩塌早就不在了。若真是如此，我们的学科建设，就永远只能在博士点、硕士点、经费和项目上来回打转，就永远无法确立自己的根基。有一天，当别人都慢慢筑起了自己的"山"，我们突然发现自己始终是在水中随波逐流，连一个落脚之处都找不着。

（黄旦，复旦大学新闻学院教授，复旦大学信息与传播研究中心主任。本文刊载于《新闻大学》2014年第6期）

"理想"与"新媒体"：中国新闻社群的话语建构与权力关系

丁方舟

摘　要：当代中国新闻社群话语体系中有两个核心话语："理想"与"新媒体"。"理想"话语主要建立在"理想/现实"这组二元对立的基础上，并通过溯及"过去"反衬"现在"。在话语再生产过程中，新闻人运用集体记忆和个人化框架下"理想"与"现实"的矛盾来建构"理想"神话，以此批判新闻业现状，重塑专业准则，巩固新闻职业的正当性基础。"新媒体"话语则主要建立在"新媒体/传统媒体"这组二元对立的基础上，以此来展望"未来"反思"现在"。新闻人因其所处新闻场域位置的不同，分别策略性地建构"新媒体"神话或"传统媒体"神话，从而正当化其转型或留守的职业选择，在变动的场域结构中重新寻找得以安身的位置感。随着新闻场域结构化转型过程的深化，"新媒体"话语与"理想"话语之间越来越呈现出意义交锋的趋势，并在"过去""现在""未来"的多重时空语境中构成了一个杂糅的当代中国新闻社群话语体系。

关键词：理想　新媒体　阐释　社群　话语建构

一　引言

本文旨在探讨当代中国新闻社群话语体系中的两个核心话语："理想"与"新媒体"。前者由来已久，但在当代中国新闻社群的话语再生产中衍生出新的意义；后者是社会化媒体大规模发展以来的产物，与新闻业

> **全文转载**

的数字化转型之间存在互为形塑的关系。这两个话语不仅伴随着两组经典的二元对立:"理想/现实""新媒体/传统媒体",且在"过去""现在"与"未来"的多重时空语境中结合起来,构成了一个杂糅的话语体系和知识神话,主导着当前中国新闻社群对自身及其职业的自我阐释与意义建构。

本文想要追问的正是这两个话语如何在相应的历史语境中成为中国新闻社群使用最多的主导性话语,新闻人如何运用符号资源策略性地建构这两个话语,它们何以被神话化,以期维护或挑战何种优势性的权力关系,这样的阐释行动如何揭示了新闻人在冲突和维护固有秩序之间寻找自身认同的努力,中国新闻社群又如何通过这样的努力巩固新闻职业的正当性和权威性。概言之,本文的目的在于将这两个话语重新问题化和历史化,回溯话语形成的逻辑与发展脉络,揭示话语建构过程中行动者的策略及其与权力关系间的互动关系。[1]

那么,如何寻找到合适的经验材料说明以上问题呢?新闻人的自我言说与集体阐释形成于微观的话语网络中,这一网络在多个时间节点的多个场景上展开。为此,本文首先将新闻人群体视作"阐释社群"(interpretive community),在此意涵下,作为社群成员的新闻人有可能围绕关键性公共事件或特殊的热点时刻(hot moments)展开集体阐释,分享专业原则与新闻实践之间的矛盾,重申规范性准则,从而强化身份认同,巩固职业正当性及权威性。[2] 因而,有必要找到这样的事件或热点时刻,分析新闻人何以通过相应的集体阐释来解说或重构其共享话语。

通过对经验数据的话语分析,本文想探讨的问题包括:"理想"话语如何通过符号资源的再生产成为一直主导中国新闻社群话语体系的核心话语?这一话语如何被神话化,其中包含新闻人的何种策略性意图?"新媒体"话语如何在相应的历史语境中成为"理想"之外的又一个主导性话语?新闻场域中处于不同位置的新闻人在阐释"新媒体"话语时采用了哪些不同的策略?中国新闻社群围绕"理想"话语和"新媒体"话语建

---

[1] Foucault, M., *Power/knowledge: Selected interviews and other writings, 1972 – 1977*, New-York: PantheonBooks, 1980.

[2] Zelizer, B., "Journalists as interpretive communities", *Critical Studies in Media Communication*, Vol. 10, No. 3, 1993, pp. 219 – 237.

构的知识神话旨在维护、挑战或建立何种权力关系，它们如何被正当化？新闻人如何通过反思性的话语实践破解这两个神话？这两个话语之间体现出怎样的张力？话语建构过程中体现出怎样的策略性、反思性与表演性特征？话语建构与社会结构转型之间存在何种互动关系？

二 阐释社群与新闻人的话语建构

在泽利则（Zelizer）的理解中，新闻人作为"阐释社群"的成员，通过共享话语和集体阐释建构有关新闻职业的意义，与其他成员形成非正式的连接，从而构成一个话语基础上的新闻社群。[1] 新闻社群的话语建构经常围绕关键性公共事件或特殊的热点时刻展开，相关阐释伴随着历史语境的变迁而变迁，每一次的重新阐释都可能是对专业原则的修补和重构，通过这样的话语实践，新闻人得以塑造和维护新闻职业的正当性及文化权威地位。换言之，话语作用的领域就是意义争夺和权力关系展开的领域，新闻人正是通过生产和建构话语的意义，塑造有关新闻职业的知识，形塑新闻场域内外的权力关系。[2]

从阐释社群的概念出发，新闻人聚合为社群的基础就是一起讲述他们自己的故事，这些故事可能聚焦于当下的热点事件，也有可能聚焦于共同的过去。由此，泽利则将新闻人讲故事的模式划分为"现时模式"（local mode）和"延续模式"（durational mode）。[3]现时模式聚焦于"现在"，其中新闻人是事件的见证者，他们共同就某一新闻实践是否符合专业标准展开辩论，以框架化的阐释方式组织话语。延续模式则意在回溯过去，新闻人通过对过往的历史事件进行再解读，赋予事件新的意义。延续模式要求新闻人将自身置于连续的时间线条中，在"过去"和"现在"两个时间

---

[1] Zelizer, B., "Journalists as interpretive communities", *Critical Studies in Media Communication*, Vol. 10, No. 3, 1993, pp. 219 - 237.

[2] Schudson, M., "What is a reporter? The private face of public journalism", In J. Carey (Ed.), *Media, myths and narratives*, Beverly Hills: Sage, 1988.

[3] Zelizer, B., "Journalists as interpretive communities", *Critical Studies in Media Communication*, Vol. 10, No. 3, 1993, pp. 219 - 237.

节点的形塑下重新书写新闻业及个人职业的历史。①

除了"过去"和"现在"以外，新闻人的话语生产还有一个被忽略的时间维度，即"未来"。新闻人在进行话语阐释时，不仅仅是在衡量过去和现在，更是为了界定日后新闻实践的标准，因此"未来"始终作为一个自变量，影响着新闻人的认知、话语和行动。②新闻人在面对和处理当下困境的时候，无论是溯及"过去"的集体记忆和荣耀，还是以"未来"的前景照射当下的"风险"，都是在延续的时间线条中书写自己的历史。③ 概言之，话语生产要求新闻人将自己置于"双重时间"（double-time）甚至多重时间的语境中，同时处理"过去""现在"与"未来"之间的复杂关系。④

三 符号、话语、神话与权力关系

符号如何被神话化？巴尔特认为，所谓的神话化过程，就是使符号转变为适合社会自由利用的言说状态，使历史的现实呈现出"自然"之貌。所谓自然化，就是将符号锁定在特定的意义上，从而形塑人们对现实的认识，使之失去反思的能力。⑤ 而知识神话，就是一系列在特定文化中历史性地建构起来的广为接受的概念。⑥ 神话化的目的，就是正当化，使之呈现为一种理所当然的因果关系，并无声无息地植入价值系统。⑦

符号如何关联到权力关系？在韦伯的定义里，权力即某一关系中的行动者有多大可能推行自己的意志，行动者对权力关系中的优势地位必然存

---

① Zelizer, B., "Journalists as interpretive communities", *Critical Studies in Media Communication*, Vol. 10, No. 3, 1993, pp. 219–237.

② Beck, U., *Risk Society: Towards a new modernity*, London: Sage, 1992.

③ 同上。

④ Bhabha, H., *DissemiNation: time, narrative, and the margins of the modernnation*, London: Routledge, 1990.

⑤ ［法］罗兰·巴尔特：《神话修辞术：批评与真实》，屠友祥、温晋仪译，上海人民出版社2009年版。

⑥ O'Sullivan, T., et al. *Key concepts in communication and cultural studies*, London: Routledge, 1994.

⑦ ［法］罗兰·巴尔特：《神话修辞术：批评与真实》，屠友祥、温晋仪译，上海人民出版社2009年版。

在竞争、冲突和选择，因而，权力关系意味着一种支配性关系。[1] 韦伯更关注建立在实质性力量基础上的权力；布尔迪厄则认为，除了这些可见的权力，另有一种不那么可见的隐性权力，即符号权力（symbolic power），这种权力通过对符号资源的生产与再生产，形成一套社会分类系统，树立区分思想和行为的标准，建构社会认知框架，成为权力存在的正当性基础。[2]

换言之，权力关系的建立有赖于对符号资源的策略性运用，从而生产内化于被支配者内心的认知结构，辅助客观社会结构的持续存在，巩固现有社会秩序的正当性。[3] 这套认知结构是在历史情境中经由权力支配者的策略性行动生产出来的，因而是武断的、任意的，但是其作用的方式却是使得自身中性化和去政治化。连接社会结构与认知结构的是行动者的"惯习"，即个体在家庭、学校、社会环境中形成的一整套性情倾向，惯习规导并生成实践，而所谓的实践就是行动者在特定场域的策略性行动。惯习既是结构性的结构，又是建构中的结构。实践遵循的是"模糊的逻辑"（fuzzy logic），而非全然的"理性的目的逻辑"，它既受制于特定场域的规则，又具备反思性。[4]

福柯更进一步将关注点从符号转向话语，探讨话语与权力的关系。福柯所谓的话语，是指各个不同历史时期中产生的有意义的陈述和合规范的各种规则和实践，因而话语同时涉及语言和实践。福柯的权力观是一种微观的话语权力，这种权力通过话语的表征系统生产知识和意义。[5] 福柯指出，权力是内在于它们运作的领域中的多种多样的力量关系，是一个微观的、循环的、流动的生产性网络。话语既是权力的工具和后果，又是权力的障碍和抗力，既承载和生产权力，又揭示和削弱权力。[6]

---

[1] Weber, M., *From Max Weber: essays in sociology*, NewYork: Oxford University Press, 1946.

[2] Bourdieu, P., *Practical reason: On the theory of action*, Stanford: Stanford University Press, 1998.

[3] 同上。

[4] Bourdieu, P., *Distinction: A social critique of the judgement of taste*, Cambridge: Harvard University Press, 1984.

[5] Foucault, M., *Power/knowledge: Selected interviews and other writings*, 1972 - 1977 NewYork: Pantheon Books, 1980.

[6] Foucault, M., *The History of Sexuality: An Introduction*, NewYork: Vintage Books, 1990.

> **全文转载**

福柯将话语视作一个需要解释的意义场,知识和权力在其中得以连接,人人都处于循环的权力网络中,其主体性和身份认同又不断经由流动的意义得以重构,因而并没有稳定的权力中心。①权力只有部分掩盖自己的机制才能获得容忍,所以话语和知识承载权力运作的关键就在于将自身去历史化。为此,福柯的研究致力于将被遮蔽的知识和权力机制重新问题化和历史化,避免中心化的结果。②

虽然布尔迪厄和福柯都强调关注符号、话语和权力的积极生产性,但本文认为,他们仍忽视了多元行动者(actor)的能动性(agency)。布尔迪厄过于强调权力关系的支配性,忽略了被支配一方的能动性,福柯过于强调话语对主体性的建构,忽略了微观权力网络中行动者对话语的有意识建构。话语固然会形塑认知和行为,但借用阐释社群的概念,本文更进一步将新闻人个体视作具有能动性和反思性的行动者,从而探讨中国新闻社群中的行动者如何在权力网络中通过持续不断的话语阐释等行动历史化地建构有关自身及所在情境的意义,从而维护新闻职业的正当性和权威性,巩固自身的身份认同,或正当化其职业转型选择。正是在此理论框架下,本文将考察中国新闻社群的话语建构与权力关系。

四 研究方法

本文选取每年11月8日的中国"记者节"作为获取文本数据的首要热点时刻,因为在这样一个特殊时刻,新闻人更有可能产生对职业身份的认同感,进而阐发新闻职业对自身的意义。本文将立足于社会化媒体大规模发展的2010年至2014年来展开研究,其用意在于捕捉当代中国新闻社群话语体系发生显著转变的关键性时段,即"新媒体"话语兴起,并与"理想"话语形成交锋的这一时期。因此,本文采用目的性抽样的方法,首先选择中国新闻人社群使用最多的社会化媒体平台——"新浪微博"作为检索平台,设置关键词为"记者节",检索时间范围为2010年至2014年每年记者节11月8日的0时至23时,在检索得到的结果中抽样,

---

① Foucault, M., *The History of Sexuality: An Introduction*, NewYork: Vintage Books, 1990.
② Foucault, M., *Power/knowledge: Selected interviews and other writings, 1972 – 1977* NewYork: Pantheon Books, 1980.

由认证为新闻人的用户发表的原创微博和带评论转发微博,具体方法为首先在 Excel 中运用"= rand()"公式向下填交至 1000,产生一个随机数列,取第 1—100 行,以对应的随机数在每次检索得到的共计 50 页 1000 个结果中取值,如果该条微博与"记者节"无实质关系,则继续取第 101 个随机数的样本,由此类推得到每年的 100 个样本,最终得到 5 年 500 个样本。同时,选择"澎湃新闻"上线等热点时刻中新闻人在社会化媒体平台上发表的文本、接受访谈时的言论等作为补充性的数据来源,再对这些文本进行话语分析,并梳理"理想"话语的建构逻辑以及"新媒体"话语的发展脉络。

五 "理想"神话的建构逻辑

本文首先梳理了 2010 年至 2014 年期间"记者节"当日中国新闻人所发表的微博。研究发现,除去无实质内容的高频词以及"节日快乐"等仪式化的表述,"理想"每一年都是出现频率最高的描述词之一,这表明"理想"话语在当前中国新闻社群的话语体系中占据主导地位。从新闻学的角度来说,"新闻理想"意指新闻人"对新闻职业的想象和希望,以及对新闻职业成就的向往和追求。它是人们对新闻职业的一种认知态度和总体评价"[①]。但在中国新闻社群的集体阐释中,"理想"更是一种有意识运用的符号资源,一种表征和建构权力关系的话语,其中包含着新闻人巩固身份认同与职业正当性的策略性努力。具体而言,新闻人对"理想"话语的建构主要致力于呈现"过去"和"现在"这两个时间节点间的矛盾,这一过去包含两层意涵:其一,涉及新闻社群对中国新闻业发展的集体记忆,具体指向三个关键性时段:民国时期、1980 年代与"黄金十年";其二,涉及个人职业理想与新闻实践间的矛盾。

(一)民国时期的救国理想与新闻理想

首先是民国时期。民国时期的中国新闻业承载了中国知识分子的自由理想和救国情怀,可以说"民国"这一符号资源在整个中国知识分子场

[①] 郑保卫:《理想·理念·理性——兼论新闻工作者的荣辱观》,《当代传播》2007 年第 1 期。

域的怀旧话语中都占据重要分量。具体到新闻场域，新闻社群同样聚焦于民国报人的新闻实践及其历史话语来重构"理想"话语。无论是张季鸾的"不党、不卖、不私、不盲"，林白水的"新闻记者应该说人话，不说鬼话；应该说真话，不说假话"，还是邵飘萍承继自李大钊的"铁肩担道义，辣手著文章"等，都仍是社会化媒体时代中国新闻社群用以诉诸"理想"的高频符号资源。通过这样的话语再生产，新闻人感慨先辈们的独立人格（样本414），批判新闻业现状，并期望民国记者的精神得以延续（样本304）。换言之，"过去"成为了衡量"现在"的标准。

在民国的历史语境中，这些符号资源表征的是民国报人"新闻救国"的理想。进入当代中国社会语境，救国理想去历史化的同时，新闻理想更进一步与职业理想相关联，但其中仍然包含了中国新闻人以新闻事业推动中国社会进步的愿景。换言之，在"理想"话语的再生产中，既包含了新闻媒体是服务于公众利益的社会公器，应拥有独立于权力之外的自主性，以客观、公正、负责任的原则进行报道的当代新闻专业主义理念，[1]又承继了中国传统士大夫的道德理想主义和民国报人"文人论政"的现代知识分子精神。[2] 这些概念通过新闻教育和新闻人的重复阐释进入中国新闻社群的话语体系，并被共置于"理想"符号中，从而在民国报人的新闻实践与新闻理想间建立起人为的因果关系，"理想"符号由此被神话化。当这一神话不断被用以阐明专业准则时，即成为福柯所言的话语和知识，巩固了布尔迪厄强调的符号权力和社会秩序。这一秩序，就是新闻业因其规范化新闻实践而树立的文化权威地位。

因此，中国新闻社群对民国时代的一再阐释，不仅仅是在"怀想一种具有乌托邦理想色泽的光彩人生"，[3] 更是一种策略性的行动，其目的在于批判当下中国新闻业缺失的"理想化"新闻实践，修补或重构专业原则，界定规范化的新闻实践标准，并呼吁新闻人回归专业原则以期恢复新闻业往日的荣光。由此，"理想化"的新闻实践这一知识得以回暖和重塑，新闻业的正当性基础以及新闻人的身份认同得以巩固。这一过程就是

---

[1] Soloski, J., "News reporting and professionalism: Some constraints on the reporting of the news", *Media, Culture & Society*, Vol. 11, No. 2, 1989, pp. 207 – 228.

[2] 李金铨主编：《文人论政：知识分子与报刊》，广西师范大学出版社2008年版。

[3] Boym, S., *The future of nostalgia*, NewYork: Basic Books, 2001.

布尔迪厄所言的区隔、分类及建构认知框架的过程,他曾批判性地揭示社会等级秩序何以建立在多组二元对立的基础上,[1]"理想"话语除了指涉时空维度上的过去与现在,更是建基于一组经典的二元对立:"理想/现实"。其中"过去"被神话为完美的"理想","现在"被架构为不完美的"现实",正是在反思性地看待"现实"的基础上,作为对立面的"理想"才得以彰显其意义。

新闻人对"理想"神话的建构,固然是一种有意识的策略性行为,但这一话语背后是否存在被忽略的权力关系?事实上,李金铨在《记者与时代相遇》里就展示了民国报人的生命经验与时代历史相遇时,同样难以避免结构化因素的左右,因为他们不能只做孤胆英雄,同样需要安身立命。[2] 而当代中国新闻社群在回溯民国新闻史时,却忽略了民国报人彼时的话语建构何尝不是对其所处社会情境的批判式回应?民国报人又何尝不是纠缠于自身的理想与困顿的历史现实之间?民国报人同样是另一个时空的阐释社群,以话语生产回护当时新闻业的正当性基础,他们使用的符号资源,在历经代际更替之后,又为当代中国新闻社群所捕获。神话是通过悬置和忽略其产生的历史条件,来达到遮蔽权力关系的目标的,[3] 当代中国新闻社群正是通过部分悬置民国时代的历史语境,来塑造"理想"话语的知识神话。

(二) 1980 年代的理想主义

1980 年代同样是中国新闻社群热衷于讲述的集体记忆。有新闻人就回忆称,记者在 1980 年代是令人羡慕的职业,而今不少同行的所作所为则不复当初"青涩的新闻理想"(样本 87)。这表明,围绕 1980 年代展开的"理想"话语建构除了怀旧以外,更是为了反思当下陷入困境的新闻伦理和由此伤及的新闻业权威性,再次印证"理想"的意义是在反思"现实"的基础上彰显出来的,而此处的"理想"表征的就是新闻场域的

---

[1] Bourdieu, P., *Distinction: A social critique of the judgement of taste*, Cambridge: Harvard University Press, 1984.

[2] 李金铨:《记者与时代相遇——以萧乾、陆铿、刘宾雁为个案》,载李金铨《报人报国:中国新闻史的另一种读法》,香港中文大学出版社 2013 年版,第 403—464 页。

[3] Bourdieu, P., *Distinction: A social critique of the judgement of taste*, Cambridge: Harvard University Press, 1984.

自律性操守。

除了新闻伦理困境这一"现实",围绕1980年代建构的"理想"话语映射的另一个重要"现实"就是社会化媒体时代的新闻业急剧转型。"澎湃新闻"上线时,主编邱兵在发刊辞中讲述了一段个人化的故事以献给"我们恋恋不舍的1980年代",文中意指新闻理想的隐喻——"我心澎湃如昨",既唤醒了同代人对1980年代理想主义的集体记忆,又与其他新闻人的个人职业理想产生共鸣,因而在新闻社群中产生很大回响。① 此处的"理想"与"现实"以1980年代和互联网时代的区隔作为划分标准,因而表征的正是数字化转型逻辑主导下新闻实践与其专业原则的悖离,二元对立的比较之下价值系统被无声无息地植入,"理想主义"再次被神话化,以坚持"理想主义"为主旨的新闻实践则得以正当化。

然而,话语作用的领域也是意义争夺的领域,阐释社群成员对同一话语的阐释行动同样可能包含各种协商和冲突。有新闻人就称"理想主义"这一精神家园早就难以拯救新闻业动荡的现状。② 更有人意图祛魅"理想"神话,认为"以理想和情怀示人,是一种手段而非一种目的",③ 即这种话语生产是一种表演性行为。表演性行为的成功程度取决于其他行为者是否相信其"本真性"(authenticity),正是因为部分新闻人相信"理想主义"包含的本真性,这一符号资源被运用时才能得到很好的动员效果。④ 然而,新闻人对"理想"话语的意义争夺表明,话语虽然经常以去历史化和表演性的面貌出现,但作为一个需要解释的意义场,并非所有的行动者都受到话语的规训作用影响,理所当然地接受话语所想推及的有利于己方的意义,权力网络中的行动者仍然具备对话语和知识神话的反思能力。

---

① 邱兵:《我心澎湃如昨》[EB/CD] http://www.thepaper.cn/newsDetail_forward_1257279,2014-11-8。

② 王超:《澎湃出生即落后,理想主义救不了媒体》[EB/CD] http://blog.sina.com.cn/s/blog_6795cd770102uypw.html,2014-11-8。

③ 何小手:《澎湃起来,澎湃下去》[EB/CD] http://mp.weixin.qq.com/s?_biz=MzA30TgzNzIyNQ==&mid=200311839&idx=l&sn=elf3caccdl7f9e9ca590fc7e7391a-19a&scene=3#rd,2014-11-8。

④ Alexander, J. C., "Cultural pragmatics: Social performance between ritual and strategy", *Sociological Theory*, Vol. 22, No. 4, 2004, pp. 527-573.

（三）"黄金十年"的未竟理想

中国新闻社群集体记忆指向的第三个关键性时段是1990年代中期至2003年左右市场化媒体与调查报道发展的"黄金十年"。彼时，调查报道随着中国改革步伐的加快迅速兴起，大批优秀的调查记者得以涌现，因此也被新闻人称之为"一稿成名"的年代。可见，"黄金十年"的"理想"既表征为以调查报道推动中国社会进步的愿景，也表征为成功的个人职业发展。

那么，当代中国新闻社群如何通过"黄金十年"的集体记忆重构"理想"话语？常见的一种表述是"我们这一代人的媒体理想，我们的黄金时代，过去了"[①]。可见，对亲历"黄金十年"的新闻人来说，"理想"的难以为继已是不争的事实，因为受限于年龄、薪酬、做调查报道的风险等因素，职业转型成为他们在"现实"面前的无奈选择。[②] 由此，对使用"黄金十年"建构"理想"话语的新闻人而言，"过去"与"现在"、"理想"与现实的区隔在于"黄金十年"过后自主性报道空间的紧缩，因此新闻人自觉难以通过新闻报道履行监督公权力运行的规范性角色，也无法实践其推动中国社会进步的理想。换言之，通过将"黄金十年"的意义锁定在充分的报道自主性和规范化的新闻实践上，新闻人又一次神话化了"理想"话语。

这一神话的建构过程包含了新闻人的三大策略性意图。其一，彰显近年来新闻业陡增的政治压力和生存压力。但回溯历史语境，新闻机构从未凭借商业化运营脱离政治场域的规制，更不必说商业利益与公众利益的冲突本身就会影响新闻机构的自主性，所以即使是"黄金十年"期间，新闻业的自主性也从未达到"理想"的状态。新闻人神话化"黄金十年"的策略性目的实为批判新闻业现状。其二，巩固自身在新闻社群中的优势性地位。不难发现，运用这一话语的多为在"黄金十年"中取得成就的新闻人，表明这其实是部分新闻人事业发展的黄金期，虽然使用了"我们这一代人"这样指涉集体记忆的表述，但其中仍然忽略了更多不知名

[①] 刘春：微博原文［EB/CD］http://www.weibo.com/1662766362/BoUaPhM2U, 2014-11-8。

[②] 丁远、孙睿翩：《朱长振：从调查记者到街头小贩》，《青年记者》2014年第11期。

的新闻人，悬置了他们面对的非优势性历史条件。其三，正当化其职业转型选择。不少新闻人都是在选择职业转型的关口或已经转型后提及"黄金十年"的集体记忆，一则回忆荣光，二则也是通过"理想"的失落来正当化转型选择的必然性。

(四) 职业理想与生活所迫

上文揭示了中国新闻社群何以围绕中国新闻业发展的关键性集体记忆建构"理想"话语，下文将考察新闻人何以通过溯及个人过往的职业理想与新闻实践之间的矛盾来参与"理想"话语的生产。换言之，不同于集体记忆框架，这部分的话语阐释更多建立在个人化的框架上。具体而言，新闻社群围绕个人职业理想展开的话语阐释分为四种方式：阐发造成新闻理想困境的多元因素；表达新闻理想失落带来的纠结情绪；以新闻理想巩固职业正当性和身份认同；反思"理想"神话。根据数据统计，四种阐释方式在2010年至2014年间的分布比例见图1：

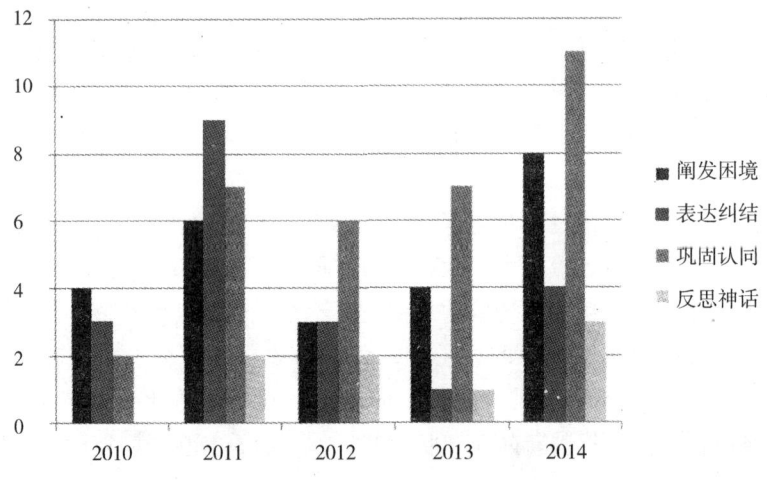

图1 "理想"话语的阐释方式（2010—2014年）

在阐发困境时，新闻人通常直指困扰其职业理想的多元因素，具体包括："盈利危机的重压"（样本404），这是商业因素；"新闻管制愈加收紧"（样本73），这是政治因素；"报业黄昏"（样本493），这是技术革新因素；"反应慢的会被漏稿整死，身体差的会被加班累死，有理想的会被领导憋死"（样本155），这是机构因素；新闻寻租事件频发导致的"公信力一天不如一天"（样本411），这是伦理因素。这表明，"理想"话语的意义又一次建立在比照"现实"的基础上，意在表征结构化因素对新闻人履行规范性角色的制约。

正是在这些因素的制约下，新闻人自觉"生活更加现实，理想更加骨感"（样本12），并将纠结情绪的表达寄托于两组二元对立："过去/现在""坚持/放弃"。无论是职场新人（样本12）还是入行已久的老记者（样本196），都表示最初的理想渐行渐远（样本145），有人表示长路漫漫，要继续坚持（样本473），有人纠结于是否放弃（样本250），也有人借"记者节"宣布放下牵挂带着理想冷静告别（样本419）。可见，此处"过去"溯及的是进入新闻职场前的个体生命经验，坚持或放弃等情绪表达也更多体现了个人化的身份认同危机。

而坚定留守的新闻人则不断呼吁对"新闻理想"的回归。不少新闻人强调，"新闻理想和良心才是坚守这个职业的根本和动力"（样本496），这份理想就是"对真相、正义与公平的追求"（样本432）。这表明在遭遇认同危机时，新闻人选择策略性地运用"新闻理想"这一符号资源来表征专业主义操守及社会责任感，从而维护新闻职业的正当性和权威性。可见，"理想"话语某种程度上也是新闻社群的一种抗争性话语，意在抵御危机时期带来的压力。

另一方面，阐释社群中的其他新闻人却意图反思"理想"神话。有新闻人指出，同行们在微博上不断生产"理想"话语，有过度营销职务身份之嫌（样本124）。更有新闻人指出，"理想"神话过于拔高了新闻业的崇高性或权威性，坚守职业道德才是新闻人的本分（样本259）。可见，这部分新闻人意图揭示"理想"神话中被自然化的新闻业权威性这一概念，道破其去历史化的实质，并将"理想"话语的落脚点放在自律性的职业操守上。

通过以上的话语分析，我们看到当代中国新闻社群如何通过民国时期、1980年代、"黄金十年"的集体记忆以及个人职业理想与新闻实践之间的矛盾来建构"理想"话语。集体记忆与历史话语在进入当代时空语境后，成为话语再生产过程中被加以策略性运用的符号资源，再加上新闻人利用个人化框架展开的话语阐释，合力塑造了中国新闻业在历史上从未真正获得的独立性、自主性、规范化及权威性神话。这一知识神话悬置了一直制约着中国新闻业发展的结构化因素，其策略性目的在于反思"现实"与"理想"的差距，批判当前新闻业现状，重塑规范化的新闻理念和专业准则，巩固新闻职业的正当性及文化权威地位。

从"理想"话语的持续升温不难看出，当前制约新闻业发展的制度化因素已对新闻人的身份认同造成结构化危机，因而新闻社群希望通过符号权力的再生产回护其固有的社会地位。从这一意义上来说，"理想"话语也是新闻社群的一种批判性和抗争性话语。同时，"理想"话语虽然经常以去历史化、神话化和表演性的面貌出现，新闻人却并没有失去反思神话的能力，而是对"理想"话语的意义展开协商和争夺。

此外，本文的逻辑是从现有的话语实践看新闻社群对集体记忆的再阐释，反过来看，不难发现这三个关键性时段正是"理想"话语得以形成和发展的重要历史语境，正是通过历代新闻社群在相应社会文化语境中的新闻实践与历史话语建构、新闻教育的传承与规训，以及一代代新闻人的话语再生产，"理想"话语才得以在持续不断的意义协商中成为中国新闻社群的主导性话语。

六 "新媒体"话语的发展脉络

接下来，本文将探讨"新媒体"话语的发展脉络。根据新闻人在2010年至2014年"记者节"期间发表的微博，以"新媒体"作为其表述主题的微博呈现逐年上升的态势，并在意义上与"理想"话语形成交锋，可见，"新媒体"已发展成为中国新闻社群话语体系中的另一个主导性话语（见图2）。"新媒体"话语主要建立在"新媒体/传统媒体"这组二元对立上，呈现出"现在"与"未来"之间的张力。这一始终作为自变量存在的"未来"，意指的正是新闻业尤其是传统媒体面临的风险与未知的前景。新闻社群围绕"新媒体"展开的话语再生产，既是新闻人对中国新闻场域结构化变动的策略性回应，更体现出新闻人在冲突和维护固有秩序之间重新定义身份认同和职业意义的努力。换言之，新闻人作为行动者，通过对"新媒体"话语的阐释行动在新闻场域的结构化转型中不断调适和寻找新的"位置感"。①

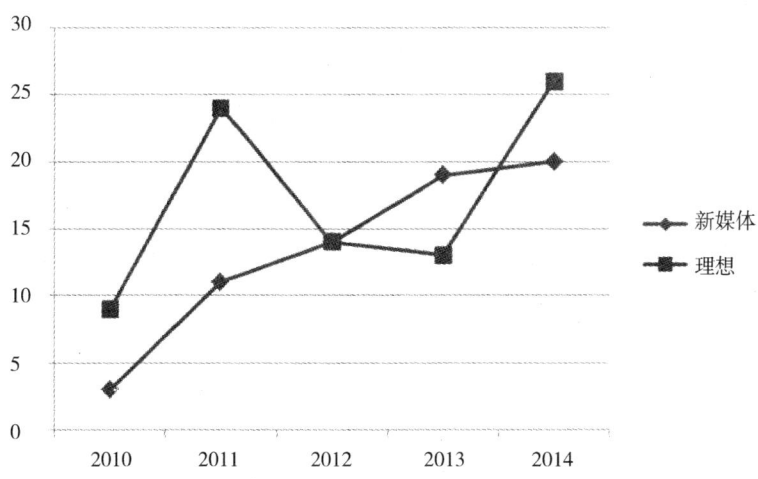

图 2 "新媒体"话语与"理想"话语的变化趋势（2010—2014 年）

（一）有关"未来"的意义争夺

为此，新闻人首先就这一不确定的"未来"展开意义争夺并诉诸不同的风险应对策略。具体而言，这一"未来"指向四种意涵：新闻生产的未来、新闻业的未来、新闻伦理的未来以及个人职业选择的未来，四种阐释方式在 2010 年至 2014 年间的分布趋势如图 3。

在社会化媒体发展初期的 2010 年，新闻业还未受到太大波及，因而新闻人主要围绕新闻生产方式的转变及未来可能的发展方向展开"新媒体"话语的阐释。其中，"每个人都可能成为记者"等表述（样本 90）说明新闻生产方式正在从组织化向社会化过渡，② 但新闻人对这一"未来"多数持乐观的态度，因为彼时的新闻人认为"这没有抢记者的饭碗，而是激发了更多人心中揭露曝光真相的冲动"（样本 248），换言之，新闻

---

① Bourdieu, P., *Distinction: A social critique of the judgement of taste*, Cambridge: Harvard University Press, 1984.
② 张志安：《新闻生产的变革：从组织化向社会化——以微博如何影响调查性报道为视角的研究》，《新闻记者》2011 年第 2 期。

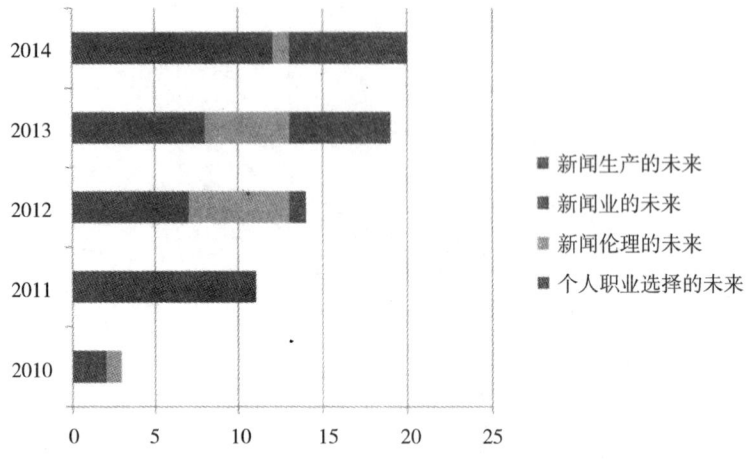

图 3　"新媒体"话语的阐释方式（2010—2014 年）

人认为公民赋权与自身承担的规范化角色将形成互为助益的局面（样本 57）。

2011 年至 2012 年期间，"公民记者""自媒体"等概念和实践逐渐发展起来，新闻人也开始反思社会化媒体时代的新闻伦理，表示应警惕"公民记者"报道可能存在的不完整性，从而更好地把握客观性等伦理准则（样本 222）。由此可见，新闻社群开始以伦理为界限在自身和"公民记者"之间作出区隔，建构二元之间的权力关系。但新闻人的权力关系建构策略并非排斥新媒体，而是试图将"公民记者"、自媒体等概念纳入新闻场域的"新媒体"话语生产之中，从而争夺话语意义的解释权，划定话语阐释的空间及分类标准。①

与此同时，新闻人开始更多谈论"传统媒体"面临的困难及新闻业可能的"未来"，"新媒体/传统媒体"这组二元对立正式形成。当新闻人刻意强调传统媒体时，一方面意在表征传统媒体岌岌可危的权威地位，另一方面更是为了表征新媒体技术革新可能引发的新闻业危机和个人职业危机。至此，新闻业的未来和个人职业选择的未来这两大变量开始成为影响

---

① Foucault, M., *Power/knowledge: Selected interviews and other writings, 1972 - 1977*, New-York: Pantheon Books, 1980.

新闻人认知和行动的主导性框架。从话语分布趋势来看，2013年至2014年新闻业急剧转型期间，这两大阐释方式的确出现了剧增现象并在"新媒体"话语中占稳核心位置，而新闻人曾经对新媒体抱有的乐观期待，也转变成了面对个人职业困境和风险时的复杂情绪。

故而，围绕"新媒体/传统媒体"这组二元对立形成了一张多样化的话语网络，其中不同境遇的新闻人因其在新闻场域的位置差异而采取不同的话语阐释策略。最明显的差异体现在传统媒体和网络媒体新闻人之间，早在传统媒体新闻人刚刚惊觉传统媒体的前景是否堪忧之际（样本187），网络媒体新闻人就已喜迎这样的变化（样本188）。可见，新闻业数字化转型的初期，传统媒体新闻人开始认知到自身在新闻场域中的优势地位有动摇的风险，网络媒体新闻人则期待着这一权力关系的转变。而当2013年以后传统媒体面临的风险加剧，悲观情绪随之在传统媒体新闻人中蔓延开来，有人预感"记者过节的日子可能不多了"（样本341），"黄昏""末路"等负面描述词频频出现，但网络媒体新闻人也没有获得他们期望的权力关系平衡，因为发现网络媒体仍"不如传统媒体那么受重视、那么权威"（样本389）。

由此可见，"新媒体/传统媒体"这组二元对立隐含着一种根深蒂固的权力关系，即传统媒体及其从业者在新闻场域固有的优势性地位，即使各种"未来"的风险不断威胁这一地位。但当这组二元对立作为一种话语被反复提及时，同时意味着权力关系的再生产。故而，不少新闻人仍然理所当然地认为在传统媒体和权威性之间存在"自然"的因果关系，"传统媒体"从而被神话化。如有传统媒体新闻人就表示网络编辑算不上是真正的新闻人（样本423），而转型至新媒体的新闻人同样在惯习的作用下不自觉地矮化自身所在的网络媒体，称虽然转型后"拿着翻倍的工资"，却仍有"淡淡的忧伤"，因为大部分网站记者仍然没有资格持记者证（样本495），可见纵使转型后的新闻人获得了经济资本上的优势，在符号资本上却仍自觉处于弱势，这也印证了符号和话语对权力关系的建构作用。

然而，话语既承载权力关系，也削弱权力关系。① 部分成功转型的新

---

① Foucault, M., *Power/knowledge: Selected interviews and other writings, 1972–1977*, New-York: Pantheon Books, 1980.

闻人就试图扭转新闻场域固有的权力关系，指出"传统媒体的管理其实是最落后的"（样本305）。可见在对意义的争夺上，"新媒体/传统媒体"这组二元对立同样可被用于阐释传统媒体的"旧"与"落后"，凸显新媒体的"新"与"进步"，二元之间的价值高低由此倒错，"传统媒体"神话由此被破解，"新媒体"神话也就此建立起来。这说明，新闻场域的行动者因其所处位置的不同而选择不同的阐释策略，其目的则是为了建构自身在新闻场域权力关系中的优势性地位。

新闻社群对于新闻业"未来"的意义争夺还表现在对传统媒体应对方式的多元阐释上。有人依然认为内容为王（样本344），有人强调经营思路转变（样本451），有人则坚持提高公信力才是根本（样本499）。此外，新闻人也在反思"未来"媒体人的职业技能，有新闻人就调侃要"以一个产品经理的标准要求自己"（样本490）。可见，新闻人的身份认同危机很大程度上受制于经济场域对新闻场域的规则侵入，互联网企业以产品为核心的经营思路在此被视为一种"未来"的趋势，促使新闻人反思传统媒体"现在"的运营方式，这些反思性的话语实践正是为了在转型冲突和固有的新闻场域秩序之间重塑传统媒体的正当性基础。

（二）转型过程中的位置感

中国新闻社群围绕"新媒体"展开的话语阐释还建立在对"转型"这一符号资源的意义争夺上。数字化转型正在不断重构中国新闻场域的结构，新闻人作为置身于结构中的行动者，既受到结构的制约，也在以自身的能动性参与重塑建构中的结构，[①] 其中最重要的行动抉择就是职业转型。由于传统媒体的式微，本来在新闻社群中占据优势地位的传统媒体新闻人逐渐感觉到这种优势位置感的消逝，积极转型的新闻人同时以行动和话语重构新闻场域的权力关系，纠结中的新闻人以话语阐释表达身份认同危机下的焦虑感，坚定留守的新闻人则策略性地借用多种符号资源重塑新闻职业的正当性。

选择积极转型的新闻人首先在情绪表达上将自身与纠结中和选择留守的新闻人区别开来，强调"所有人悲观我反而乐观"，因为旧体系的瓦解

---

① Bourdieu, P., *Distinction: A social critique of the judgement of taste*, Cambridge: Harvard University Press, 1984.

意味着新秩序的建立,并希望未来涌现更多新的探索者(样本402)。其中,"新/旧""乐观/悲观""现在/未来"等二元对立组合正是意图表征旧有新闻场域格局的僵化以及未来传媒生态的前景看好,由此,二元之间的区隔与价值系统得以建立,"新媒体"再次被神话化,其自身的转型选择也得以正当化。另一个常用的符号资源是前文述及的"黄金十年",但在"新媒体"话语中,"黄金十年"不再意味着"过去",而是指向"未来"。如有人表示当前是新"黄金十年"的空前机遇期(样本494)。可见,"转型"对这些新闻人意味着希望和机遇,通过建构"转型"这一符号资源的积极方面以及实际的转型行动,新闻人不断在变动的结构中重新寻找得以安身的位置感。

而对纠结中的新闻人来说,"转型"仍意味着对职业境遇造成巨大困扰的结构化因素,所以他们的话语阐释也体现出较多的负面情绪。有人表示,看着传统媒体"一点点死在你面前,心情太复杂"(样本487),也有人伤感地吟起了北岛的诗句:"那时我们有梦,关于文学,关于爱情,关于穿越世界的旅行。如今我们深夜饮酒,杯子碰到一起,都是梦破碎的声音。"这些新闻人依然将新媒体视作传统媒体的对立面,并以"新媒体/传统媒体"这组二元对立阐释职业身份认同的危机感,这份危机感的生成正是来自于他们在新闻场域位置感的变动。

另一方面,对于留守的新闻人而言,抱怨并不能够解决问题,所以他们选择策略性地运用各种符号资源重塑传统媒体的正当性。有人强调,应积极尝试"思维革新、理念突破、话语变化"(样本453),也有人指出"智能手机+移动互联网"已在引领新闻的3.0时代,故而传统媒体应抓住最后的时间(样本497)。可见,对他们来说,"转型"意味着在传统媒体内部推动革新,而非选择个人职业转型。此外,为了巩固自身在新闻场域的位置感,另一个越来越被频繁运用的符号资源就是"理想"。下文将展开相关讨论。

(三)"新媒体"话语与"理想"话语的交锋

根据图2,"新媒体"话语和"理想"话语在新闻业转型深化的背景下都有上升的趋势,同时,两个话语的共现频次也逐年上升,并在意义上形成了交锋。一方面,新闻人愈加倾向于将新闻理想的失落归咎于新媒体转型引发的压力,另一方面则愈加频繁地运用"理想"这一符号资源抵御结构化冲突下的危机感，重塑自身在新闻场域的位置感。例如有新闻人表示，正是因为传统媒体走向末路，他们的理想才"变得一地鸡毛"（样本436），也有人指出，新闻人都不谈理想谈赚钱去了（样本450）。由此，新闻人在理想的失落与新媒体转型之间建立了人为的因果关系，"赚钱"被矮化的同时，"理想"再一次被神话化。

对于选择留守的新闻人而言，用以缓解其身份认同危机的最重要的符号资源就是"理想"，不少人都强调，不论互联网裹挟着媒体行业怎么变，新闻仍是一个需要理想才能干下去的职业（样本413），甚至称如果"干错了职业，请重新选择"（样本424）。可见，以新闻理想为界，选择留守的新闻人区隔了自身与选择职业转型的新闻人，从而将"理想"继续神话并巩固为新闻职业存在的正当性基础，维护其在新闻场域的位置感及身份认同。

以上有关"新媒体"话语的分析表明，中国新闻社群首先在反思性地阐释"未来"的基础上建构"新媒体"话语。由于技术革新和行业转型引发的风险加剧，新闻社群在阐释"新媒体"话语时也从早期整体的乐观态度转变为复杂的多样情绪。

其次，中国新闻社群还对"转型"这一符号资源展开了意义争夺，根据自身在新闻场域中所处位置的不同，新闻人分别策略性地建构了"传统媒体"神话和"新媒体"神话，从而正当化其转型或留守的职业选择。其中，传统媒体新闻人希望通过"新媒体/传统媒体"这组二元对立巩固其在新闻场固有的优势性地位，转型的新闻人则旨在扭转二元之间的价值判断，但他们的策略性意图都是在变动的新闻场域结构中重新寻找得以安身的位置感。

再者，"新媒体"话语与"理想"话语的交锋趋势愈加显化。积极转型的新闻人以"理想"的难以为继正当化其职业选择，纠结的新闻人将新闻理想的失落归咎于新媒体转型带来的压力，留守的新闻人则选择运用"理想"这一符号资源在自身与选择转型的新闻人之间作出区隔，从而重塑新闻职业的正当性基础，巩固自身的身份认同。可见，随着新闻业结构化转型过程的深化，"新媒体"话语与"理想"话语之间的张力也逐渐凸显，两者互为形塑并形成意义交锋，在"过去""现在""未来"的多重时空语境中共同构成了一个杂糅的当代中国新闻社群话语体系。

七 讨论与结论

本文探讨了当代中国新闻社群话语体系中的两个核心话语:"理想"与"新媒体"。研究发现,"理想"话语主要建立在"理想/现实"这组二元对立的基础上,并通过溯及"过去"反衬"现在"。在话语再生产的过程中,新闻人策略性地运用了民国时期、1980年代和"黄金十年"的新闻业集体记忆及个人化框架下职业理想与新闻实践间的矛盾等符号资源,建构了新闻业从未获得的独立性、自主性、规范化与权威性的知识神话。这一神话建构过程是新闻人作为行动者对新闻场域结构化转型的回应,其目的在于批判当前新闻业现状,重塑规范化的新闻理念和专业准则,巩固新闻职业的正当性基础,维护新闻人的身份认同以及新闻业的文化权威地位。换言之,"理想"话语也是一种批判性和抗争性话语。

"新媒体"话语主要建立在"新媒体/传统媒体"这组二元对立的基础上,并以展望"未来"反思"现在"。新闻人根据其在新闻场域结构中所处的不同位置采用不同的阐释策略,以期维护或挑战新闻社群固有的权力关系。通过对"未来"和"转型"这两个符号资源的意义争夺,新闻人分别策略性地建构了"新媒体"神话或"传统媒体"神话,以此正当化其转型或留守的职业选择,在变动的新闻场域结构中重新寻找得以安身的位置感。随着新闻业转型过程的深化,"新媒体"话语与"理想"话语之间也越来越呈现出意义交锋的趋势,并在"过去""现在""未来"的多重时空语境中构成了一个杂糅的当代中国新闻社群话语体系。

概言之,中国新闻社群对"理想"话语和"新媒体"话语的建构是一种策略性行动,这一行动体现出个体能动性与社会结构之间的互动关系。新闻人作为新闻场域内的行动者,必然受到结构的制约,其话语阐释无不体现出这些结构化因素的作用,但作为具有能动性的行动者,新闻人也会采取相应的行动重塑建构中的结构,从而在新的权力关系中争取优势性地位。话语建构就是其中一种重要的行动,这种行动遵循的是布尔迪厄所言模糊的逻辑,既受到所在场域的规则制约,又具备反思性。

因而,"理想"话语和"新媒体"话语一边在被神话化的同时,一边也在被破解。即使话语经常呈现出去历史化和神话化的面貌,新闻人仍然具备对知识神话的反思能力,且在话语再生产的过程中,新闻人会根据自身在新闻场域所处位置的不同，运用多种不同的符号资源，调整相应的阐释策略，从而赋予新闻职业不同的意义，建构有利于己方的权力关系。换言之，话语作用的领域就是意义争夺和权力关系展开的领域。因而，话语的意义始终处于持续不断的协商和冲突过程中，权力关系也并非无往不胜，而是随时存在抗争和重构的可能性。

此外，中国新闻社群在社会化媒体上展开的话语阐释行动，不仅包括新闻社群内部的话语共享或话语争夺，还包括与经济、政治、学术等场域的话语互动，故而这种行动也呈现出表演性的特征，社会化媒体的特性及其聚合的社会网络更进一步强化了这种表演性。本文着重关注了话语建构的策略性和反思性，未来研究可以更进一步探讨话语建构的表演性。

本文系浙江省社科规划课题（编号：13NDJC168YB）的成果。

（丁方舟，浙江大学传媒与国际文化学院博士生。本文刊载于《新闻与传播研究》2015年第3期）

互联网思维下的全球新闻编辑部转型思路与趋势

唐绪军　黄楚新　王　丹

摘　要： 随着互联网和移动互联网的高速发展，传统新闻编辑部的运作模式已不能满足时代需要。在新的媒体生态下，新闻编辑部需要具备互联网思维。传统新闻编辑部的组织结构、传播方式以及运营模式都需要重新评估和定义。通过欧美媒体转型案例分析，现有新闻编辑部需要通过转变工作理念、重塑实体空间、打造开放式编辑系统、增设数字人才岗位等措施，才能完成华丽转型。
关键词： 互联网思维　新闻编辑部　欧美媒体改革　转型

新传播技术正在深刻改变媒体生态环境，技术力量推动传媒组织内部业务结构重组。媒介内容制作、节目播出和信息传输设备的技术更新也在促使媒体进行转型。在具有"开放、平等、共享"等特征的互联网和"便携、及时"等特征的移动互联网的影响下，新闻编辑部作为媒体新闻生产的大本营，需要通过内部结构重组和自我调适，才能进行转型。目前，全球媒体共同受到新传播技术影响，其中欧美一些媒体，如 BBC、《纽约时报》等已率先进行新闻编辑部改革尝试，试图完成数字化时代编辑部改革。在全球性的实践中，中国媒体可通过借鉴一些可操作性的成功经验，利用互联网思维，把握用户体验，以完成新闻编辑部融合和重构。

一　重塑实体空间，形成"新闻中枢"

空间结构重组是新闻编辑部转型最为直观和外在的体现。同时，由于空间布局重组直接影响编辑部工作流程，因此，综观国外媒体编辑部改革，空间布局改变往往作为改革不可缺少的一环位列其中。在新传播技术的冲击下，国外编辑部的空间布局具有由封闭式分散分布转向"新闻中枢"式呈平台化聚集分布的特点。

BBC新大楼的编辑部工作台便是一个大型"新闻中枢"，官方称其为"超级编辑部"。编辑部中心位置是由8个工作台组成的中心操作区，在中心区四周是呈放射状分布的不同媒介工作区。中心区位列的一般为资深编辑，他们是"新闻中枢"的核心，位于中心以便于对不同部门、平台和地区的记者进行调度。广播、电视、网络等不同平台的媒体人在同一个空间工作，并围绕在中心区周围随时接受命令。在转型之前，BBC的各部门位置较为分散，部门间沟通较少，较为封闭。转型后的空间布局使不同部门的媒体人之间沟通便利，且实现了各种工作的透明与公开。

和BBC的"新闻中枢"一样，《每日电讯报》久负盛名的编辑部布局同样呈大平台化和中心化。与传统死气沉沉的办公氛围不同，一张大办公桌带来的是编辑部工作氛围的改变。传统媒体和网络媒体员工座位错落、工作交融，有问题随时沟通。处于核心位置的主编及时参与讨论，给定意见。办公室熙攘的背后是编辑部效率的提升，一些好的新闻策划和创意便在思维碰撞中产生，更符合数字化需求的新闻表现形式也在讨论中敲定。

在美国，改变编辑部的空间布局也成为大多数媒体转型的首要举措。在《迈阿密先驱报》新社址，执行总编和核心团队打造了一个崭新的持续报道中心。这座U形的建筑设计有两面装有22块电子屏的媒体墙[1]，实现了实时信息更新，使编辑部各部门通过信息及时交流、知晓各自动态。位于中心位置的编辑们可以进行高效的决策，快速而充分地调动各部门人力和资源成为可能。

《西雅图时报》的"新闻中枢"由两排同心半圆（或称辐射圈）座位构成，小隔间沿新闻中枢两侧排列，中间有宽敞过道。隔间当中无隔栏，前后座位相互可见，可随时转身交谈。[2] 同时，编辑部有实时更新竞

---

[1] 陶文静：《搬迁：后工业时代新闻生产的空间与地点（一）》，《新闻记者》2014年第8期。

[2] 同上。

争媒体报道和自我网页网络分析数据的电子屏。《西雅图时报》的"新闻中枢"通过无障碍式的设计，使员工工作时的交流成为"转身交谈"，轻松而方便。通过创造透明与公开的工作环境，员工间的沟通机会增多，编辑部工作更为精准和迅速。

从欧美媒体改革的经验来看，不论是重新建造媒体大楼、选择新的社址，还是对媒体大楼进行装修改造，编辑部的空间布局重塑都是媒体计划转型的重要一步。在新传播技术的冲击下，传统的编辑部布局不能满足目前数字化时代媒体人工作需要。结合时代需求，一个"新闻中枢"式的编辑部布局是大势所趋。以编辑为中心，各部门员工聚集式的工作环境显然更应受到推崇。同时，为编辑部打造媒体墙也成为一项普遍的做法。电子屏实时显示自身报道的实时数据和竞争媒体数据，一方面有利于编辑进行新闻选题和新闻报道形式选择，另一方面也是媒体自我剖析和提升较为直观的方式。

二 重视用户互动，打造开放式编辑系统

媒体融合最本质的改变是受众地位的提升。在传统信息传播模式中，受众被动接受的地位被改变。在新传播技术的支持下，普通用户参与信息生产成为可能。作为新闻内容消费者的用户，可以通过个人喜好对新闻获取方式和新闻获取平台进行选择，并通过上传文字、图片等内容参与到新闻生产环节中。普通用户成为了新闻内容提供者，扮演着记者的角色。传统组织化的新闻生产模式正在被社会化的新闻生产所取代，一对多的线性传播样式转变为多对多裂变式传播样式。

因此，对于数字化时代的新闻编辑部而言，用户不再单纯是内容的接收方，更是内容的提供方。编辑部需要将编辑系统进行开放，充分与用户进行互动。现在，"用户生产内容"已经成为欧美主要媒体进行新闻采集的一种重要手段。例如，BBC网站新闻首页便有一个名为"Have Your Say"（你来说）的受众互动栏目。进入栏目网页，可以看到名为"Your pictures and stories"（你的图片和故事）的版块，这部分用来展示来自普通用户提供的文字和图片内容。在网页的右侧，BBC还开设有"Can you help?"的用户互动版块，此版块中BBC通过预先设定某一主题，邀请普通用户上传意见，完成内容参与。

> 全文转载

  同样，在 CNN 网站首页也开设有名为"iReport"（我来报道）的用户参与栏目。点击"iReport"，网页上显示来自 CNN 的邀请"邀请你和 CNN，甚至是这个世界分享你的故事"。用户通过登录，便可以上传图片等信息。同时，CNN 也会通过预先设定一个主题来进行用户内容搜集。例如北京时间 2014 年 10 月 8 日，世界各地均出现了月全食景观。打开 10 月 9 日 CNN 的"iReport"栏目，其主题便是"Blood Moon"（红月亮），通过此版块来征集用户拍摄的月全食照片。

  用户参与内容是丰富新闻素材、新闻选题的一个良好的方式。类似 BBC、CNN 等一些主流媒体对用户生成内容栏目的开设，也体现出了媒体开放性的编辑心态。这为我国的新闻媒体进行用户互动提供了很好的范例。当前，我国网民数量庞大，根据中国互联网络信息中心（CNNIC）发布的第 34 次《中国互联网络发展状况统计报告》显示，截至 2014 年 6 月，中国网民规模达 6.32 亿，互联网普及率达到 46.9%。[①] 网络成为了普通用户进行信息获取和意见表达的一个重要通道。因此，积极进行网络用户内容搜集建设是借助网络平台，利于媒体发展的措施。

  当然，在用户内容搜集的过程中，对内容真实性的核实成为了一项重要的工作。用户参与内容生产版块的开放，在带来大量的新闻素材的同时也不免掺杂有低质量的内容信息，编辑部需要通过开设专门的信息核实部门进行甄别。早在 2006 年，BBC 就建有一个"用户原创内容中心"（UGC Hub），专门负责处理用户发来的通过手机等设备自行拍摄的图片和视频内容。[②] 在庞大冗余的信息面前，专业媒体的信息核实和整合能力要求更加凸显。

三　增设数字人才岗位，进行组织结构优化

  互联网和新传播技术带来了大数据时代，为应对技术的高速发展，编辑部除了拥有具备传统新闻采编能力的编辑和记者外，还需要重视具备数

[①] 中国发展门户网：《第 34 次中国互联网络发展状况统计报告（全文）》，2014 - 07 - 23，http://cn.chinagate.cn/reports/2014 - 07/23/content_ 33031944_ 3.htm。

[②] 龙思薇：《BBC 转型中的互联网思维》，《媒介》2014 年 7 月 31 日，http://www.meijiezazhi.com/mjzz/zt/2014 - 07 - 31/13747.html。

字技术能力的人才引进和培养。如今,在国外媒体中,图表、互动新闻和数字设计等技术性部门成为新兴热门部门。它们与传统媒体部门相互配合、协作,共同应对挑战。

《纽约时报》总编辑 Dean Baquet 宣布的上任后第一项改革,就是在报社主要采编部门中增设数字副主编级别的岗位。[①] 一些具有数字技能的编辑被派往报社的各个部门,以提升每个部门的数字化能力。英国《金融时报》采取自上而下的改革策略,视觉设计人员、编程技术人员、数据新闻记者等人员,打入各个原有团队,促进整体转型。[②]

设计团队和技术团队的加入使数据新闻等新的新闻形式得以实现。设计团队通过记者获取制作图表的数据资料,进行新闻图表、视频内容制作;记者则负责搜集、获取用于制作新闻图表的精确数据和资料。设计团队、技术团队和内容团队紧密相连,彼此互相协作,共同完成新技术要求下的新闻表达。全方位协作成为编辑部新的生产方式。

例如,《纽约时报》的全新移动新闻应用"NYT Now"便是全方位合作的成果。开发部门使这一新闻应用得以面世,内容提供部门为应用提供新闻内容,而用户分析部们和营销部门则提供用户阅读习惯和行为特征等用户资料,使应用能够得到更多用户青睐。

数字人才的加入有利于缓解编辑部在新技术下遭遇的冲击。同时,对传统媒体人来讲,进行数字技术培训也是必要的。传统记者和编辑除去在数字人才的后期帮助下完成新闻报道,还需要将互联网思维运用到前期的新闻业务中。例如,在进行采访时,如具有数字化思维便可以采集到更适合后期数据呈现的内容,在进行新闻选题时,也可以为新闻叙事方式提供更多选择。

数字人才的加入使新闻编辑部组织结构得到优化,更适合新技术下的媒体发展。同时,更为关键的是,在增添数字化人才的同时,原有的编辑部内部模式需要打破。一方面,记者单枪匹马进行报道的时代结束,固定的小团队式,即记者、技术和设计人员共同协作的模式更适合现有新闻报

---

① 朱华年:《亡羊补牢之举? 纽约时报在采编部门中增设数字副主编》,2014 - 07 - 10, http://www.tmtpost.com/121479.html.

② 新浪微博:《英伦考察报告:走访金融时报、每日电讯报和 BBC》,2014 - 08 - 20, http://weibo.com/p/1001603745923372079403.

道。另一方面,记者和编辑也要具有较高的灵活性,具备基本的技术技能和新媒体知识,能随时与编辑部成员组合,进行更大选题的团队协作。

四 理念转变,从"纸媒优先"到"数字优先"

对于传统编辑部的记者和编辑来说,"纸媒优先"已经在记者和编辑的思想中根深蒂固。报道有没有上报纸头版、是不是头条、版面位置大小等是媒体人最为关心的内容,而采写的新闻登上头版头条更是被媒体人视为无上荣耀的事情。对记者和编辑而言,有了独家新闻或者较为优秀的新闻稿件都习惯放在传统媒体上进行发表。在传统媒体进行发表才被视为真正的发表,才具有成就感。以上的这些心理及行为均是"纸媒优先"思想的体现。在数字时代,要做到真正的媒介融合,首先需要摒弃的就是这种"纸媒优先"的思想。

媒介融合不是按照传统媒体的工作思路在新媒体上进行工作,网络媒体、新媒体也不仅仅是工具。媒介融合需要"数字优先"的理念,需要编辑部贯彻"数字优先"思想到实际工作中。在编辑部的内部会议上,报纸的头版头条不应再成为唯一关注点,相反,媒体的网站新闻浏览量、客户端的下载量、新闻 APP 的用户使用数据等应成为重点关注对象。

对于编辑部来说,需要重新拟定评估、激励和监督机制进行内部考核。原本以传统媒体刊稿量为主的打分制度需要优化,应加入网站新闻转发量、用户点击浏览量甚至是用户点赞量作为新的激励机制标准。

同时,作为数字化时代的编辑记者需要切实使用社交媒体,而如何正确、恰当使用社交媒体需要编辑部拟定详细的操作规范。一方面,编辑记者可以按照操作规范要求正确地在社交媒体上进行操作,这为媒体人提供了操作指南和范本,媒体人可以清楚知道自己的行为是否符合所在编辑部规定,是否得当;另一方面,操作规范的制定也有利于记者和编辑学会使用社交媒体,时时刻刻保持与用户的联系。

当然,"数字优先"的理念要求媒体人具备互联网思维,但在增加了传播渠道的同时,对媒体而言最为关键的内容优势也是必须保持和必不可少的。高品质的内容是媒体的品牌竞争力、影响力和公信力的源泉。作为媒体的核心竞争力,内容优势是编辑部转型中不可丢失的部分。综观《纽约时报》《华尔街日报》《国际先驱论坛报》等国外媒体上"付费墙"

模式获得成功的案例，无一例外不是依托于所在媒体独有的强大的内容优势。对于一家成熟的新闻编辑部来说，不论是传统媒体形式还是网站、客户端、APP 等新媒体形式上的内容，均要能体现其媒体的价值观。

五 新闻报道与社会化媒体相融合

2014 年 8 月，中国互联网络信息中心（CNNIC）发布的《2013—2014 年中国移动互联网调查研究报告》显示，截至 2014 年 6 月底，我国手机网民规模为 5.27 亿，较 2013 年底增加 2699 万人。我国网民中使用手机上网的人群占比进一步提升，由 2013 年的 81.0% 提升至 83.4%，手机网民规模首次超越传统 PC 网民规模。[①] 随着移动互联网的高速发展，用户通过移动终端上网的比例持续增长。

据中国互联网络信息中心（CNNIC）发布的《2014 年中国社交类应用用户行为研究报告》显示，即时通信在整体网民中的覆盖率为 89.3%。社交类应用普及后，网民网上收看新闻资讯的渠道从单一的新闻资讯类媒体转变成以新闻资讯类网站为主体，微博、社交网站并存的格局。[②]

社交类应用的高速发展拓宽了新闻资讯的传播渠道，在移动互联网的技术支持下，依托于社会化媒体的微传播正在成为主流传播方式。新闻报道方式和编辑思路需要与社会化媒体相接轨，以保证新闻资讯在社会化媒体上的广泛传播。

在英国，BBC 便提出了一个概念：360 度。所谓"360 度"，是指 BBC 的人员无论是在内容策划，还是在节目制作中，都必须做到 360 度，即同时考虑到广播、电视和网站各个平台的需求，以及固定设备和移动设备的需要。[③]

新闻报道要保证移动设备的需要，很大程度上是要求新闻具有可分享性的特征。社会化媒体本身提供了多对多的交流平台，新闻产品经过组织

[①] 中国互联网络信息中心：《2013—2014 年中国移动互联网调查研究报告》，2014-08-26，http://www.cnnic.net.cn/hlwfzyj/hlwxzbg/ydhlwbg/201408/t20140826_47880.htm。

[②] 中国互联网络信息中心：《2014 年中国社交类应用用户行为研究报告》，2014-08-22，http://www.cnnic.net.cn/hlwfzyj/hlwxzbg/sqbg/201408/t20140822_47860.htm。

[③] 龙思薇：《BBC 转型中的互联网思维》，《媒介》，2014-07-31，http://www.meijiezazhi.com/mjzz/zt/2014-07-31/13747.html。

包装，在社会化媒体上要通过分享到达用户。

用户原创内容的前提是用户的参与，良好有效的用户内容生产离不开用户的高参与度。媒体融合阶段，媒体需要利用渠道使自身的内容具有接近性，在海量信息中可以到达用户，不单单需要通过内容建立影响力，更重要的是向用户提供服务，使用户拥有满意的用户体验。

同时，新闻报道与社会化媒体的融合也使传统编辑部的工作节奏得以改变。以往编辑部每天固定的截稿时间被打破。线上编辑形式带来了截稿时间的不确定性，编辑部的工作节奏也随着社会化媒体上新闻的分享热度而发生改变。与社会化媒体相融合，需要编辑部人员时时在线，刻刻更新，同时进行新闻热点引导。

总之，颠覆性的技术发展使传统媒体编辑部运作方式和工作模式得到前所未有地更新和变革。在互联网和移动互联网的高速发展下，新闻编辑部需要具备互联网思维和用户思维，尊重新闻传播规律，进行观念转变和行动落实的双项努力，用先进的技术系统作为支撑，才能在网络大潮中保持媒体的固有地位，经受住严峻考验。

（唐绪军，中国社会科学院新闻与传播研究所所长，《中国新媒体发展报告》蓝皮书主编；黄楚新，中国社会科学院新闻与传播研究所传媒发展研究中心主任，《中国新媒体发展报告》蓝皮书副主编；王丹，中国社会科学院研究生院新闻学与传播学系硕士研究生。本文刊载于《新闻与写作》2014年第11期）

新闻史

从立场到图景：试论"中国报刊史"的书写缘起和逻辑

朱至刚 张海磊

摘 要：本文以国人自著本国报刊史的高潮为何始于20世纪20年代为起点，探讨作为叙事文本的"中国报刊史"的书写缘起与逻辑。通过对文本的细读和情景的体察，笔者认为，在当时"中国"不仅是叙述范围，更是书写立场，其根本预设就是中国及其报业本身不仅具有值得认知的特殊之处，而且自成脉络。基于这样的预设，这些文本才会大多以"营业"和"精神"两条路线的冲突为逻辑主线，通过对"精神"的填充，来呈现在后世看来有所偏向，却是自洽的整体图景。

关键词：中国报刊史 缘起 逻辑

20世纪20年代，国人开始成系统地研究和书写本国报刊史，除汪英宾《中国本土报刊的兴起》（1924）、蒋国珍《中国新闻发达史》（1927）、戈公振《中国报学史》（1927）等专门著述，其他本学科著述辟有专章或收录专文的，也所在多有。[①] 然而，它们何以会在此时接踵而

---

① 在笔者有限的阅读范围内，截至全面抗战爆发，其他论及中国报业历史的论著至少还有邵飘萍著《新闻学总论》（1924）（第六章 新闻纸进化之史略、第八章 我国新闻事业之现状）；张静庐：《中国的新闻纸》（1929）、《中国的新闻记者与新闻纸》（1932）；郭步陶：《本国新闻事业》（1934）；胡道静：《上海新闻事业史之发展》（1935）等专著。以及黄天鹏编辑《新闻学名论集》（1929）所收集之黄天鹏《新闻运动的回顾》；黄天鹏编辑《新闻学论文集》（1930）所收集之汪英宾《中国报业应有

至？作为文本，它们蕴含着怎样的预设？呈现出怎样的图景？此类图景，又对此后的中国新闻学带来了怎样的影响？

一 作为立场的"中国"：中国报刊史的书写缘起

为何要书写本国报刊史？乍看起来，答案仿佛不言自明：既然中国已有报业，就得鉴往知今。但这已隐含前提，那就是当下可以从中提炼或正或反的经验。倘若不这样做，也有现成的路径依归，即便是本国，又何须去着意认知？实际上，在此前报人的共识中，报业典范就在且只在西方。

甲午至戊戌间，国人自办报刊才蔚然成风，中国报人方以群体姿态浮现于世。虽说各自所依的学理和具体设计不尽相同，但除了眼界特高的康有为，他们都认同在当前，西方诸国堪称理想样板，相应地，也把其报业看作效法典范。终清之世乃至民初，这些"过渡时期知识分子"又始终未能掌控政权，除了济世情怀，其想象亦需寄托。因此他们也就倾向于将西方报业想象得格外完美，将"理想报业造就理想社会"构想得愈发具象。①其中，梁启超在1901年的表述堪称典型：

> 报馆者，实荟萃全国人之思想言论，或大或小，或精或粗，或庄或谐，或激或随，而一绍介之于国民；故报馆者，能纳一切，能吐一切，

之觉悟》、周孝庵：《中国最近之新闻事业》、戴季陶：《新闻学之实际运用》、胡仲持：《上海的新闻界》；黄天鹏编辑《报学丛刊》（1930）所收集之新史氏《中国报界近百年大事记》、王小隐：《中国新闻界之进步观》、黄粱梦：《报刊副刊之今昔观》；燕京大学新闻学系编辑《新闻学研究》（1932）所收集之成舍我《中国报纸之将来》、张季鸾：《诸君为什么想做新闻记者》、林仲易：《谈几个改良报业的实际问题》；《报学季刊》（1935）所收集之平在《中国官音白话报》、桐香：《政论时代的名记者》、蒋荫恩：《中国画报的检讨》、何昶旭：《广州市新闻报纸的总检阅》等论文。

① 梁启超对此的看法，可参见朱至刚的《试论文人论政的流变——以报人的自我期许为中心》一文（《新闻与传播研究》2010年第3期）。这里对严复略加探讨，他在《〈国闻报〉缘起》中，将本报"通上下之情""通中外之故"的编辑方针，解释为"略仿英国太晤士报之例"，接着又说"阅兹报者，观于一国之事，苟足以通上下之情；观于各国之事，则足以通中外之情。上下之情通，而后人不自私其私利；中外之情通，而后国不敢自私其治。人不自私其利，则积一人之智力以为一群之智力，而吾之群强；国不自私其治，则取各国之政教以为一国之政教，而吾之国强"（戈公振，1985：119-121）。可见在他看来，这是如他想象中《泰晤士报》带来的自然结果。

· 48 ·

能生一切，能灭一切。……彼政府采其议以为政策焉，彼国民奉其言以为精神焉。故往往有今日为大宰相、大统领，而明日为主笔者；亦往往有今日为主笔，而明日为大宰相、大统领者（梁启超，1999：476）。

虽说此类话语未必经得起逻辑考验，然而对既以"趋新崇西"为当然前提，又在从事报业的人，却仿佛既指明了路径，又提供了慰藉，在这样的预设下，纵然既往对本国报业偶有顾及，也大多只能愈发自惭。直到民国初年的徐宝璜、邵飘萍，如此倾向仍有相当体现。① 在这样的共识下，中国报刊又怎有资格成为被国人着意书写的主角。

但偏偏就在近代文明的发源地欧洲，爆发了空前惨烈的一战。同时，为了维护权益，提升国际地位，从战争爆发起中国就相当积极地折冲樽俎。② 然而，欧洲大国虽标榜"公理战胜强权"，作为却令国人心寒。在这些因素的作用下，"西国"在国人眼中已再不那么仰之弥高。罗素就曾提到，他在战后访华期间，听到不少人对他讲，1914年前自己对于西方文化不甚怀疑，但及欧战起，却不能不相信它必有自己的缺陷（罗素，1924：190；转引自郑师渠，1997）。既然"西国"已不再被认为是当然的典范，那么自身的经历，对于此后的路径，也就不见得全无意义。还是以梁启超为例，自从1920年3月旅欧归来，他就反复强调，此行最大的收获，就是对中国文化的悲观情绪一扫而光，相信它可以开出新境并助益西方文化（郑师渠，1997）。

社会共识的转变，自然会促成报人去审视在普遍规律之外，"我国"报业是否还有什么应被认知的特殊之处，这就当然需要详尽地梳理它的既往。可以说，自此对本国报刊史的着意书写，才成为必要。自然，从标尺的转换到生成具体文本，通常存在延迟。所以，中国报刊史直到稍后的20年代中期，才成为显学。以专著为例，《中国报学史》开篇就揭明该书将"专述中国报纸之发达历史及其对于中国社会文化之关系"（戈公振，1927/1985：

---

① 据笔者统计，在徐宝璜所著《新闻学》中，至少9次，将"美国""欧美"等一组与"我国""吾国"等一组，出现在同一节，甚至同一段落。对照之下，褒贬相当明显。邵飘萍在《实际应用新闻学》和《新闻学总论》中，至少13次将"我国新闻业/报业"与"幼稚"连用，其中至少4次是明确地以外国同行为参照系数。当然，他们的比较是侧重报业的规模和操作，已不像当年的梁启超那样含有鲜明的价值判断。

② 在笔者有限的阅读范围内，至少徐国琦先生在《中国与大战：寻求新的国家认同与国际化》中，对此论述甚详。

3)。《中国本土报刊的兴起》更断言"整体而言,中国本土报刊的出现代表着世界报刊的发端"(汪英宾,1924/2013:1)。《中国新闻发达史》虽说承认中国的报纸"到底不能和邻国的大报纸分庭抗礼",却已算是有相当的发达(蒋国珍,1927:46)。还认定自唐绵延至清的"邸报",可称为"世界上最古之报纸"(蒋国珍,1927:5)。可以说,在他们那里,"中国"不只是指称的范围,更是探究的立场。放眼当时学界,它们跟几乎同时出现的梁漱溟《东西文化及其哲学》、吕思勉《白话本国史》以及"学衡派"的活动,虽说领域不同,基本立场却是相通的。

二 "营业本位"与"精神本位":中国报刊史的书写逻辑

报刊史终究是历史,纵然预设已定,描述却要落实。既要寻出"中国"的特殊,又要阐明这些特殊值得珍重。就需要寻找既在逻辑上自洽,又为时人认可的框架。

如前所论,"中国特殊"所以能成共识,是源于国人猝然间对"西方"从崇拜转而失望。当群体心态被观感的陡变所左右,在中国报人眼里,自然会认定西方报业已问题重重,而且日趋下滑。如果本国报业也出现类似趋势,自然不足为道。既然主题先行,故已盛于西方,在中国也露苗头的"营业主义"当然饱受猜疑。还在1924年,邵飘萍就质疑"新闻事业苟欲达于理想之境域,究以何种方法经营为恰当乎?此实将来之大问题",且坦陈"以营业本位为理想的经营方法,未免为偏于资本主义之见解也"(邵飘萍,1924/2008:202)。到了30年代,成舍我说得就更加激愤:"现在全世界的报纸,普遍地,被压迫屈服于许多时代巨魔——资本主义和独裁统治——的淫威下,真正代表大众利益的报纸,即百不获一。"(成舍我,1932:3)而此时报界以外的知识精英,对此也颇有同感。[①]

推论下去,如不想重蹈覆辙,中国报界必须摒弃"营业本位"和

[①] 例如戴季陶在《新闻学实际之应用》(1929)中指责"日本新闻界,已成尾大不掉之势……记者明知谣言而硬造之,报纸明知谣言而硬登之,阅者明知谣言亦不得不随喜之……胡展堂先生谈巴黎报纸,真是气死人,国计民生,漠不相关,描写不相干的事物,如某要人的一只鞋子是某商店买的,如何漂亮,不惜笔墨,重要的话反弃而不取"(黄天鹏,1929:124,185)。

"资本主义"。然而摒弃了它们,又当以何为根本?借用戈公振的话说,既然民初以来,中国报业"商业色彩大浓,渐失指导舆论之精神,是其病也"①(戈公振,1927/1985:283)。再如胡政之也叹息中国报业"近年受了物质文明的熏陶,从营业、设备上,显示着很多的发展,然而精神上倒似乎不无减色"(胡政之,1932:1)。这样一来,在"营业"与"精神"两条路线间的抉择,就俨然成为中国报刊的历史主线,而且孰是孰非,在当时报人看来,根本不成问题。②

三 "精神本位"下的历史图景

其实,"营业主义"虽然几近人人喊打,"资本主义"更遭到普遍抨击,但在很大程度上,论者并未就其含义达成清晰共识。③ 作为"营业本位"的对立面,而被认为应该存在的"精神本位",也就连带着面目难清。但这恰为它被认同、被诠释乃至被操作,创造了广阔

---

① 戈公振(1985:283)在《新闻教育的目的》(1930年前)中又强调"只注意职业的养成,不仅是不能使学生得着精神上的知识,而且于他们有害,这种营业色彩不去,理想的记者不会有"。直到1932年,他才在《报业商业化之前途》中认可"也只有报纸的商业化是中国报纸的出路"(戈公振,1932:152)。但是作为盈利模式的商业化,跟作为根本取向的"营业本位",还是存在明显差别。

② 除前引各家,据笔者对《新闻学研究》(1932)、《新闻学论集》(黄天鹏编,1929)、《报学月刊》(黄天鹏编,现仅存1929年所出第3期)、《报学季刊》(申时通讯社编,现仅存1935年所出第3、4期)所收录文章的梳理,至少还有吴天生、黄天鹏、邵力子等人明确表达了对"营业本位"或"商业化"的不满,或是认为报业应首先代表民意。

③ 《东方杂志》第30卷第1号特刊《新年的梦想》刊出142位各界人士的应征来稿,它们曾被郑大华、谭庆辉引用说明在当时的知识界,对社会主义的认同和对资本主义的反感是普遍风气(郑大华、谭庆辉,2008:44-58)。但所载论说对"资本主义"和"社会主义"的理解却不尽相同。如郁达夫就产权着眼,认为将来的中国,"可以没有阶级没有争夺,没有物质上的压迫,人人都没有而且可以不要"私有财产。盦士元的描叙更感性化,"未来的中国的政府,是客观的,是没有主观也不受任何思想之反对任何感情之激励。有这样一个健全的社会,对资本主义,当然是一个不接受,对帝国主义,当然是一个不屈服"。严灵峰则从可能造成的社会结果,来圈定何谓"资本主义","在最近的将来,中国社会内部的生产力——尤其是资本主义经济将在相当时期之内,有若干限度的发展。这种发展必然要依靠外资的加入,至于结果,将使中国更加屈服于帝国主义的铁蹄之下"。仅从以上所列,已能看到他们是将这两个名词当作既有观念,近于默会地使用(1933:3,5,6,16,21,37)。

空间。只要对西方报业，甚至是被想象的西方报业并不全然认同，就可理直气壮地宣称自己是在反对"营业本位"，并遵奉"精神本位"。当然也可以此为线索，来书写自己认可的"中国报刊史"。接下来，不妨以上述提到的专著与论文为例，剖析以"中国"为立场的报刊史如何成为可能。

（一）区隔中"外"

近代报刊毕竟从域外传入，如不对"外报"有效区隔，即便在史实中找到若干亮点，又何以证明它们源自本土。像郭步陶那样，完全否认外报的先导作用，甚至指责持此观点就是"数典忘祖"，未免太过牵强（郭步陶，时间不详：31）。[①] 但当引入可高度活用的"精神"为叙述框架，就大可通过阐明"外报"对中国社会并无直接助益，从而彰显中国报业如有内在精神，也只是由国人践行。例如按照戈公振的说法，（外报）"虽然从文化上之全体以视，外报在我国，关于科学上之贡献，当然为吾人所承认；惜以传教为目的，是去一偶像而又立一偶像也。且流弊所及，一部分乃养成许多'boy'式之人材，舍本逐末，为彼辈之走狗，得不偿失，无过于此"（戈公振，1927/1985：94）。蒋国珍虽然承认教会报刊确是中国报纸先驱，却又强调它们"与现在（1927年）的文化是没有什么关系了"。而"今日外商的报纸，却仍占先前的地位"，只是因为"今日中国的报纸虽然已有相当的发达，但到底不能与邻国的大报纸分庭抗礼。所以外国文的报纸的生命，在短期间内，恐仍不能销声匿迹罢"（蒋国珍，1927：46）。

汪英宾的措辞则是将"报刊"和"现代报刊"区分开来。在他那里，所谓"报刊"，首先是"公众思想和舆论的解说者"（汪英宾，1924/2013：1）。这样一来，将"中国报刊"上溯到尧帝时期的口头歌谣，并将商周的博采国风、汉代的月旦之评也一并纳入，就并非格外牵强。"中国何时才有报刊"，实际上被转换成"为何在外报传入以前，中国报刊迟迟未能演化到现代报刊"。汪英宾给出的解释是，从理论上讲，在最早发明纸张、印刷术和官方报纸的中国大地上，几个世纪以前就应该出现近代意义上的报纸，

[①] 郭步陶：《本国新闻事业》，上海市私立申报新闻函授学校讲义，未印年份，但从书中内容，可推定应在 1932—1934 年间。

但事实上，这个进程在中国由于固有的困难，如一位中国排版工为了完成一页中文报纸的排版必须步行3英里，而没有在早期兴起（汪英宾，1924/2013：9）。所以，要在"外报"进入后，"具有现代新闻意义的中国本土报纸"才得以被它们"以这样或那样的形式，影响或者催生了"（汪英宾，1924/2013：16）。"固有的困难"和"这样或那样的形式"，当然显得含含糊糊，但所谓"几个世纪以前就应该出现""影响或者催生了"，表达的其实就是"中国报刊"由来有之，只是在现代化的历程中，对"外报"有所借鉴，才形成了当前的形态。戈公振对"报刊"的定义，也是侧重于首先应是"民意之代表机关"（戈公振，1927/1985：1）。他还做出了进一步的解释："报纸者，报告新闻、揭载评论，定期为公众而刊行者也。"（戈公振，1927/1985：7）放在一起不难看出，前者是报刊存在的理由，后者只是其承载。而报刊史就是"用历史的眼光，研究关于报纸自身发达之经过，及其对于社会文化影响之学问也"（戈公振，1927/1985：3）。"自身发达之经过"只被看作是促使影响发生的条件。在这样的架构下，是否"发达"，当然以"影响"为首要标准，至于报刊通过怎样的传播手段，覆盖多大的范围等形式来实现这一宗旨，并不重要。

无论是戈公振的语气决绝、蒋国珍的看似持平，还是汪英宾的区别考量，叙述的结果都是"外报"之于"中国报刊"，甚至是戊戌以来兴起的"民报"，都谈不上是源头，自然被排出了历史的主轴。当然，以后世所认可的媒介史角度，如此叙述实有偏向。然而，这可能正是"中国报刊史"在当时之所需。就此而言，戈公振和汪英宾的时段设置，诚然极可能受到秦理斋的影响，但在他们那里，分期所承载的不仅是时间先后，更是脉络区隔。

（二）构造传承

区隔了"外报"，荣辱就得由国人报刊独自担当。要证明其中确有经验，就得说明它们至少曾功勋卓著。在这样的尺度下，"民报"在戊戌至辛亥期间的表现自成首选。在这个"颠覆清室、宏我汉京"（戈公振，1927/1985：146）的时期中，本国报刊的确功不可没。[①] 革命造就的还是

[①] 再如梁启超（1912：2508）在《鄙人对于言论界之过去及将来》中也认为"去秋武汉起义，不数月而国体丕变，成功之速，殆为中外古今所未有……问其何以能如是？则报馆鼓吹之功最高，此天下公言也"。

"亚洲第一共和",拿到全世界去比,也不输于人。因此,至少在抗战以前,要书写体现"中国"立场的报刊史,势必会以此为关键节点。[①] 这与《春秋》始于隐公元年,以及新中国成立后的新闻史文本对延安时期的看重,道理并无二致。

确定了节点,便可从时间上延展,使"精神"仿佛自有传承。例如在汪英宾的叙述中,"中国本土现代报纸的兴起"就是开端于戊戌前后,"正是维新派这帮青年改革者发起了中国本土报纸首先作为引领改革并对国人从保守转向进步施加精神影响的改革运动"(汪英宾,1924/2013:19)。他还认定"截至目前,中国报刊发展最主要的动力来自1900年武昌起义"(汪英宾,1924/2013:20)。这一说法转引自Franklin Ohlinger在1910年的论述,所以"1900年"绝非"1911年"的笔误,当是指该年的自立军起事。庚子国变期间,举国趋新人士,咸以勤王为名行革命之实。虽说事败,却使政局和民气摆脱了戊戌政变后的沉闷。自立军的主将,正是戊戌期间的重要报人唐才常。在这样的叙事线索下,中国的报刊和报人与革命及其成功,俨然有了天然关联,可以理直气壮地认为"1911年辛亥革命主要由三股力量策动而起,即海外的爱国者、报界和公共演讲"(汪英宾,1924/2013:21)。

无论是否受到汪英宾的启发,戈公振对"兴起"和"发达"的诠释都更加具体,叙述的框架更为严整。所以他构造出的传承在时间和深度上可谓后出转精。《中国报学史》的"民报勃兴"一章,是这样来收尾的:

> 清初汉学最盛,详于考证,闇于经世。中叶以后,外侮频仍,人民之留心政治者,咸以振兴为事。康有为学于廖平,以通经致用为揭櫫,号为维新,风靡一时。然此派实力薄弱,而视天下事太易,故其发为议论也,燏煌光怪而有余;其施于政治也,诚实恳挚而不足。殆清室徒有变法之名,无以慰人民之望,于是种族之学说起,与维新派立于对峙之地位。其纯一目的为排满,其主义以先破坏后建设为唯一

---

① 除前引戈、郭、蒋所著,具体情况还可参见张静庐在《中国的新闻纸》(1928)、胡道静在《上海新闻事业之史的发展》(1935)以及任白涛在《综合新闻学》(1941)中对"随军记者"的论述等。

之手段，章炳麟实为此派巨子。同时国粹派复取顾亭林、王船山、黄梨洲之坠简遗编而推阐之，其说乃益有根据。清廷之秉政者，既无悔祸之心，又复显满汉之界限，以激发人民种族之痛苦。卒之次说易入汉人之心，直截了当，终睹辛亥之成功。综论之，自报章之文体行，遇事畅言，意无不尽。因印刷之进化，而传布愈易，因评之风开，而真理乃愈见，所谓自由平等博爱之学说，乃一一输入我国，而国人乃知有所谓自由、博爱、平等，故能于十余年间，颠覆清室，宏我汉京，文学之盛衰，系乎国运之隆替，不其然欤（戈公振，1927/1985：146）。

以今日眼光看去，自然相当费解。不只是用语古奥，更重要的是将"民报"在清末的表现，诠释为深受朴学影响，与现下解读范式相差太大。然而，如果不为这个大事件寻到可敬渊源，怎能有光荣而完整的"中国"报刊史。而且，"因印刷之进化，而传布愈易"，却又是再如何淡化，都无法摒除。为了"中国"的纯粹，就必须其实也只能着重渲染报人的"精神"构成。恰恰清末的政论报人多于本国学术师承有法，将他们的报人作为和其学人身份之间勾连因果，至少难以被证伪。这样一来，的确自洽地为中国报刊"寻出"了不仅光辉，而且悠长的"精神本位"。

四 "今昔之辨"：不同图景的同、异、合

被构造出的当年，自然会被用来观照当下。出自不同构造者的具体图景，也未尽相同。除开或是全景，或是片段，最大的差别莫过于对"当下"与"当年"的品评高下。具体而言，就是较之清末，中国报刊在进入民国以来，究竟是进步还是退步。在二三十年代，汪英宾、蒋国珍和成舍我等人都认为报业在近年大有进步。[①] 除前引胡政之，戈公振、戴季

---

① 例如蒋国珍（1927：53）认为"中国报纸在一九一一的改造期中，有更进一步的进化"，并以此作为描叙"共和以后的中国报纸"的基调。

陶、张季鸾、林仲易等人却认为至少曾经有段时间是大不如前。① 既然斯时报人出于对"营业本位"的抵触以及对西方的失望，要去寻找"中国"的"精神本位"，何以相同的动机与逻辑，会导出不同的结果？全然归结到两类人物行辈、经历的差别，似乎过于简单。

综观"今胜于昔"的各家之言，以成舍我的表述最具说服力：民国初年的报纸，即如号称报纸最发达的上海，那时的销数占第一位的报馆，也最多不过销两三万，现在则最多已有到十四五万份一天的了。那时报纸的新闻，异常陈腐，尤以本埠新闻最腐败，一切消息，均凭所谓跑马路的访员，拉杂撰写，用复写纸一字不改，分投数报。现在则本埠新闻，竞争最烈，每一报馆辄有外勤十余人，一事发生，立时出动（成舍我，1932：3）。他还提到"极觉到最近几十年来，中国报纸，确已有很大的进步"（成舍我，1932：3），这就涵盖了戈公振推崇的"清末"。很明显，他是将新闻的生产和传播绩效作为衡量标准。在这样的观察角度下，"当下"自然胜于"当年"。成舍我还对此做出了解释：为什么百年前的报纸那样衰败，现今的报纸却如此发达？这个答案极简单，就是由于科学进步的结果。有了轮转机，从前一小时印报不到一千份，现在用许多机器合并起来，一小时可以印好几百万份。……从前没有火车，轮船，更没有飞机，报纸发行异常困难，现在这种困难自然也一律消灭了。这就是科学发达影响报纸的实例。欧美如此，中国科学发达的速度虽远不及欧美，然此种倾向，实在也异常明显（成舍我，1932：2-3）。由此推论，不管报刊报人是否有意干预社会，自身发展就足以增大他们的社会影响。

恰成对比，戈公振对"民初以来"却痛心疾首："舍一部分杂志外，其精神远逊于清末。盖有为之记者，非进而为官，即退而为产业所化。故政治革命迄未成功，国家窳败日益加甚"（戈公振，1927/1985：

---

① 戴季陶对此的看法是"中国新闻事业，已有数十年历史，弄得一团糟，无进步"（黄天鹏，1929：124，185）。张季鸾在《诸君为什么想做新闻记者》中是这样讲的："因为眼看中国报界，只有犹太式但求赚钱，冰凉冰凉的报才能发达，又因为中国一般统治者，太漠视报业，一面一部分，报界的人又往往实在有受人轻蔑之理由，为出这一口闷气，所以我和吴前溪胡政之君等几个人，又在天津办了这几年报，现在还办着。至于救世济人，万分说不上了。"（张季鸾，1932：5）从日本返国的林仲易，看法也较为类似，"我们现在可以下个批评，这几年报纸比起从前，形式上，技术上，乃至种种物质方面，都可以说有进步，而精神上大不如前"（林仲易，1932：1）。

· 56 ·

158)。在他看来，清末民初"一为报纸以捐款而创办，非为谋利为目的；一为报纸有鲜明之主张，能聚精会神以赴之。斯二者，乃报纸之正轨，而今日所不多觏者也"（戈公振，1927/1985：158）。其实既然在他那里，清末民初已被认定为"民报"的巅峰，其他时段与之相比已高下预判，实际上，是已认定了"正轨"和"退步"，"斯二者"才被提炼出来作为兴衰之据。从逻辑上看当然是因果归因。但在相当具体的"当年"景象中，本国确实出现过"报纸之正规"，而且还源自本国学术正统。那么，当下的报人又有什么理由不因耻生勇，回归到这个完全"中国"的"精神本位"？而在戈公振的描叙中，报人们也正在这样去做。所以在"欧战"以后，"报界思想之进步"成就了"内则有所谓废督裁兵之主张，对外则有所谓废除不平等条约之论调"，"苟循斯途以进行，则去中华民族自决之期不远矣"（戈公振，1927/1985：283-284）。单就文本而言，一个既找出了中国的特殊，其特殊又弥足珍贵的，而且这种特殊也开始被重视的，既具象又完整的中国报刊史图景，在戈公振的书写中得以完成。

对比成舍我和戈公振的考量角度，不难看出维度的侧重和淡化恰成对比，但各自都将叙事的脉络用到了极致。这也正可以解释为何《中国本土报刊的兴起》在叙述民国以来情形时，显得有些后继乏力。在汪英宾看来，中国报业进入民国以后就进入了"完全意义的现代化报业阶段"（汪英宾，1924/2013：21）。"袁世凯称帝以及后来张勋复辟的失败，学生运动节节成功，安福系、梁士诒内阁和其他很多军阀执政者的倒台都归功于现代报刊的巨大力量。尽管军阀势力依然形成可怕的混战局面，然后最终证明口诛笔伐的力量胜过枪炮的威力"（汪英宾，1924/2013：21），所以"关于中国过去二十年本土报纸进步的任何评价，都充满着希望"（汪英宾，1924/2013：21），仿佛也言之有据。然而无论如何翻覆，这些事件都从属于民国即立、法统仍存这一既有前提。既然仍要以报业对政局的影响为标尺，凭此又何能证明报业在"当下"的业绩胜过"当年"的"颠覆清室，宏我汉京"？叙事的自洽不免颇有折扣。

而正是基于构造出的不同图景，成舍我和戈公振对"将来"开出了差异的规划。成舍我认定所有权才是根本，主张"未来的中国报纸，他应该受民众和读者的控制。他的主权，应该为全体工作人员，无论知识劳动或筋肉劳动者所共有"（成舍我，1932：9）。戈公振则强调报人内在精神的提升,要"做人民的代表","看着国家的利益,比个人或一个团体的利益还重要"(戈公振,1930:附录14)。其实,个中差异在很大程度上正源自预设相同。"营业本位"和相对应的"精神本位"的内涵模糊,反而可以兼容不尽相同的诠释。放在今日学理下看,综合戈公振和成舍我的见解,也确能较有效地抑制"营业本位"这个虽认知含糊,却确实存在之物。从这个意义上讲,在20世纪的二三十年代,不同人物基于"中国"立场,对"中国报刊史"的审视和构造,恰如盲人摸象,虽各有其偏却确有所获,而且拼合起来也几近完整。甚至可以说,也许唯有将考察的偏向用到极致,才更可能做到得其一端。

从更宏观的层次看,在此时认定"中国"的特殊,又往往与承认学理的普适并行不悖。即如戈公振,也在1929年承认"据我所观察,世界报纸进化的趋势,综括起来,大约分为三种,第一是平民化,第二是专门化,第三是合作化,这皆是于我国报纸改良上很可取法的"(戈公振,1930:附录1)。与之对应,以"科学的新闻学"自许的萨空了,虽坚信"中国是世界的一环,又是一个没落的国家。报纸在中国又是一个后起的事业,报纸在中国的发展,多半是向世界各国学习而展开,自不会不同于世界报纸发展的规律",却也得借助对历史的梳理,来印证自身框架在中国情境下的合理性。[①] 观此后国人的新闻学论著,几乎都是兼顾"中国"与"新闻学"这两个维度,只不过轻重处理有所不同。就此而言,"中国报刊史"为"中国新闻学"带来的不只是知识扩展,还有立场嵌入。

五 余论

通过上述考察,大致呈现了彼时"中国报刊史",何以又如何成为一时显学。顺着此番思考,也就不难理解此后它几经盛衰。实际上,这也正体现了彼时的学人、学界,乃至国人,在多大程度上以"中国特殊"为当然预设。或许这也是透视中国新闻学,乃至各种"中国"学术面目源

[①] 再如任白涛非常强调要写"具有组织的体系的综合新闻学"(1941:3)。为了彰显社会科学的面向,并未就任何国家的新闻业做专门描叙。但在各个论述部分中,还是大量引用了中国报刊的史实作为支撑。

流的一个可行角度吧。

（朱至刚，厦门大学新闻传播学院副教授；张海磊，厦门大学新闻传播学院硕士研究生。本文刊载于《国际新闻界》2014 年第 10 期）

参考文献

1. 成舍我：《中国报纸之将来》，载燕京大学新闻学系编《新闻学研究》，良友出版公司 1932 年版。
2. 戴季陶：《新闻学实际之应用》，载黄天鹏《新闻学名论集》，上海联合书店 1929 年版。
3. 东方杂志编辑部：《新年的梦想》，商务印书馆 1933 年版。
4. 郭步陶：《本国新闻事业》，载申报（编）《私立申报新闻函授学校讲义》，申报馆（时间不详）。
5. 戈公振：《新闻教育的目的》，载《新闻学撮要》，上海：新闻记者联欢会 1930 年版。
6. 戈公振：《世界报纸的三大趋势》，载《新闻学撮要》，上海：新闻记者联欢会 1930 年版。
7. 戈公振：《中国报学史》，中国新闻出版社 1985 年版。
8. 胡道静：《上海新闻事业之史的发展》，上海市通志馆 1935 年版。
9. 黄天鹏：《报学月刊》，光华书局 1929 年版。
10. 黄天鹏：《新闻学论集》，光华书局 1929 年版。
11. 黄天鹏：《新闻学论文集》，光华书局 1930 年版。
12. 黄天鹏：《报学丛刊》，光华书局 1930 年版。
13. 胡政之：《我的理想中之新闻事业》，载燕京大学新闻系编《新闻学研究》，良友出版公司 1932 年版。
14. 蒋国珍：《中国新闻发达史》，世界书局 1927 年版。
15. 梁启超：《鄙人对于言论界之过去及将来》，载《梁启超全集（第 8 册）》，北京出版社 1912 年版。
16. 梁启超：《本馆第一百册祝辞并论报馆之责任及本馆之经历》，载《梁启超全集》，北京出版社 1999 年版。
17. 李秀云：《中国新闻学术史（1834—1949）》，新华出版社 2004 年版。
18. 罗素：《中国之问题》，赵文锐译，中华书局 1924 年版。
19. 林仲易：《谈谈几个改良报业的实际问题》，载燕京大学新闻学系编《新闻学研究》，良友出版公司 1932 年版。

20. 林仲易：《报学季刊》，申时电讯社 1935 年版。
21. 任白涛：《综合新闻学（第 1 册）》，商务印书馆 1941 年版。
22. 邵飘萍：《新闻学总论》，载肖东发、邓绍根编《邵飘萍新闻学论集》，北京大学出版社 1924 年版。
23. 汪英宾：《中国本土报刊的兴起》，王海、王明亮译，暨南大学出版社 2013 年版。
24. 徐宝璜：《新闻学》，北京大学新闻学研究会 1919 年版。
25. 徐国琦：《中国与大战：寻求新的国家认同与国际化》，马建标译，生活·读书·新知三联书店 2008 年版。
26. 张季鸾：《诸君为什么想做新闻记者》，载燕京大学新闻学系编《新闻学研究》，良友出版公司 1932 年版。
27. 张静庐：《中国的新闻纸》，光华书局 1928 年版。
28. 张静庐：《中国的新闻记者与新闻纸》，现代书局 1932 年版。
29. 郑大华、谭庆辉：《20 世纪 30 年代初中国知识界的社会主义思潮》，《近代史研究》2008 年第 3 期。
30. 郑师渠：《论欧战后中国社会文化思潮的变动》，《近代史研究》1997 年第 3 期。
31. 朱至刚：《试论"文人论政"的流变——以报人的自我期许为中心》，《新闻与传播研究》2010 年第 3 期。

建构报刊合法性:"有闻必录"兴起的另一种认识
——从《申报》"杨乃武案"报道谈起

操瑞青

摘　要：学界曾数次探讨"有闻必录",并达成两点共识:一是该思想兴盛于19世纪80年代,其概念出现于1883年;二是"有闻必录"的兴起源于当时报馆规避言责的需要,具有争取言论自由的价值。本文从《申报》"杨乃武案"报道出发,尝试从另一角度来解读"有闻必录"的兴起,并提出两个观点:一是"有闻必录"在19世纪70年代已较为兴盛,其概念形成不晚于1876年;二是早期"有闻必录"不仅是规避言责的策略,它还发挥了另一更为根本的作用,即建构报刊话语在读者心目中的合法性地位,这与《申报》作为商业报刊的媒体属性有关。最后,文章从报刊与知识的关系角度指出,报刊话语的合法性基础在不同的历史情境下有着不同的表征,应当以历史的眼光来审视"有闻必录"的积极意义。

关键词："有闻必录"　"杨乃武案"　《申报》　合法性　话语分析

一　前言

在近代报刊史上,探讨"有闻必录"的兴起往往可以追溯到《申报》,[①]

[①] 可参见本文的"文献回顾"。其中,宁树藩、李秀云、卢宁等学者均将对"有闻必录"的考察追溯到《申报》。另外,尽管姚福申曾撰文提出"有闻必录"的思想渊源可追溯到唐宋时期,但同样不否认这一概念的广泛传播仍然要待到19世纪80年代前后,亦即早期《申报》时期(姚福申:《解读古代新闻的真实性观念——兼论新闻真实性观念的演进》,《新闻大学》2000年冬季卷)。

它"也许是最早提出这一思想的报纸"①。笔者之考察,"有闻必录"缘起于对《申报》"杨乃武案"(以下简称"杨案")报道的关注,其中大量渗透着包含"有闻必录"思想的话语,重点关注"有闻必录"在兴起之初的原因与作用,思考该思想与早期《申报》的具体关系。尽管这一问题在新闻史学界已有过数次探讨,但本研究转换了视角,尝试从另一个角度看待"有闻必录",所得结论亦与前人有所不同,故撰文以就正于方家。另外,"杨乃武与小白菜"这一轰动晚清朝野的历史事件在多数研究中已有过详细介绍,②不再赘述。

本文在分析中引入了"合法性"的概念,它有狭义和广义之分,我们沿用了后者。狭义合法性主要被用来考察政治领域的国家统治问题,它"意味着对于某种要求作为正确的存在物而被认可的政治秩序来说,有着一些好的根据……意味着某种政治秩序被认可的价值"③。现今,依托狭义思想的广义合法性已被广泛运用于社会科学研究,萨其曼(Suchman)将之总结为"一种普遍的认知或假设,即某个社会实体的行为较之于系统的社会规范、价值、信仰、定义来说,是正确的或适当的"④。换言之,此处的合法性是指"正当性的表层要求,合乎形式上正当的程序,不具价值判断",其"基础是把一切指涉看成具体事物,要求具体事物证明自己的合法地位"⑤。简单说来,合法性的获得主要是"由于被判断或被相信符合某种规则而被承认或被接受,社会现象由于得到了承认,才见证它具有合法性"⑥。

合法性的建构可以被看成是"合法化(Legitimation)"的过程,即社会实体通过"显示、证明或宣称是合法的、适当的或正当的,以获得承

---

① 宁树藩:《"有闻必录"考》,《新闻研究资料》1986年第1期。
② 关于这一历史事件的详细过程,可参见:王策来:《杨乃武与小白菜案真情披露》,中国检察出版社2002年版;陆永棣:《1877帝国司法的回光返照:晚清冤狱中的杨乃武案》,法律出版社2006年版;《浙江文史资料选辑第52辑·余杭杨乃武与小白菜冤案》,浙江人民出版社1993年版。
③ [德]哈贝马斯:《交往与社会进化》,张博树译,重庆出版社1989年版,第184页。
④ Suchman, M. C., "Managing Legitimacy: Strategic and Institutional Approaches", *Academy of Management Review*, 1995, vol. 20, no. 3, pp. 571–610.
⑤ 姜红:《现代中国新闻学科的合法性建构——"新闻有学无学"论争新解》,《新闻与传播研究》2007年第1期。
⑥ 高丙中:《社会团体的合法性问题》,《中国社会科学》2000年第2期。

认或授权"的过程。①梵·迪克（Van Dijk）表示，合法性建构就是"一套解释并论证社会活动的话语，它通常包含为过去或现在的行为提供好的理由、基础或者适当的动机"②。创刊不久后，《申报》便称自己是"新报"，③ 有别于传统邸报，将两者作了划分。既是"新报"，如何才能获得社会认可，建立自身的合法性？"考虑新闻业如何获得合法性，首先要看新闻业从谁那里获得合法性。"④ 作为"第一份真正意义上的商业性华文报纸"⑤，《申报》毫不避讳营利追求，直言"以行业营生为计"⑥。它自然也明白，报刊要想生存必须留住中国读者，因为"所卖之报章，皆属卖与华人，故依持者惟华人"⑦。《申报》的读者定位"上而学士大夫，下及农工商贾"⑧。不过，其"最大的读者群体应是普通市民，其次是商业从业者、官绅阶层和知识分子"⑨。因而《申报》要想获得报刊话语的合法性，必然要得到广大市民的认可。

"杨案"发生后，《申报》"自始至终给予了充分关注，在案件平反纠正过程中起到了极为重要的积极作用"⑩。海内外大量研究均考察了《申报》在该案平反过程中的表现和功能，颇为详尽。⑪ 值得关注的是，"杨

---

① 高丙中：《社会团体的合法性问题》，《中国社会科学》2000年第2期。
② Van Dijk, T. A., *Elite Discourse and Racism*, Newbery Park, CA: Sage Publications, 1993, p. 255.
③ 《邸报有别于新报论》，《申报》同治十一年六月初八（1872年7月13日）。
④ 童静蓉：《微博传播和中国新闻业的"认知权威"：以温州动车事故为例》，《传播与社会学刊》2013年第25期。
⑤ 范继忠：《早期〈申报〉与近代大众阅报风习浅说》，《新闻与传播研究》2004年第3期。
⑥ 《论本馆作报本意》，《申报》光绪元年九月十二日（1875年10月11日）。
⑦ 同上。
⑧ 《本馆告白》，《申报》同治十一年三月二十三日（1872年4月30日）。
⑨ 王学敏：《早期〈申报〉与读者关系研究——以1872—1882年为中心》，硕士学位论文，山东大学，2013年，第17页。
⑩ 王策来：《杨乃武与小白菜案真情披露》，中国检察出版社2002年版，第164页。
⑪ 笔者整理后发现：中国大陆以外地区对该案的研究相对较少，约有10篇文献，其中欧美和日本各2篇期刊论文，中国台湾1篇硕士学位论文和1篇期刊论文，中国香港有4篇期刊论文；大陆研究则相对丰富，其中期刊文献55篇，硕士学位论文9篇，博士学位论文1篇，会议论文2篇，研究型专著2本，史料汇编型专著5本。

> 全文转载

案"报道也"使得《申报》名声大噪,深入民心"[①]。可以说,《申报》对此类司法新闻的关注,在"揭露了司法制度背后清廷官僚的腐败、无能和草菅人命"的同时,更扩大了自己在读者心中的影响力,"得到朝野各方的关注,引导并聚集了自己的读者"[②]。本文对《申报》"杨案"报道的解读,主要采用话语分析法,考察其报道内容为什么能够被读者接受,或者说,《申报》通过该案报道在读者心中建构了关于报刊话语的何种合法性。分析的重点是,"有闻必录"的思想在其中有没有发挥作用,发挥了怎样的作用?

二 文献回顾

我国著名新闻史学家宁树藩先生最早发表了《"有闻必录"考》一文,系统考察了"有闻必录"的出现时间、具体含义、社会影响等问题,贡献卓越。鉴于该文的重要历史地位,此处不避繁琐,将其观点总结如下[③]:1."有闻必录"一词出现在19世纪80年代,该文给出的最早记录是1883年,其思想应出现于70年代。2.以《申报》为代表的中文报刊开始关注社会新闻,招致人们对报馆的责难,"有闻必录"成为报馆摆脱困境的"护身符"。3."有闻必录"有三层含义,首先关于新闻真实性,其次关于新闻客观主义,最后是新闻报道要力求充实详尽。4."五四"前,人们多把"有闻必录"作为肯定的原则加以接受,"五四"后则遭遇了更多的质疑,中国人对"有闻必录"的批判始于1918年。5.要辩证地看待"有闻必录",它在早期是我国新闻事业关注社会实际的表现,也是报馆面对社会质疑的挡箭牌,甚至还起过掩护进步宣传的作用,具有历史合理性;在后期,才渐渐失去它的价值。6."有闻必录"系中国"土产",由主持中文报纸编务的中国人提出。

宁树藩的研究全面翔实,严谨中肯。《"有闻必录"考》开篇即指出,"有些具体判断,将会在继续研究中,在新材料发现后,再作补充和修

---

① 卢宁:《早期〈申报〉与晚清政府》,上海科学技术文献出版社2012年版,第79页。
② 黄旦:《媒介就是知识:中国现代报刊思想的源起》,《学术月刊》2011年第12期。
③ 宁树藩:《"有闻必录"考》,《新闻研究资料》1986年第1期。

正"①,为后续研究留下了探查余地。该文之后,陆续有学者就"有闻必录"提出新的见解,不断深化学界对该问题的认知,值得肯定:

1996 年,刘建明再次提及"有闻必录"起源与发展问题,他主要站在批评立场上,指出该观念反映了 19 世纪 80 年代中国新闻记者"听到什么就报道什么的不严肃态度"②;2000 年,姚福申在肯定了"有闻必录"系中国"土产"的观点基础上,进一步表明"其思想渊源可以追溯到一千多年前的唐宋时代"③;2006 年,吴晓春等人对"有闻必录"系中国"土产"的观点提出质疑,认为"从 19 世纪的'便士报'时期开始一直到 20 世纪中叶,'有闻必录'不仅是美国新闻界的一种重要现象,而且有着自己的特点"④。

2007 年,汤天明表示应当辩证看待刘建明先生的观点,因为"有闻必录"不能完全被当作一种负面观点,"那一时期的不少报人是把'有闻必录'当作一种自我保护手段的,这客观地推动了当时新闻自由的发展"⑤,该判断与宁树藩观点是一致的;同年,李秀云指出"有闻必录"是 19 世纪七八十年代传入我国的西方客观主义报道思想的最初表现,是当时"中国报纸处理新闻真实性问题的一个原则"⑥。该研究从一个侧面表明了"有闻必录"并非完全属于中国"土产",而是包含了西方客观主义报道的思想渊源;2012 年,郑苏文考察了"有闻必录"的形成原因,认为它源于"特定时局中报人利用'有闻必录'启蒙国人;报人为推卸责任而刻意强调'有闻必录'"⑦等因素。

2013 年,胡正强对《"有闻必录"考》中的一个观点进行了修正,认为其中提出的"中国人之讨伐'有闻必录'是从 1918 年开始的"说法并不准确。胡文根据相关史料指出,"早在 1911 年 5 月,汪康年就已经对

---

① 宁树藩:《"有闻必录"考》,《新闻研究资料》1986 年第 1 期。
② 刘建明:《"有闻必录"论的起源与发展》,《新闻知识》1996 年第 12 期。
③ 姚福申:《解读古代新闻的真实性观念——兼论新闻真实性观念的演进》,《新闻大学》2000 年冬季卷。
④ 吴晓春、孙劲松:《"有闻必录"在美国》,《当代传播》2006 年第 4 期。
⑤ 汤天明:《"有闻必录",媒介世界的另一种声音》,《传媒观察》2007 年第 9 期。
⑥ 李秀云:《客观主义报道思想在中国的兴衰》,《当代传播》2007 年第 1 期。
⑦ 郑苏文:《中国近现代"有闻必录"新闻观成因考》,《淮南师范学院学报》2012 年第 6 期。

'有闻必录'口号提出质疑和否定了"①;这一年,卢宁还提出"有闻必录"的观念,"既是《申报》记录时事的原则,也是其规避言责的传播策略","成为报界对抗清廷钳制、争取舆论自由的一件利器"。② 这一结论是宁树藩先生研究结论的进一步深化,同样强调了"有闻必录"在当时历史中的积极价值。

现今,距宁树藩先生将"有闻必录"引入新闻史学的研究视野已过去了近30年,后续研究对其观点既有补充也有修正。总的看来,学界对"有闻必录"基本形成两点共识:一是该思想兴盛于19世纪80年代,其概念出现于1883年;二是"有闻必录"的兴起是源于当时报馆规避言责的需要,具有争取言论自由的价值。笔者在对《申报》"杨案"报道的文本阅读中,对此产生了几点疑惑:1."杨案"报道曾多次提及"新闻之体例",既然新闻已有"体例"可循,作为"体例"的"有闻必录"不应迟至1883年出现。2."有闻必录"的最初兴起与《申报》这一中文商业报刊息息相关,但当前研究鲜有思考《申报》作为商业报刊的媒体属性与"有闻必录"的具体关联。3."有闻必录"的报道最终面向的是读者,他们能否接受这一做法?若不能,报刊将失去合法性基础,面临生存危机;若能,又是为什么?

三 "全面":《申报》报道的合法性基础

《申报》对"杨案"的报道始于1874年1月6日,终于1877年5月7日,历时3年。围绕该案的报道篇数,大抵有72篇③、78篇④、86篇⑤等说法。其中,徐忠明等人总结得最为详尽,认为有103篇⑥。笔者通过

---

① 胡正强:《汪康年:最早批判"有闻必录"口号的中国报人》,《新闻爱好者》2013年第4期。
② 卢宁:《早期〈申报〉新闻传播策略初探》,《编辑之友》2013年第4期。
③ 段勃:《调查性报道在近代中国的溯源》,《当代传播》2008年第6期。
④ 《浙江文史资料选辑第52辑·余杭杨乃武与小白菜冤案》,浙江人民出版社1993年版,第3页。
⑤ 谷辛:《中国新闻史上连续时间最长的冤案报道》,《新闻与写作》2010年第6期。
⑥ 徐忠明、杜金:《谁是真凶:清代命案的政治法律分析》,广西师范大学出版社2014年版。

对《申报》影印原件的翻阅求证，基本认同这一观点，另有少量报道虽涉及该案，但并无实质内容，可忽略不计。① 103 篇报道分为消息类 54 篇，评论类 24 篇，谕旨公文类 25 篇。此处，我们将对《申报》的"杨案"报道展开话语分析，考察其报道内容建构报刊话语合法性的具体方式。

晚清中国，社会上公开获取信息的方式主要有三种，即官方信息渠道（邸报等，包括京报）、民间信息渠道（人际间的相互传播，包括流言、传闻等）以及媒体信息渠道（主要是以《申报》为代表的报刊）。《申报》若要营利，必须留住广大读者，因而其合法性建构即是要获得读者对其报道内容的认可。那么，《申报》如何实现这一点呢？对这一问题，《申报》是在两组"比较"的策略下来完成的。它将自身与官方以及民间信息渠道展开对比，凸显话语优势。首先来看《申报》是如何将自己与官方信息渠道展开对比的：

（1）按：此叩阍呈底，原求都院奏闻，请旨提交刑部严刑根究，庶几沉冤可雪。乃读邸报，都院奏稿已全行删去，并不提及，不知何故。②

（2）胡侍郎覆讯之奏，昨亦见诸邸钞，惟杨中丞原拟之奏，邸钞未录，而刑部复议之奏，亦尚未列邸钞，其中如何歧异之处，无从得悉。③

（3）余杭杨乃武一案，前经胡侍郎审结具奏，嗣以言官交弹，复经刑部驳诘，此皆见之邸抄，本馆已先后入报。④

《申报》在报道中指出：第一，邸报等官方信息渠道，虽然内容上更加真实可信，但并不稳定，无法满足读者需要。句（1）中，《申报》用

---

① 如：《学宪监临浙闱信》，《申报》光绪元年七月十四日（1875 年 8 月 14 日），便简略提及"惟余杭葛毕氏案，则尚无消息也"。
② 《浙江余杭杨詹氏二次叩阍原呈底稿》，《申报》同治十三年十月三十日（1874 年 12 月 8 日）。
③ 《书邸抄 饬令胡侍郎覆讯浙案后》，《申报》光绪元年十一月十三日（1875 年 12 月 9 日）。
④ 《杨乃武案复审》，《申报》光绪二年一月九日（1876 年 2 月 3 日）。

"庶几沉冤可雪"的评价强调了杨詹氏叩阍原呈底稿的重要性,随后质言官方邸报却删去了这一重要内容,且"不知何故"。而自己却将这份底稿登录出来,两相之下凸显出自身报道的责任感与可信性。同样,在句(2)中,《申报》认为邸报的信息呈现有着过于强烈的选择性,并不全面。尽管它刊登了"胡侍郎覆讯之奏",却隐去了"杨中丞原拟之奏"以及"刑部复议之奏"。据查阅,这种声明"邸钞未录"的话语曾多次出现,加上《申报》反复强调官方信息"外间无从闻知",削弱了其信息渠道的权威性并凸显了自身话语的优势。第二,《申报》通过句(3)之类的话语向读者表明,凡"见之邸抄"的内容,本馆"已先后入报",言下之意:要想了解邸报上关于该案的内容,阅读《申报》同样可以获知。事实上,《申报》也确实做到了这一点,京报的内容,《申报》往往是事无巨细地完全抄录。就该案来说,《申报》所报道的25篇谕旨公文类新闻大多也是来自邸报。

与此同时,《申报》同样颇为积极地将自己与民间信息渠道展开对比:

(4)嗣于十五日亥时,又在水利厅衙门提集人犯封门讯问,约有一时之久,严密谨慎,外间无从闻知,讯后口供亦尚难以访悉。惟闻葛毕氏一口咬定杨乃武所为,问官并不用刑,惟虚心讯察而已,俟有确实口供再行登录以供众览。①

(5)故就鹫峰老樵来稿及今湖上散人来信,其人既无可稽,惟愿阅者置之不论不议焉可也。顾此案既在密室审问,本馆于供词无从探访详细,亦不得不即旁人所告者而登之。②

(6)此言虽得自传闻,然幸逃显戮,暗伏冥诛,亦可见天道之不远。③

(7)各犯口供因关防严密,故无从探悉,惟即所闻数端杂录之,以供众览。但杭人所传述者,亦言人人殊,莫衷一是。究竟何者为

---

① 《审杨氏案略》,《申报》同治十三年十二月二十一日(1875年1月28日)。
② 湖上散人:《杨氏案略》光绪元年三月七日(1875年4月12日)。
③ 鹫峰老樵:《天道可畏》,《申报》光绪元年三月五日(1875年4月10日)。

确，本馆亦未便实指，惟有采舆评，以存其直道而已。①

对民间信息渠道，尤其是其中未经证实的社会传闻，《申报》作了正反两方面评价。就正面来说，《申报》认可了此类信息的价值，其自身报道中也包含了大量传闻。句（6）所提的"虽得自传言，亦可见天道不远矣"表明传言也有其产生的社会合理性，也是空穴来风。当事件发生后无法获知确切消息时，传闻便成为很好的补充，句（4）所说的"讯后口供亦尚难以访悉。惟闻葛毕氏一口咬定杨乃武所为"便是如此。况且，这类传闻的作用在句（5）已指出，即"惟愿阅者置之不论不议焉可也"。在另一报道中，《申报》更是直接表明"道路传闻，虽未必全系确实，然其中或有一线之冤，亦未可知"②，肯定了传闻的价值。就反面来说，《申报》指出报刊新闻虽也收录了大量传闻，但与民间传闻相比却更具优势。原因正如句（7）所提，"杭人所传述者，亦言人人殊，莫衷一是"，社会上的人各说各的，人们的看法难免片面；而报刊却可以将"所闻数端杂录之，以供众览"，这种"采舆评"的方式，同样可以"存其直道"。换句话说，《申报》认为社会上的传言往往只能让人们听到一种声音，报纸上虽也有传言，但却融入了多种声音，让读者自行评判。

上述两类比较的话语在"杨案"报道中十分常见。综合理解，《申报》在建构新闻报道的合法性时，主要引入了"全面"的理念。其建构逻辑是：以邸报为代表的官方信息渠道虽相对权威和真实，却并不稳定，较少公开，无法顾及读者的信息需要；以传闻等为代表的民间信息渠道虽纷繁多样，但相对散乱，各执一词；相比之下，《申报》报道既能发布官方未曾发布的消息，又能较之闲散的口头传言更为多元和平衡。概言之，《申报》告诉读者，报刊话语更加"全面"，这是其最大的优势。这种对"全面"优势的强调还得到了"杨案"其他报道内容的辅证，此处再举几例：

（8）禹航某生因奸毙命案情，本馆既叙其事，复讼其冤，已次

---

① 《审余杭葛毕氏案杂闻》，《申报》光绪元年七月二日（1875年8月2日）。
② 《书邸抄 饬令胡侍郎覆讯浙案后》，《申报》光绪元年十一月十三日（1875年12月9日）。

第刊布耳。①

（9）胡侍郎承审葛毕氏案，本馆历将各情登报。②

（10）余杭县葛毕氏一案，自始至终，解审复讯，京控提部，一切情形，本馆俱先后照录登报。③

上述例证中反复强调的"次第刊布""历将各情登报""俱先后照录登报"等内容在报道中多次出现，《申报》的观点也已十分明显：关于"杨案"的一切情形，本报已经事无巨细地全部记载刊布，如果读者希望了解"杨案"，《申报》无疑是当时最佳的信息渠道。通过比较的策略，《申报》向读者传达了自身的优势地位，积极建构了新闻报道的合法性基础，即"全面"的报刊传播优势。

四 "有闻必录"：早期报刊的合法性建构

上文中作为报刊话语合法性基础的"全面"性，与"有闻必录"的主要内涵有着明显的一致性。"有闻必录"在字面上首先就是强调信息的全方位报道。本文将"有闻必录"认定为是早期新闻话语合法性基础的集中呈现。为论证这一点，可以先看看《申报》是如何界定"有闻必录"的。1883年报道越南战事时，《申报》这样表示：

> 关于越南军务，中外诸人无不深同翘盼，欲期早得确音。然道途远迂，殊苦不便。中西各报所载之越南战事，亦多未尽正确，本馆惟有照"有闻必录"之例。无论传言，无论电音，无论转载中西各报，但有关于法越军情者，一概登录，以供众览。其消息之真假，则不能臆断，故亦不复强为区别，任意弃取，想诸君自能辨之。然所登各信，实亦不能无疑。④

---

① 《禹航生狱中自毙》，《申报》同治十二年十一月二十六日（1874年1月14日）。
② 《审余杭谋夫案出奏》，《申报》光绪元年七月三十日（1875年8月30日）。
③ 《余杭案可期昭雪》，《申报》光绪二年五月十日（1876年6月1日）。
④ 徐载平、徐瑞芳：《清末四十四年申报史料》，新华出版社1988年版，第47页。

这段新闻中,《申报》对采取"有闻必录"的原因与方式均作了解释。首先,采取"有闻必录"的原因在于"中外诸人无不深同翘盼,欲期早得确音",亦即读者对于信息内容有着迫切的求知(道)欲,这一举措是为了满足读者信息需求;其次,"有闻必录"的具体做法是"一概登录,以供众览",也即上文所说的"全面",不管信息内容是真是假,报馆自身也"不能臆断";最后,之所以可以这样"有闻必录",还在于报馆相信读者们"自能辨之"。因而,此处"有闻必录"所表示的实际内涵就是上文所说的"全面"报道,即为满足读者需要而将社会上的各类消息集中登载,以供读者自行阅读和评判。因此,我们将"有闻必录"认定为早期报刊话语合法性的集中呈现具有合理性。

据现有资料,"有闻必录"一词确由《申报》率先提出。宁树藩先生指出该词开始出现于19世纪80年代,并以1883年6月10日的一则《申报》新闻作为论证史料。[①] 此后,这一论断广为学界征引,尚未发现异见。[②] 然而,笔者在考察《申报》"杨案"报道时,却发现与"有闻必录"相似的表述数次出现,这一概念是否真的迟至1883年才出现?如1876年2月16日载"又有宁人传言,谓药店钱宝生业已病故,未知确否,姑就所闻而录之耳"[③];又如同年4月18日载"本馆实未便臆测,姑就所述而录之,以符合新闻之体例而已"[④]。在后一报道中,"新闻之体例"正是"有闻必录"的另一表述,且报道中已有"体例"可循,那么该词在19世纪70年代应当已出现。查阅当时《申报》,笔者发现"有闻必录"至迟不晚于1876年6月29日便正式出现,此后在1878年、1880年、1881年等均多次出现,日趋常态。当日,一则名为《调兵续闻》的报道如是写道:

> 中英近日龃龉一事,非但为目下之新闻,且攸关日后之大局。故本馆不厌既详且尽,有闻必录。然于西报中字句不谨、意思过激处,往往删节发。明尊周之意阅者鉴之,至有责备当事办理不善,因循掩

---

① 宁树藩:《"有闻必录"考》,《新闻研究资料》1986年第1期。
② 胡正强:《汪康年:最早批判"有闻必录"口号的中国报人》,《新闻爱好者》2013年第4期;郑苏文:《淮南师范学院学报》2012年第6期;等等。
③ 《余杭案续闻》,《申报》光绪二年一月二十二日(1876年2月16日)。
④ 《葛毕氏起解琐闻》,《申报》光绪二年三月二十四日(1876年4月18日)。

饰。公道在人，事非犯上，未便为贤者讳也。①

众所周知，1876年正是《申报》如火如荼地报道"杨案"的时期，与上文分析不谋而合。然而在此之外，我们还需思考：尽管"全面"的思想是报刊话语合法性建构的重要基础，也是"有闻必录"能够被读者认可的关键，是不是说"有闻必录"的新闻观就是一种纯粹的"全面"报道观呢？并非如此。"全面"是《申报》在与其他信息渠道进行比较时所凸显的话语优势，但并不等于只要做到"全面"就可以赢得读者的认可。一个简单例证即是，对"真实"的渴望是人类信息传播中的内在追求，没有人愿接收假消息。若忽略这一点，一味强调"全面"，同样无法在读者心目中建立新闻报道的合法性。因而，"有闻必录"应当是早期报刊建构新闻报道合法性的系统呈现，"全面"只是其基础。下面，笔者将仍以《申报》的"杨案"报道作为分析文本，来解读"有闻必录"兴起之初的其他内涵：

第一，"有闻必录"的前提是为了实现读者信息需求而非其他，它既包括信息获取需求，也包括发表观点的需求。《申报》报道中反复强调这一点，在"杨案"引起广泛社会关注后更是如此。在新闻中，《申报》常会指出，正因为社会上对"杨案"的关注可谓"舆论纷纷"②，所以报刊新闻报道的主要目的在于"登录众览"③或"以供天下人之览"④，将读者信息需求作为报道"杨案"的主要原因。1876年的一篇报道中，《申报》还表示，"夫本馆之于杨乃武并无一面之缘，再三论及此事，不过因物议沸腾，屡次代陈"⑤，认为自身的报道不过是"代陈"了读者的"物议沸腾"，即满足读者发表观点的需求。

第二，"全面"报道有其话语优势，但不等于"全部"。"全面"的优势在上一部分已有论证，不再重复。需强调的是，"全面"并不等于"全部"。前者强调的是多元和丰富，后者则是不加任何选择地报道任何事。"杨案"报道中，《申报》曾专门表示："本馆屡接各处来信，亦

---

① 《调兵续闻》，《申报》光绪二年闰五月初八日（1876年6月29日）。
② 《余杭案传言》，《申报》光绪元年十月九日（1875年11月6日）。
③ 《余杭杨氏案又审》，《申报》光绪元年二月二十二日（1875年3月29日）。
④ 《审余杭葛毕氏案提讯有期》，《申报》光绪元年六月二十四日（1875年7月26日）。
⑤ 《书初九日本报录杨乃武案诸件后》，《申报》光绪二年一月十一日（1876年2月5日）。

皆无不为之诉枉；因见众口一词，始为录列于报，本非一有所闻，即为列报也。"① 就是说，在"有闻必录"出现之初，《申报》对它的理解并非事无巨细，逐一罗列，而是有所选择，选择的标准是"众口一词"，即代表了一种社会意见。1883年报道越南战事时，《申报》所谓的"一概登录，以供众览"，同样有着明确前提，即"关于法越军情"这一"中外诸人无不深同翘盼"的特殊事件，而非针对任何事。

第三，"全面"高于"真实"的"有闻必录"是当时社会环境中的最佳选择。"全面"的报道势必会在新闻中加入大量传闻，"真实"性便无法保证。"杨案"报道中也确实包含了大量传闻，且很快被证明是不实的。然而在《申报》发刊词中，它给报刊内容提出的要求还包括"务求其真实无妄，使观者明白易晓，不为浮夸之辞，不述荒唐之语"②，这种表述与今天所说的"新闻真实性"已相差无多。有鉴于此，为什么要报道大量"传闻"呢，这岂不是公然与办报主张背道而驰，又何谈在读者心中建构"新报"的合法性？对此，《申报》的策略是表明一种态度：在当时的社会条件下，囿于政治环境、技术环境等因素的限制，新闻本身已很难获得，"真实"的消息则更难获得，因而报刊话语主要解决的是"有闻"与"无闻"的矛盾，而非"传闻"与"确闻"的矛盾。这从《申报》在报道"杨案"时多次指出相关信息"均未缕悉"③"未悉其详"④等内容中即可窥见一斑。

第四，"有闻必录"并不放弃对"真实"的追求，也并非完全不重视"真实"，就当时《申报》来说，它一直观照着"真实"。一来，《申报》对报道的错误消息进行了及时纠正。如"昨述余杭生狱中瘐毙事，系得知传闻，实未确凿……恐以讹传讹，故特辨之如此"⑤；再如"兹传闻师系奏请另派大员，非请缓期也。因前报录，此特再述所闻於左"⑥，等等。二来，《申报》多次表明自身在锲而不舍地寻求"真实"消息，尽管不易

---

① 《书王侍御奏浙省大吏承审要案疏后》，《申报》光绪三年二月二十四日（1877年4月7日）。
② 《本馆告白》，《申报》同治十一年三月二十三日（1872年4月30日）。
③ 《论钱宝生之死》，《申报》光绪二年三月十日（1876年4月4日）。
④ 《迷拿余杭县跟丁归案》，《申报》光绪二年闰五月五日（1876年6月26日）。
⑤ 《禹航生并非监毙》，《申报》同治十二年十一月二十七日（1874年1月15日）。
⑥ 《钦案续闻》，《申报》光绪元年六月六日（1875年7月8日）。

获得。因而在"杨案"报道中,诸如"究竟此信确否,容探实再述"①,"如有实在供辞,再行登录众览"②之类的话语颇为常见。1875年10月15日,《申报》发表了这样一则新闻:"浙省胡侍郎奉命复审杨乃武一案,本馆已得有确闻,故亟为登录,以供众览。"③在该例证中,《申报》强调了"得有确闻"的事实,从侧面反映出"确闻"并不易得,而"亟为登录"不仅表明报刊读者渴望"真实",也表明报刊本身对"真实"的追求。

宁树藩先生曾提出,"有闻必录"的本来含义(即兴起之初的含义)和最主要含义是作为报纸处理新闻真实性的一种原则:只要是听到有人讲过的事实,报纸就可以报道,至于真伪如何,报馆不负责任。该论断有其合理之处,但仍可做两点补充。一来报道"必须忠实于陈述人的陈述,不得妄言篡改"④,要做到"就所闻而录之"⑤;二来至于真伪如何,报馆无法判断,一旦发现有误,也会及时更正,避免"以讹传讹"。事实上,如果从"真实"而非"全面"的角度来理解"有闻必录"的话,笔者认为它指的是报刊在当时环境下所能提供的最大程度上的"真实",尽管它与"真实"本身相比仍有很大一段距离,但已做到了最好。不可否认,新闻真实"应当是一个认识论的范畴,而不是存在论或者本体论的范畴"⑥,它是时人对何为"真实"的一种理解。即便在今天,新闻报道依然只是一种对"相对真实"的记载,很难做到"绝对真实",而人们之所以能够接受这类"相对真实",主要是因为在当前条件下,"相对真实"已经实现了最佳状态。放置于历史情境,"有闻必录"就是当时报馆所能实现的"相对真实",或者借用杨保军的话来说,是一种"闻录真实"⑦。

---

① 《杭府科试消息》,《申报》光绪元年五月二十日(1875年6月23日)。
② 《余杭杨氏案又审》,《申报》光绪元年二月二十二日(1875年3月29日)。
③ 《审案确闻》,《申报》光绪元年九月十七日(1875年10月15日)。
④ 吴晓春、孙劲松:《"有闻必录"在美国》,《当代传播》2006年第4期。
⑤ 《余杭案续闻》,《申报》光绪二年一月二十二日(1876年2月16日)。
⑥ 杨保军《新闻真实论》,中国人民大学出版社2006年版,第5页。
⑦ 同上书,第90页。

五　营利与博弈：论"有闻必录"的兴起

据现有材料，本文始终认为在"有闻必录"兴起中，《申报》既是始作俑者也是最积极倡导者。1924年，《中国青年》的一篇文章中曾提及，"你们底宣言，你们底行动，就是那素以'有闻必录'自号不党的《申报》和那曾经有一时期用《学灯》来结交青年的《时事新报》也不肯替你登载一个字"①，从侧面反映出《申报》与"有闻必录"的密切关系。究其根源，这或与《申报》的媒体属性及其对待新闻消息的态度有较大关联：

一方面，作为商业报刊，《申报》的首要目的是营利，它要在社会生活中建构报刊话语的合法性，就必须得到读者的认可。尽管《申报》曾撰文表示报刊应当"义利兼顾"，但这种对"义"的强调仍不能掩盖其对"利"的追求。②而且该说法本身就具有一定指向性，在某种层面将忠于"义"当成了获取"利"的一个前提。毕竟，哪位读者会自甘阅读一份"不义"的报刊呢？另一方面，《申报》与早期宗教报刊以及《上海新报》等商业报刊相比，一个重要差异即在于对新闻消息的重视。早前中文报刊"基本上都是外文报的中文版，内容几乎都译自外报，再加上一些洋行的告白、船期消息等，读者面也很窄"③，《申报》出现以后，"才以一般群众为读者对象，开始冲破'官门抄''辕门抄'以及政治公报的藩篱，重视对国内外大事的采访和记载，也逐渐注意市井琐闻和社会变化，第一次形成了一张现代意义的中国报纸"④。

"一种没有迫切需要的报道原则，是不会盛行起来的。"⑤"有闻必录"作为当时新闻报道的一项基本原则，其兴起应当源于某些特定需要。当前学界的较为公认的说法是，"有闻必录"是早期报刊规避言责的手段，因而这种"迫切需要"指的是回应社会上的指责，为报馆新闻活动

---

① 《中国青年》第38期，1924年7月5日，第9页。
② 《论本馆作报本意》，《申报》光绪元年九月十二日（1875年10月11日）。
③ 傅国涌：《笔底波澜：百年中国言论史的一种读法》，广西师范大学出版社2006年版，第2页。
④ 徐铸成：《报海旧闻》，上海人民出版社1981年版，第9页。
⑤ 宁树藩：《"有闻必录"考》，《新闻研究资料》1986年第1期。

作辩护。笔者不否认"有闻必录"具有规避言责的作用，尤其在这一概念发展的后期更是如此，但同样不认为"规避言责"是"有闻必录"能够兴起并被时人广为接受的主要动因，原因在于：如果仅仅将"有闻必录"作为一种自保的手段，那么只需要反复宣扬即可，毋须真的在报道中做到。但早期《申报》的多数报道，譬如上文曾提及的关于越南战事的新闻中，其做法却的确是"有闻必录"。再者，如果为了规避言责而倡导并践行"有闻必录"，读者又能否接受？如果读者不能接受，报刊又将如何生存？为规避言责而遗失了读者，似乎并不十分明智。

笔者认为"有闻必录"的兴起，应当在于它促使报刊重新得到了读者的认可，满足了报刊赢得利润以实现生存这一"迫切需要"。与之相对，《申报》同时期或更早期的报刊，要么不重视社会新闻类的消息报道，要么没有"营利以生存"的迫切需要，因而并没有提出"有闻必录"的紧迫性。《申报》较早一次提出类似"有闻必录"的说法是在创刊后的半个月，此处不妨摘录如下：

> 本馆新报印行已及半月之久，凡有奇闻要事，耳目所周者，罔不毕录。特是经费浩繁必非一人所能济，惟赖同人为之襄助，众力扛鼎，千腋成裘，言之熟矣。窃思上海富庶甲天下，凡银号、当铺、茶栈、丝业及各大宝号，又闽粤秦晋吴楚瓯越诸大客号，虽间有取阅，仍未逐日赐顾。是于本馆销售未广，即经费难敷。统计每日八文，每月不过二百四十文，何妨惠而好我，以广流传乎？且本馆见闻寡陋，自愧无文。今虽于各都会延请中士搜剔新奇，访求利弊，仍望诸君子不弃退僻，或降玉趾以接雅谈，或藉邮筒以颁大教。庶几匡其不逮，俾免猥琐烦鄙之讥，则本馆幸甚！[①]

作为报馆自白，该文在《申报》上连载了10期，想来确实反映了报馆心声。值得玩味的是，《申报》较早提出"凡有奇闻要事，耳目所周者，罔不毕录"这一蕴含着"有闻必录"思想的观念时，正是与报馆的商业诉求同时提出的。《申报》表示自己"见闻寡陋，自愧无文"，但已经"延请中士搜剔新奇"，因而希望读者能够"不弃退僻"，继续支持报

---

① 《本馆告白》，《申报》同治十一年四月初十日（1872年5月16日）。

刊的发展。可以合理推断,《申报》认为只有广录新闻才能获得读者的认可,这也可能正是"有闻必录"在《申报》兴起的最初诱因。再往前推,《申报》发刊词中所谓"凡国家之政治,风俗之变迁,中外交涉之要务,商贾贸易之利弊,与夫一切可惊可愕可喜之事,足以新人听闻者,靡不毕载"[1]同样表明,"靡不毕载"的目的不是其他,正是"新人听闻",即满足读者信息需要。那么,读者是否认同《申报》的做法?或许,《申报》的销售数量能够说明一点问题。在"杨案"报道行将结束的1877年,其销量已经从最初的不足千份扩充到将近万份。[2] 面对这一实际销量的变化,且不管其具体原因有哪些,至少表明读者是能够接受"有闻必录"做法的。

"有闻必录"的兴起不仅与《申报》作为商业报刊的媒体属性有关,还与其对诸如"案件新闻"以及"军事新闻"等事件的报道有关。正因为这两类事件在当时社会上有着广泛关注度,人们希望通过各种渠道获知相关信息,从而给围绕它们展开信息扩散的各类传播渠道建构了一个宽阔的话语博弈的场域。围绕这类场域,最终凸显了早期报刊,主要是《申报》在这场博弈中所占据的优势地位。

创刊之初,《申报》所载的主要内容是社会上大量的奇闻轶事,目的在于"新人听闻",或者按照它自己的话来说,是"如所述以录之,以供诸鉴家一笑云"[3]。然而,这类新闻并不能吸引大量读者的注意,其发行量也颇为寥寥。这一阶段,《申报》所载内容尚无法与官方和民间的信息渠道产生过多交集,通常各自为政。此种情形下,如果人们想了解政事,则有邸报;想了解奇闻轶事,则街头巷尾处处可闻,似乎没有出现一种非《申报》而不能的局面。一段时间之后,"对社会新闻尤其是刑事案件的报道是《申报》介入地方政务的突破口"[4]。鉴于是真实事件,案件新闻总能吸引大量百姓的关注,人们希望通过各种渠道了解事件进展。显而易见,对于刑事案件的信息传播来说,官方信息渠道、民间信息渠道以及媒体信息渠道都将不可避免地有所涉及,因而它们会把目光同时聚集到同一

---

[1] 《本馆告白》,《申报》同治十一年三月二十三日(1872年4月30日)。
[2] 《论本报销数》,《申报》光绪二年十二月二十八日(1877年2月10日)。
[3] 《雌哺雄笑谈》,《申报》同治十二年九月十六日(1873年11月5日)。
[4] 卢宁:《早期〈申报〉与晚清政府》,上海科学技术文献出版社2012年版,第13页。

个事件上,譬如"杨案"。此时,几种话语在读者群体间会相应地产生博弈,即考量哪一种信息渠道更为合理。据上文分析不难理解,《申报》是这场博弈的"优胜者",它以"全面"的优势吸聚了众多读者。而"全面"的思想,正是"有闻必录"的核心。

"军事新闻"的报道同样如此,《申报》所提供的信息较之其他渠道更为全面,从而吸引了读者的关注。其原因正如前文所说,此时新闻活动的主要矛盾在"有闻"与"无闻"之间,不在"传闻"和"确闻"之间。笔者发现,《申报》最初几次明确提出"有闻必录"时,多与军事有关:

> 中英近日龃龉一事,非但为目下之新闻,且攸关日后之大局。故本馆不厌既详且尽,有闻必录。①(1876年)
>
> 中国人或谓土俄与中国远隔数万里等,诸蛮触交争无关轻重。而本报有闻必录,几于书不胜书,自何寓意?不知此事与中国之国帑及农工商贾皆大有所关。②(1878年)
>
> 入夏以来,朝议整顿海防。或奉特简派大员统兵戍守,或密饬疆吏调集本省营鏕驻扎海口。自北□□节□(字迹不清——笔者注),布置几于无懈可击。本馆有闻必录,亦既尽笔于书。③(1880年)

立足于此,我们尚可进一步追问:以"全面"为基础的报刊合法性是如何一步步汇集到"有闻必录"这一特定词语上的?具体细节或许已不可考。笔者在此提出自己的一点看法,有待进一步确证。我们认为这与《申报》对自身的定位有关,即自己是"新"报,有别于传统邸报。它自我定位的方法也较为巧妙,选定了中国传统社会信息交流的一个重要方式——"太史陈风"④,并据此将自己与邸报作了明确划分:

> 邸报之制,但传朝廷之政事,不录闾里之琐屑而已。故阅之者学

---

① 《调兵续闻》,《申报》光绪二年闰五月初八日(1876年6月29日)。
② 《战祸甚亟》,《申报》光绪三年十二月二十六日(1878年1月28日)。
③ 《海防可恃说》,《申报》光绪六年九月初十日(1880年10月15日)。
④ 黄旦:《耳目喉舌:旧知识与新交往》,《学术月刊》2012年第11期。

士大夫居多，而农工商贾不预焉，反不如外国之新报人人喜阅也。是邸报之作成于上而新报之作成于下，邸报可以备史臣之采择，新报不过如太史之陈风。①

在这里，《申报》认为传统邸报的读者对象是"学士大夫"，而自身的目标是要做到"人人喜阅"。要实现这一点，报刊就应当"作成于下"，"如太史之陈风"，秉持"古者采风问俗之典"。②回望古代，人们又是怎样"采风"的呢？何休在为《春秋公羊传》注疏时认为，"采风"就是要实现"王者不出户牖，尽知天下所苦，不下堂而知四方"③；司马迁在《史记·乐书》中也表示，由于"州异国殊，情习不同"，因而"采风"应当"博采风俗，协比声律，以补短移化，助流政教"；④《宋书·文帝本纪》中又提出"采风"需要"博采舆诵，广纳嘉谋，务尽衔命之旨，俾若朕亲览焉"⑤；俞蛟在《梦厂杂著·潮嘉风月》中再次提出，"采风问俗"的做法应该是"纪载宜详"⑥；等等。回过头来，《申报》既以"太史陈风"来自我定位，它又将如何"采风"？且看《申报》的一段论述⑦：

中俄交涉事件，本馆每有所闻，即行登录。其实军国大事，朝廷自有权衡，非草茅所能窥测。特有闻必录，采风使者之责也。为虚为实，有识者自能辨之。

可以看出，在中国历史上，对于外出"采风"的史官来说，其立场应当是"博采风俗"、广纳舆论，"从而尽知天下"。这一关于史官职责的观念，被《申报》有效地化用为"有闻必录"的说法，并将其看成是"采风使者之责"，为概念本身的推广找到了合法性依据。因此，当"有

---

① 《邸报别于新报论》，《申报》同治十一年六月初八日（1872年7月13日）。
② 《申江新报缘起》，《申报》同治十一年三月二十九日（1872年5月6日）。
③ 李学勤主编：《十三经注疏·春秋公羊传注疏》，北京大学出版社1999年版，第361页。
④ 许嘉璐主编：《二十四史全译·史记第一册》，汉语大词典出版社2004年版，第405页。
⑤ （南朝·梁）沈约：《宋书·卷一》，学苑音像出版社2004年版，第52页。
⑥ （清）俞蛟：《梦厂杂著》，文学艺术出版社1988年版，第360页。
⑦ 《局外人论中俄事》，《申报》光绪六年三月初七日（1880年4月15日）。

闻必录"的概念在社会上广为风行之后,同样有人假借这一概念,去重新阐释史官的职责,印证了两者之间的关联性。1931年,萧鸣籁在《四库提要中关于汉书古本问题之附注》一文中即曾提及:

> 其实姚思廉梁书,载之于前,延寿仅负转载之责耳。况史官有闻必录,汉书古本既为梁时文献上重要之事件,姚乌得不书,李又乌得不录哉?①

显见的是,在萧鸣籁眼中,史官对于事实的记录就是一种不折不扣的"有闻必录",凡是重要的历史事件,都需要记录在案。而"有闻必录"的概念,却正是从新闻界传出的。

六 合法性的转换:略论"有闻必录"的嬗变

行文至此,我们还需回答一个问题,即"有闻必录"到底有没有被报刊当作规避言责的"挡箭牌"?答案是肯定的。只不过这种"规避言责"的作用或许并不是"有闻必录"能够兴起的核心动因,它较为广泛地出现应当是在19世纪末20世纪初。"规避言责"的对象是当时的政治统治,报刊通过对"有闻必录"的弘扬来保证自身新闻报道活动的正常开展。

早期《申报》确实在报道内容上与晚清政府有过对立,但这种对立在一定程度上正是"有闻必录"的报刊观念与晚清言论管控的对立,前者在后者的钳制下不断阐释与调整"有闻必录"的具体内涵,而非由后者催生了前者。"当开放的媒体显规则与封闭的官场潜规则相遇,冲突势所难免。新闻纸要求信息适度公开,'有闻必录';地方官则惧怕报纸刺探公事,严防死守"②,在这样的冲突下,《申报》不得不对"有闻必录"进行一再阐释,最终求得官方的逐步认同。"规避言责"的作用在清末民初开始盛行,典型的代表是于右任创办的《神州日报》,该报当时"所发大量革命运动的消息,尽量不由本报记者出面报道,而是打着'有闻必

---

① 萧鸣籁:《四库提要中关于汉书古本问题之附注》,《学文》1931年第1卷第4期。
② 卢宁:《早期〈申报〉新闻传播策略初探》,《编辑之友》2013年第4期。

录'的旗号,刊登清朝各级政府机关的通告以及防禁缉捕党人的函电文告,或转载外电、外报有关革命活动的消息"①。因此,"规避言责"的作用应当是"有闻必录"诞生之后的事情,或许也是其在后期广为扩散的原因之一,但并非兴起动因。

总体而言,上文对"有闻必录"的阐释,主要围绕《申报》对"杨案"的报道内容展开,重点考察了其兴起的主要动因及其早期内涵,并不代表"有闻必录"在新闻史上的全部内容。随着社会政局的变迁,传播技术的进步以及西方新闻理念的逐步深入等,早期"有闻必录"的内核——"全面"——作为报刊合法性基础的地位不断受到挑战。基于这一现实,"有闻必录"的观念开始受到各界批判,概念内涵本身也不断发生演变。社会上对"有闻必录"的批判应当从两条路径分开论述,不可一概而论,尽管它们在时间上难免会有重合。路径之一是我国新闻史上政论报刊以及政党报刊的大规模兴起;路径之二是新闻生产环境与新闻工作理念的发展进步。无论从哪一条路径出发,它所触动的都是早期"有闻必录"赖以确立的基石,报刊话语的合法性基础在两条路径中都发生了明显转换。

先看第一条路径。1874年,王韬创办《循环日报》,开政论报刊先河。在这份报纸中,王韬主张"虽然日报所言者必确且详,但记者可以'出其风闻得其大概',可以'借彼事端而发挥胸臆,以明义理'"②。《循环日报》虽与早期《申报》处于同一时期,但两者对待新闻消息的态度却有明显差别。原因在于,前者属于政论报刊,以言论取胜,其合法性确立依靠读者对其言说的认可,因此对新闻消息并不重视;后者属于商业报刊,其合法性确立在很大程度上依托于新闻消息,故而提出"有闻必录"的新闻观,重视新闻本身。从媒体属性角度出发,或许能够较好地理解为什么最早批判"有闻必录"思想的人是林乐知而非其他。③ 作为宗教报刊代表,林乐知的《万国公报》没有必要通过新闻信息来获取报刊话语在读者心中的合法性地位,也谈不上"营利"这一迫切需要,因而他可以对"有闻必录"的做法颇为不屑。

---

① 方汉奇主编:《中国新闻通史》第1卷,中国人民大学出版社1992年版,第866页。
② 李秀云:《客观主义报道思想在中国的兴衰》,《当代传播》2007年第1期。
③ 这一观点在宁树藩先生的《"有闻必录"考》一文中已有考证,不再赘述。

这一现象到了戊戌前后表现更明显，政治性报刊的大量兴起进一步挤压着"有闻必录"的生存空间。1896年，梁启超对"有闻必录"的做法展开了猛烈批判，认为当时报纸不仅"记载琐故，采访异闻，非齐东之野言，即秘辛之杂事，闭门而造，信口以谈"，而且"军事敌情，记载不实，仅凭市虎之口，罔惩夕鸡之嫌，甚乃揣摩众情，臆造诡说"①，等等。政治性报刊的合法性确立与商业报刊迥然不同，"政党报刊，通常从政党那里，而是不从大众那里获得合法性。这类新闻业往往作为政党政治工具的一部分而出现"②。作为维新报刊代言人，梁启超的大肆批判虽句句在理，但毕竟与商业报刊不在一个处境中对话。在梁之后，站在政论立场上的报刊对"有闻必录"的批判不时出现，国内第一个批判"有闻必录"的汪康年亦不例外。

当然，仅仅从这个角度来看待对"有闻必录"的批判似乎还没有触及根本。因为彼时的政治报刊和商业报刊常各自为政，如果"全面"的报道在商业报刊中仍然存在着话语优势，它也不会招致快速消亡的处境。更何况，从政治角度给出的批评通常无法形成定论，批判者们往往站在各自的立场上，"都主张新闻报道要有个标准，不能听到什么就登什么。但是这个标准彼此不同，甚至完全对立"③。这就引入了第二条路径，即新闻生产环境与新闻工作理念的进步。这一变迁从商业报刊内部消解了"有闻必录"的合法性基础，"全面"报道的优势最终丧失。概言之，随着新闻事业的发展和新闻教育工作的兴起，社会上的读者对于"新闻"本身的认识和理解发生了变化。早期新闻活动中"有闻"与"无闻"的冲突逐步消失，"确闻"和"传闻"等矛盾开始凸显，"真实"性等新闻要素而非"全面"成为商业报刊建构合法性的新基础。

经历了两次国人办报高潮后直至民国初年，我国新闻事业有了较大发展。据《中国报学史》载，辛亥革命后，全国报社已达500多家，总销数达4200万份。黄远生也曾在《北京之党会与报馆》一文中表示，仅从

---

① 梁启超：《论报馆有益于国事》，载《梁启超全集》第1卷，北京出版社1999年版，第66页。

② Skovgaard, M. & Bro, P., "Preference, principle and practice", *Journalism Practice*, 2011, vol. 5, no. 3, pp. 319–331.

③ 宁树藩：《"有闻必录"考》，《新闻研究资料》1986年第1期。

1911年12月到1912年10月，向内务部登记备案的报馆就有90多家。[1]新闻媒体的迅速发展使得社会上已较难出现"无闻"状况，各路消息充斥在读者面前，此时人们需要的是真实消息，不再是大量传闻。五四前后，以邵飘萍和徐宝璜为代表的新闻人对"有闻必录"的"全面"性基础予以了根本否定。徐宝璜的批判最为强烈，他认为报刊就是要"求正确，求完全，求迅速"，他对"真实"尤其强调，要求报刊"不可以讹传讹；不可以推测为事实；不可颠倒事实"[2]。他指出："报纸有闻必录，此吾国报纸之口头禅，且常引为护身符者也，其实绝无意义……此为吾国新闻界幼稚之明证，亦一亟应纠正之事也。"[3] 在这层意义上，以"全面"为基础的"有闻必录"观点逐步失去了立足点，"真实"等要素成为新闻工作的新准则。

尽管如此，作为一个有着长久影响的新闻观念，"有闻必录"的概念与思想在我国新闻界一直盛行多年。对此，笔者颇为认同宁树藩先生的总结，即认为"有闻必录"的内涵处在动态的演化和发展过程中，后期还有一层强调"客观报道"的内涵。"五四"运动后，这一内涵逐步在新闻界占据主导地位，开始盛行。然囿于篇幅所限，本研究只涉及了"有闻必录"的最初兴起及其早期内涵；上文对两条批判路径的勾勒，也只是廓其大概，阐述要点。至于"有闻必录"的后期发展与完整的批判历史，如要详述，只能另撰一文了。

七 结语：作为知识的报刊及其合法性表征

本研究从《申报》"杨案"报道的个案解读出发，认为"有闻必录"的思想在19世纪70年代已颇为盛行，该概念至迟不晚于1876年便已出现；《申报》是"有闻必录"兴起与发展的始作俑者，这与其作为重视新闻消息的商业报刊的定位有关。"全面"的报道观在当时为《申报》赢得了话语优势，建构了报刊在读者心中的合法性。随着社会环境的变化，"全面"的优势渐渐丧失，合法性基础开始转变，"有闻必录"失去了社

---

[1] 方晓红：《中国新闻史》，南京师范大学出版社2004年版，第103页。
[2] 徐宝璜：《新闻学》，中国人民大学出版社1994年版，第110页。
[3] 同上书，第10—11页。

会认同。加之政论报刊的大幅崛起，其合法性基础本就与商业报刊截然不同，强调言论的话语取向进一步挤压了"有闻必录"的生存空间。

从媒体与知识关系的角度出发，或可深化我们对于上述结论的认识。詹姆士（William James）将知识分成"感知"和"理解"两种类型，报纸新闻属于后者。"新闻意在使人们和社会熟悉实际的世界，以此保持个体心智正常和社会有序。所以，新闻的价值是实用而不是欣赏……新闻就是这样的一种'公共记载'。"[①] 既是"公共记载"，报刊就是让人们"熟悉实际世界"的知识；这种知识想获得合法性，必须得到读者的信任而不仅是满足读者需求。[②]"新闻业的合法性是与其对知识和事实的主张紧密结合在一起的。正由于它声称能够给公民提供重要而可靠的知识，才建立了自身作为当代公民社会一个组成机构的地位。"[③] 在新闻活动的早期，报刊同样要确保自身的知识生产对读者来说是有用的，才能获得读者信任。

早期"有闻必录"从"全面"角度向读者诠释了"新闻纸"（区别于"观点纸"）知识在晚清时期对于人们了解所处社会的独特优势：相较于官方渠道，它能够发布官方不曾发布的内容；相较于民间信息，它内容上更加多元，也更强调对"真实"的追求。此般建构下，报刊知识更易赢得读者，"有闻必录"也成为早期报刊的合法性表征。然而，"合法性的确定并不是一个静态现象，它需要持续不断地维护与修正，新闻活动的合法性常常受到新闻主体本身以及公众成员的质疑"[④]。随着时代演进，"有闻必录"原则下所生产的报刊知识渐渐无法让读者"熟悉实际世界"，它迫使人们不得不调整合法性基础，确立新的合法性原则。

放置于不同的时间与空间背景下，报刊的合法性有着截然不同的表征。不过，新闻作为一种社会知识的本质是不变的，无论它怎样调整报道

[①] Park, R., *Society*, NY: The Free Press, 1955, pp. 71 - 81. 转引自黄旦《传者图像：新闻专业主义的建构与消解》，复旦大学出版社2005年版，第106页。

[②] Karlsson, M., "The Immediacy of Online News, the Visibility of Journalistic Processes and a Restructuring of Journalistic Authority", *Journalism*, 2011, vol. 12, no. 3, pp. 279 - 295.

[③] Ekström, M., "Epistemologies of TV Journalism: A Theoretical Framework", *Journalism*, 2002, vol. 3, no. 3, pp. 259 - 282.

[④] Clayman S. E., "Tribune of the People: Maintaining the Legitimacy of Aggressive Journalism", *Media, Culture & Society*, 2002, vol. 24, no. 2, pp. 197 - 216.

原则，目的都是为了建立话语权威，获得社会认可。从这个角度看，"有闻必录"的兴起有其历史必然性，它是以提供新闻信息为主的商业报刊在晚清中国建立话语权威的合法性表征，在一定历史时期内标志着我国新闻事业的进步。

本文系国家社科基金重大项目"中华民国新闻史（13&ZD154）"的相关成果。

（操瑞青，南京师范大学新闻与传播学院博士研究生。本文刊载于《新闻与传播研究》2015年第3期）

中西新闻比较与认知中国新闻业的文化心态

单 波

摘 要：从19世纪起步的中西新闻比较经历了漫长而复杂的历史过程，不同历史时期的中西报人、学者、传媒工作者从不同角度建构了中西新闻比较的视角、理论与方法，在具体的历史语境中呈现出多元的文化心态，指向西方化与去西方化的思维方式。尽管中西新闻比较充满矛盾与困难，但它依然是中国新闻改革的思想动力。

关键词：中西新闻比较 西方化 去西方化 文化心态

中图分类号：G04〔文献标识码〕A〔文章编号〕1000-7326（2015）01-0032-15

从19世纪开始，面对大清帝国紧闭的国门，西方的书籍、报刊从门缝里挤入中国，作为现代性元素的西方新闻业冲击着古老的交流体系与观念。与此同时，中国人在应对冲击的过程中建构着中国式现代新闻传播体系，这一体系既改造着传统的文化图式，又被传统的文化图式所制约；既为西方新闻业的现代标准所衡量，又试图突破西方的媒介垄断，让中国传播力量融入世界传播体系。这样一来，至少有两种目光加诸中国新闻业的发展过程，即西方化与去西方化。这两种目光交织在一起，演绎出中西新闻比较的历史进程与文化心态，从而构成中国新闻业发展的核心问题。

一 传教士与中西新闻比较：面向新闻业的"异类"

从历史角度看，新闻业成型于17世纪的欧洲，逐步发展出具有现代特色的制度化、职业化、市场化、社会化的新闻传播运作体系。这种运作体系独立于19世纪,其特征率先被英美新闻界界定,在1833年出版的《威斯敏斯特述评》上首次出现了"journalism"一词,形成一种"盎格鲁—美利坚"式的发明。虽然19世纪的中国早已不屑于接受外来的东西,但是那些早期来华办报的传教士与中国京报的相遇,还是开启了中西新闻比较的历史进程。

翻开美国传教士裨治文创办的英文刊物《中国丛报》(Chinese Repository),可以读到有不少评价京报的文字,包括马礼逊(Robert Morrison)的《京报分析》(1838年8月)、亚禄克的《京报》(1873年2月)和梅尔斯的《京报》(1874年7月)等。他们站在英美还未成型的新闻理念上,品评着作为"邸报"翻版的民间出版物,一致的看法是:从新闻来说,《京报》是最不中用的新闻纸,里头只是政府认为对自己有益、应该发给士绅和官吏阶级看的一些奏议和皇帝的杰作罢了。[①]这显然是以办给又穷又忙的人看的便士报为参照得出的结论。虽然便士报在英国只是崭露头角,但它面向平民的风格深受传教士青睐,英美式新闻的导入在很大程度上是基于这种奇妙的因缘。

任何开端都兼具偶然性与必然性。1807年,热心中西文化交流的马礼逊第一次到澳门传教便遭遇大清帝国的封锁,当时清政府禁止基督教传教士公开布道和印刷宗教书籍。他不得不改变策略,以办学和办报的方式传教,这无意中产生了1815年中国近代第一种中文杂志《察世俗每月统记传》。但是,基督教的本土适应又必然使西方传教士进入跨文化语境,"习华文,学华语",注意以四书五经的格言装点他们的刊物,比如《察世俗每月统记传》的封面就写着"子曰:多闻,择其善者而从之";或模仿中国的古典文学作品进行新闻报道,如有些新闻的结尾处往往是"欲知后事如何,且听下回分解""现今未知如何,下月细传",甚至在写到海军交战时,也要写上"大战几个回合",把中国古典小说中的交战描写用到了近代战争上来,以此增强传播的亲和力。不仅如此,他们还要审视中国的出版环境,并与之建立某种关系,从普鲁士传教士郭士立所办《东西洋考每月统记传》开始,就注意转录《京报》上有关中国政事的消息,充分照

[①] 《田鬼号航行记》,载《洋务运动》八,第417页。转引自章开沅、罗福惠主编《比较中的审视:中国早期现代化研究》,浙江人民出版社1993年版,第566页。

顾中国读者的需要。这样一来，他们在研究中国的政治、经济、文化、军事的同时，也致力于研究民间出版的《京报》。美国公理会传教士裨治文在 1832 年创办的英文报刊《中国丛报》就刊登了许多评价《京报》的文章，要么采取比附的方式去认识《京报》，认为《京报》在民间的出版只是一种默许，有悖于法律，就像在英格兰出版国会演讲一样；要么参照现代化理念予以批评，如《京报》充斥着委任、提拔、弹劾、调离、奖惩、发配、流放等公告，而这些事件对于不了解中国朝政的外国人而言，是不能激起他们兴趣的；《京报》"一提到皇上，就会用格言般的经典话语，庄重地抒发感恩涕零、高山仰止般的崇敬之情，用最古老、难懂的词汇来形容和描述他，把他奉为圣人、上天抑或老天爷"①。到 1838 年，传教士们基本上摸清了《京报》的核心主题，即政府部门与地方行政长官、军队和政治、法律事务、财政与公共工程、领土与政治事务、附属及其他各方事务。其中，在分析官员调职与任命的报道时这样议论道："如果只是单独地把这些报道挑出来分析，那么它的唯一目的就是烦死读者。但如果将它们放置于整个大环境加以考虑，它们可能是京报里最有价值的部分。"②

晚清的文化环境显然不利于办报，传教士走进了被异质文化包围着的拓荒地，这些为宗教使命感所驱使的异乡客不会仅仅安于做文化适应的事情，而是要进一步清除障碍，标示主张，在旅途中对话。这使得传教士一方面移用西方的平民化办报风格，把刊物办给"又穷又忙"的人看，大量报道世俗新闻，采用通俗的白话文体写作，冲淡《京报》的气息；另一方面导入西方的新闻观念，从普鲁士传教士郭士立的《新闻纸略论》（1834 年）开始，就持续地介绍西方报纸情况和新闻自由观念，以及西方的报纸功能观念（如广见闻、通上下、寓教育）、报道观念、报业管理观念等。他们总是从某种使命出发，试图创建一个活生生的、富有气息的见证真理的拓荒地，报纸无疑也被变成了拓荒的工具，为此，他们要面向大众，回应世俗社会给见证真理设置的各种观念障碍，基于这一点，他们常常为中国的传统观念所牵引，也努力使中国人与传统观念剥离。

---

① *Chinese Repository*, Vol. I, p. 231.
② *Chinese Repository*, Vol. VIII, p. 506.

二 晚清中国报人的中西新闻比较：基于重建言论权威的需要

传教士的办报活动最终引起中国人的重视，1839年，林则徐推行手抄译报《澳门新闻纸》，专门翻译外文报纸以掌握"夷情"，魏源的《海国图志》更是提出"夷情备采"。但直到19世纪50年代，中国人还是不知报纸为何物，甚至以"搬弄是非"来轻薄主笔、访员。真正开始亲近西方报业的是王韬，他与西方传教士麦都思、理雅各等人交游，习得报业经验，又在1867—1870年亲睹英国报业盛况，惊羡之余，屡次通过信函介绍自己的别样体验。如《与周弢甫征君》书中云："西国月报，备载近事，诚为译出，可以知泰西各邦国势之盛衰，民情之向背，习俗之善恶，其虚实了如指掌。"在《上丁中丞书》中又云："西国政事，上行而下达，朝令而夕颁，几速如影响，而捷同桴鼓，所以然者，有日报为之传递也。国政军情，洪纤毕载，苟得而偏览之，其情自可了如指掌。"待到1874年发表《论日报渐行于中土》一文时，王韬对西方报人与报业已达到惊羡不已的地步：[①]

> ……西国之为日报主笔者，必精其选，非绝伦超群者，不得预其列。今日云蒸霞蔚，持论蜂起，无一不为庶人之请议。其立论一秉公平，其居心务期诚正。如英国之泰晤士，人仰之如泰山北斗，国家有大事，皆视其所言以为准则，盖主笔之所持衡，人心之所趋向也。

反观渐行于中国的日报，弊病良多。秉笔之人，"其间或非通才，未免识小而遗大"，有的还会"挟私诘人，自快其忿"，"至于采访失实，纪载多夸"。此等情境，有点"橘生淮南则为橘，生于淮北则为枳"的味道。其实，这是王韬着意以理想化的西方报业来照亮中国日报的弊端。如果参照一下郭士立所撰《新闻纸略论》的材料，就会看到西方报业的一种历史进程，即"惟初系官府自出示之，而国内所有不吉等事不肯引入之，后则各国人人自可告官而能得准印新闻纸，但间有要先送官看各张所载何意，不准理论百官

---

① 王韬：《弢园文录外编》卷7，上海书店出版社2002年版，第171—172页。

> 全文转载

之政事，又有的不须如此各可随自意论，诸事但不犯律法之事也"。省略了这个历史过程，那个被他理想化了的西方报业，只不过是其广见闻求通变的报刊功能主义的某种投射，那里面所蕴含的是中国文人"平天下""教化天下"的理想，以及在逐步偏离读书人求取功名的传统道路、走向现代转型之后，重建言论权威的诉求，这无疑偏离了对西方报业的内在理解。与此相对照的是，19世纪末，日本人松本君平同样受到传教士的影响，也有欧美经历，在观察欧美新闻业的过程中也夹杂着对日本新闻业的检讨，[①] 但他侧重于向欧美报社学习"社中经营之道"，"调查其编辑情形，印刷发行之利弊，及社内组织"，以此形成1896年以后陆续发表的关于"欧美新闻事业"的文章，以及1899年出版的《新闻学》。很明显，王韬面向自己的中国式理想，并任由这理想"过滤"着西方报业的面目，而松本君平则直面西方报业，并试图以西方报业的标准来衡量自己。

自王韬时代始，中西文化的本末之辨、体用之辨已渐次流行，客观上推动了中西新闻比较的思潮，比如《申报》的《邸报别于新报论》（1872年7月13日）、《英国新闻纸之盛》（1873年2月18日）、《论中国京报异于外国新报》（1873年7月18日）、《论各国新报之设》（1873年7月20日）、《论新闻日报馆事》（1874年3月12日）、《上海日报之事》（1874年5月12日）、《论字林新报言中国必能盛行新报事》（1875年8月25日）；《循环日报》的《西国日报之盛》（1874年2月）；《万国公报》的《英美新闻纸异同》（1891年7月）、《英京月报馆例》（1892年7月）；《东方杂志》早期除设"各国报界汇志"栏目外，还发表了《日本敕定公布新闻纸律例》（1904年7月）、《美报特色》（1907年9月）、《土耳其立宪与报纸之关系》（1909年4月）等。这些议论讨论报业的差异，偏向于调和之论而不顾时代的可比性，也失去了对传统的反思。《邸报别于新报论》最典型地诠释了这一特点：

> 彼西洋各国之新报亦系传述各国国家之事，上至朝廷，下及闾里。一行一言，一器一物，无论美恶精粗，备书于纸中。国之邸报各别者，邸报之制但传朝廷之政事，不录闾里之琐闻而已，故阅之者学士大夫居多，而农工商贾不预焉，反不如外国之新报人人喜阅也。是

---

① 周光明、孙晓萌：《松本君平〈新闻学〉新探》，《新闻大学》2011年第2期。

邸报之作成于上而新报之作成于下，邸报可以备史臣之采择，新报不过如太史之陈风。其事虽殊，其理则一，其法虽异，其情则同也。世之阅邸报新报者，当不以予言为河汉也。

1896年，梁启超为《强学报》创刊撰写《开设报馆议》一文，他一边面向"去塞求通"的政治理想，一边又试图复活中国传统，以古代的采诗之法、邸报之法①比附"新报之纪事"，甚至提出"盖诗者，即今之新报"的观点。这种以中国传统诠释西方现代事物的做法，也许可看作是导入西方报业的一种策略，但这种做法无疑妨碍了对那个异质的西方报业的理解。

流亡日本之后，梁启超似乎从日本人那里理解了面向西方的方法。在为《清议报》第100期所写的纪念文章里，他受到松本君平的启发，把西方新学新艺的勃兴归因于作为文明之母的思想自由、言论自由、出版自由，从而接通到现代西方精神上去理解西方报业：②

> 欧美各国大报馆，其一言一论，动为全世界人之所注观、所耸听。何以故？彼政府采其议以为政策焉，彼国民奉其言以为精神焉。故往往有今日为大宰相、大统领，而明日为主笔者；亦往往有今日为主笔，而明日为大宰相、大统领者。美国禁黑奴之盛业何自成乎？林肯主笔之报馆为之也。英国爱尔兰自治案何以通过乎？格兰斯顿主笔之报馆为之也。近日俄皇何以开弭兵会乎？吐尔斯吐主笔之报馆为之也。报馆者政本之本，而教师之师也。

不过，这种面向西方的方法是精英主义的，依然没有偏离中国文人重建言论权威的路径，从而遮蔽了对于西方报业的认知。

三 民国时期的中西新闻比较：转向新闻业的时代性与专业性

辛亥革命之后，共和虽然远未成功，但中国的报业环境已悄然改变，

---

① 《强学报》1896年1月12日。
② 梁启超：《本馆第一百册祝词并论报馆之责任及本馆之经历》，《清议报》1901年第100期。

言论出版自由从理想转变为一种实践，报纸的角色也发生变化，制造舆论逐步被反映舆论、代表舆论所取代，独立报纸也开始出现，报纸的企业化、市场化成为新闻潮流，邵飘萍把这种趋势归结为"以新闻为本位"。①这个时候的中西新闻比较淡化了从文化本位、国家本位、政治本位的立场去"比附"西方新报，而是转向新闻业的时代性与专业性，直接面向新闻业的西方来源。

留学美国的徐宝璜较早地打破思维定势，转向作为西学的新闻学，引导人们思考民主与科学语境下的新闻。留学日本的任白涛强调新闻事业"绝对当以公众为本位"，由此进入以新闻的专业化为目的的比较，比如他在考察了中外新闻业在硬新闻与软新闻方面的发展后，提出拆除软硬的藩篱，实现"综合编辑"，既使硬性纪事软化起来，"以惹起公众的趣味为目的"，同时又使软性纪事硬化起来，"以提高软性纪事的价值为目的"。②1927年，戈公振的《中国报学史》在人类交流史与世界报业史的大背景中对中国官报做出了深刻的反省：③

> 其故盖西人之官报乃与民阅，而我国乃与官阅也。"民可使由之，不可使知之"，乃儒家执政之秘诀；阶级上之隔阂，不期然而养成。故"官报"从政治上言之，固可受行政统一之效；但从文化上言之，可谓毫无影响，其最佳结果，亦不过视若掌故……进一步言之，官报之唯一目的，为遏止人民干预国政，遂造成人民间一种"不识不知顺帝之则"之心理；于是中国之文化，不能不因此而入于黑暗状态矣。

然而，这类比较依然是零散的，真正系统的比较来自民国名记者邵飘萍。1924年，他为国立政法大学撰写讲义《新闻学总论》，围绕"新闻纸为社会公共机关"的命题展开总体论述，总览世界新闻发展全局，在比较中探索新闻发展方向。他从进化的角度讨论"新闻纸之起源"，认为《尚书》《诗经》《春秋》等"颇含新闻之种子"，是人类交换新知的本能表

---

① 单波：《20世纪中国新闻学与传播学·应用新闻学卷》，复旦大学出版社2001年版，第39—40页。
② 任白涛：《综合新闻学》，商务印书馆1941年版，第72页。
③ 戈公振：《中国报学史》，生活·读书·新知三联书店1955年版，第63页。

现,但邸报、京报之类的传统出版物只可视为后世"新闻纸之滥觞",而不得"以新闻纸目之",因为这些出版物"只发布于朝廷官吏之间不普及于社会,且未具现代新闻纸之条件"。真正意义上的新闻纸胚胎于西方类似新闻之通信业的母体之中,并在17世纪冲破母体,向着现代新闻业发展,间接原因是教育的进步、民智的开发、革命的潮流、求知欲的旺盛,直接原因是机械的发明、电报的利用、政治的兴味、经济的原因。[1] 这使得他直面西方新闻业,仔细辨析西方各国新闻的特色,探明新闻业的发展趋势。在他看来,德国新闻业远不如英美新闻业,其原因在于,"新闻纸之贩卖区域,不如他国之广大";"德意志之国民性,喜为科学之研究,潜心于系统的组织的甚深之知识",不如英美国民尚新奇,"喜读煽情挑发之纪事""其新闻纸遂偏于学艺方面,而不以兴味消息为本位";德国之大新闻多为中央政府或联邦政府的御用机关。[2] 显然,这里遵循的是时代性和专业性标准,邵飘萍由此提炼出英美新闻业的先进性,其分析方法是从英美报业市场化的观察出发的:英国"以每月或常年订阅者为多,其销售固定,自不必专设法以眩读者之目",所以形成硬新闻在前、软新闻居后的习惯性排列,而美国的"流动零售者为多,故以大新闻列诸封面,易使一般人见之而引起购读之动机"。在他看来,英国式新闻的特点是守旧的、历史的,美国式新闻的特点则是改进的、小说的,这些特点的背后是市场化手段的差异,而市场化手段的差异又是由社会风尚与国民性的差异所导致的。这种市场分析与社会分析的路径虽然显得很粗糙,但还是有以西方为方法、直面西方的启示意义。

进一步看,邵飘萍是从中国新闻业的发展需要出发的,中国新闻业要社会化、民间化,所以他认同西方现代新闻面向大众的时代特点;中国新闻业要独立,必须有经济上之独立,"然后凡事可以公平无私,非政府或政党所能收买"[3],所以他侧目英美新闻的市场化;由于痛感中国因缺少世界性的通讯社而不能自主发表其消息,需他国通讯社"代司其喉舌","所受之亏不可胜计"[4],所以他专门比较西方各国通讯社的类型与特点,得

---

[1] 邵飘萍:《邵飘萍新闻学论文集》,北京大学新闻学研究会2008年版,第150页。
[2] 同上书,第156页。
[3] 同上书,第137页。
[4] 同上书,第140页。

出了一个富有启发性的结论，即通讯事业与新闻事业的发达，成互为因果、互相援助之势，有通讯社的国家则其新闻业更加扩展而普遍于世界，更为进步。① 为了解救受到严重压迫的中国新闻业和新闻人，他侧重于比较各国法律放松新闻管制的过程。诚然，以西方为方法来对治中国新闻业的问题，确实会产生一定的治疗效果，但是，符合了西方的新闻模式，中国新闻业的位置又在哪里？市场化运作的流弊又如何解决？这恐怕是邵飘萍未能想到的问题。

但还是有人考虑到了这个问题，这个人就是黄天鹏。他借鉴徐宝璜、任白涛、戈公振等人的研究，转向以新闻事业为本位的研究，通过比较苏、日、美新闻事业，对苏俄"国有"方式与当时国内报纸趋之若鹜的"商品化"潮流，都提出了质疑。他说："新闻事业完全受党之支配，私人支持编辑之独立报，已无存在之可能，成为清一色之新闻界，党指鹿为马曰，此马也，全国报纸必随声附阿曰，此马也。若此种者已失舆论之精神。"同时，他也看到，以营业为本位，虽然可"获得正确敏捷精详趣味之新闻，以最完美之制作而贡献于买主之读者"，可使报纸因独立而成为"社会之共器"，但亦不是新闻事业发展的正轨，其流弊在于，把新闻当作商品，一心只为博取读者的欢心，难以保证新闻之真；又因过分依赖广告，报纸常常为广告主所左右，卷入资本主义的旋涡。② 由此比较，他提出了对治的方法，一是将报纸从私营转为合法团体经营，二是组织专门协会对报业进行协调管理。这个方法虽然有些理想化，与现实有很大的距离，但是，它提供了以世界为参照开辟中国新闻事业的可能性。

到1929年，燕京大学新闻系开出"比较新闻学"课程，担任课程主讲的欧美学者大多以西方的视野观察中国新闻业，开启了现代化思路。但是，他们并没有与中国报人想到一起，在当时的中国新闻界，对资本主义新闻体制持怀疑态度的人并不在少数，他们感受到的是，资本化的媒介垄断了中国的新闻发布权，"为帝国主义者制造听命于他而来侵略中国文化、毒害中国社会的狗类"，而那些被买办阶级控制的报纸又做着被御用的代言人。③ 即便是那些坚持资本化运作的中国报纸，也试图与资本主义报业

---

① 邵飘萍：《邵飘萍新闻学论文集》，北京大学新闻学研究会2008年版，第139页。
② 黄天鹏：《中国新闻事业》，上海联合书店1930年版，第168页。
③ 《中国新闻学研究会宣言》，《文艺新闻》第33号，1931年10月26日。

拉开距离。1935年，成舍我从欧美报业那里习得的"大报小型化"的方法，创办《立报》，形成长话短说、简明扼要、重视言论、竞争消息、广用图片的特点，其创刊词这样写道：

> 我们所标举的"大众化"，与资本主义国家报纸的大众化，确实有绝对的差异。我们并不想跟在他们的后面去追逐，而是要站在他们的前面来矫正。因为最近的数十年中，报纸大众化，已被许多资本主义者，利用做了种种的罪恶。他们错将个人的利益，超过了大众的利益，所以他们的大众化，只是使报馆变成一个私人牟利的机关，而我们的大众化，却要准备为大众福利而奋斗，我们要使报馆变成一个不具形式的大众乐园，和大众学校。我们始终认定，大众利益，总应超过于任何个人利益之上。①

在公与私之间，中国报人大多选择了"公"，原因不外乎两点：西方报纸与中国报纸之间的"买""卖"关系，已使他们羞愤难当，无法忍受媒介垄断所带来的中西新闻业的不平等关系；中国文人对言论权威的建构总是与"天下为公"的理念相联系。这种思想与情感的偏向，使得许多自由派报人选择了带有公共性质的媒介体制，赵超构就是其中一位。1949年，他在香港发表《新国家与新报纸》的长文，论述了他对媒介体制的构想：②

> 国营报纸将在未来的新闻事业上起主导的作用，这是没有问题的。在量上在质上，它将处于压倒的优势，它要在言论新闻方面保护这个代表多数人民利益的新政权，它要能直接反映多数人民的意见，成为多数人民的喉舌。就苏联与东欧各新民主国家的先例来看，国营报的最大特色，倒不在于它的国营而在它与广大人民的结合，也就是群众性的表现。

这样一来，就在价值层面拉开了与西方媒介体制的距离。

---

① 成舍我：《我们的宣言》，《立报》1935年9月20日。
② 赵超构：《新国家与新报纸》，《华商报·星期增刊》1949年2月6日。

四 西方比较新闻学的兴起与西方化视野中的中国新闻业

如果说传教士对中国京报的研究是比较新闻学萌芽的一个重要线索，那么1895年在维也纳召开的世界报界公会成立大会则代表了另一条线索，它形成了西方各国新闻人互动与对话的场所。1912年，新闻教育之父威廉（Walter William）担任会长之后，先后访问欧洲、亚洲、美洲和非洲，考察各国新闻事业发展情况，撰写《世界新闻学》一书，把世界新闻出版物按性质分为消息报、评论报和学艺报，按民族性分为英国式报刊、法国式报刊、德国式报刊、美国式报刊。[①] 这是目前能看到的最早的比较新闻学研究成果。20世纪初的美国人已经意识到，媒介在民主社会的作用日益凸显，并在创造"伟大社会"（Great Society）的过程中扮演重要角色。这一时期的社会科学研究专门化、职业化的诉求在增长，融入了学院和大学的新闻学教育中。在职业化的气氛之中，比较和国际传播研究局限于描述外国媒介系统、国际新闻机构的兴起和美国国外记者的工作。《哈泼氏周刊》《文学文摘》《国家》《星期六晚邮报》上刊载了很多评述外国报道的文章，分为战地记者的经历、战争新闻的采集与代价、法国新闻界的变化和中国新闻业的发展等类别。一般来说，这些研究会以美国新闻界的历史积淀和美国新闻记者的工作环境为蓝本来分析外国的媒介结构。[②]

这一时期典型的研究描述了科技在世界政治中扮演的角色、战争宣传技巧以及美国新闻界在世界事务中的立场，包括记者的职业角色。这些研究一般以美国的视野观察传播在世界中的角色，探索媒介作为了解世界的窗户的功能。关于外国报纸的历史性描述和现有信息主要由国外通讯记者提供。一种观察其他国家媒介系统的政治、文化特质的美国视野被创造出来，这便是美国在20世纪20年代产生"比较新闻学"（comparative journalism）的背景。当时的比较集中在两个方面：一是中西新闻业比较，一是欧美新闻业比较。

[①] 肖东发主编：《新闻学在北大》，北京大学新闻学研究会2005年版，第52—54页。

[②] Hardt, Hanno, "Comparative Media Research: The World According to America", *Critical Studies in Mass Communication*, Vol. 5, 1988, pp. 129–146.

新闻史　中西新闻比较与认知中国新闻业的文化心态

1922年,《密苏里大学学报》（The University of Missouri Bulletin）刊登一篇题为《中国的新闻业》的研究报告,作者帕特森（Don D. Patterson）当时是新闻学院的助理教授,曾被派往上海《每周评论》和圣约翰大学,这使得他得以考察中国的新闻业。他意识到比较新闻学还只是一种粗略的比较研究,试图寻求改变,其方法是把中国新闻业放置在社会、经济、政治背景中进行观察。他认为中国的变化可看作是这样一个过程,即从古老的传统束缚中挣脱出来,接受现代文明和制度的曙光。透过这一视角,他看到了中国新闻业的艰难蜕变,呈现出一些比较精到的观察：中国的报纸与中国风云变化的政治气候、政党活动息息相关,因此,中国的新闻业在很大程度上就是一个宣传的竞技场,有来自国内的宣传,也有来自国外的宣传。这种政治生态又产生了他所看到的新闻乱象：新闻采访通常是没有计划性的,与美国相比,常规的新闻运行机制早已变形,大部分新闻都是从各种渠道泄露出来的,多数新闻记者要么是那些编外雇佣的人,比如一些行政官员的办公室秘书,要么是因为能够提供新闻和小道消息而雇来的,报社偶尔会派出记者或编辑参加一些聚会或者社交活动,获取一些故事题材。在他看来,这种采集新闻的方法造成了一系列问题,包括偏向性的信息、不可避免的错误以及大量的传闻和谣言。因此,从专业性来讲,中国新闻业远远落后于西方新闻业。对中国报业来说,新闻记者很大程度上是为了实现宣传目的,为了施展个人的政治野心,派系与民族之争如芒在背;中国的新闻记者无法学习西方记者那种超然的格调,他们没有意识到,新闻敏感与判断可以把流言与谣言同真实与准确的叙述区分开来。[①]应该说,帕特森对中国新闻业的细微观察超过了同时代的西方人,他也进一步强化了把中国新闻业引向西方的信念,但这样做的结果必然是不能与中国新闻业真正相遇,因为中国新闻业已经被西方标准遮蔽了。

1925年,美国高校开始酝酿开设比较新闻学课程,哥伦比亚大学新闻学院的坎利夫（J. W. Cunliffe）在《新闻学季刊》（Journalism Quarterly）首次发表《比较新闻学》一文,其比较立足于欧美民主与社会背景下的新闻业,在他看来,"美国新闻界虽然是由欧洲孕育的,但与欧洲新闻界相比,无论是现在还是以前,它在诉求方面显得更民主。"另一方面,"由于

---

① Patterson, Don D., "Journalism of China", The University of Missouri Bulletin, Vol. 23, No. 34, 1922.

美国报纸发行范围有限，美国报界比同等地方的英国和法国报纸更多地关注到地方性新闻。"这种比较从两个观点出发，一是民主的差异，一是本土差异。①

这应该算是比较新闻学的"西方—西方"范式的思想起点，当帕特森们到中国来做中西新闻比较的时候，客观上可以使西方新闻业那个参照系更加全面。根据罗文达的统计，截至1937年，关于中国报业研究的西文文献共计681种，包括英、法、俄、德、西班牙、意大利文等著述。②可见，与中国新闻业相参照的那个"西方"已经相当广阔了。

1931年，美国的《新闻学季刊》组织了一批稿件，分别研究美国、德国、南美等国家和地区的新闻业，美国学者聂士芬（Vernon Nash）撰写的《1931年的中国新闻业》也赫然在列。此时，他在燕京大学新闻系已经工作了七年（中途有半年回国），他意识到所有西方人对中国的描述都是盲人摸象式的，不过是个人感觉的记录，但他还是非常相信自己对中国的体验，得出了一个最令他感到自信的结论，即中国一直在朝着现代化稳步前进。值得注意的是，他并没有像帕特森那样认为中国在"朝着西方化"发展，而是感觉中国正在步西方的后尘，走在中国式现代化的路上。因此，他从现代性的角度观察中国新闻业，并这样写道：③

> 过去一年半以来最值得注意的是，中国新闻报道开始偏离英式的标签化故事写作（labeling stories），转向美式的情感性标题写作（affirmative headlines）。中国字写起来是很简洁、快速的，因此特别适合标题写作。天津《庸报》的新闻标题是最彻底"美国化"的了，它还尝试在中国版面上使用倒金字塔的排版方式，外观得到明显改善。中国的编辑们兴致勃勃地看着这些新事物，也逐渐开始采纳《庸报》的革新措施。《庸报》的创办人董显光曾就读于密苏里大学和哥伦比亚大学新闻学院。

---

① Cunliffe, J. W., "Comparative Journalism", *The Journalism Bulletin*, Vol. 2, 1925, pp. 15 – 17.
② 罗文达：《关于中国报学之西文文字索引》，《社会经济季刊》1937年第9卷第4号。
③ Nash, Vernon., "Chinese Journalism in 1931", *Journalism Quarterly* 1931, 8（4），pp. 446 – 452.

从现代性的角度,他一方面看到,美国新闻业发展所经历的阶段、流通的各种出版物也都相应地出现在中国,另一方面又发现了中国新闻业的弱点:缺少中文的全国性新闻机构,一些大的新闻机构都是政府的宣传机构,每个城市那些挂着"通讯社"名字的机构都只是稍加伪装的报业组织。两年后,他发现情况并未发生大的变化,只是战时状态加速了此发展趋势,并突出了某些特征,比如国外通讯社提供的新闻大幅增加,本地新闻明显减少,中国报纸重视国际新闻的程度可以与美国早期报业相比;人们也越来越想办出一家全国性的中文通讯社,中央通讯社就是一例,但它由政府资助,并效仿那些国外新闻机构的宣传手段,让中国人抱怨不已;新闻审查越来越普遍,并以最令人厌恶的方式进行,警察随时监视印刷厂,对于全国运动会的报道,宣传部要求新闻机构在发稿和传稿之前提交全部附件。同时,他也看到,中国通讯社和国外通讯社之间的互惠越来越多,常见中文通讯社购买国外通讯社提供的稿件,国外通讯社开始雇佣越来越多的中国记者。[①] 后来,他又与来燕京大学任教的德国犹太学者罗文达(Rudoff Löwenthal)合撰论文《中国报业的责任因素》,认为中国报业的落后原因有四:交通不便,文盲太多,检查制度不统一,人民贫穷买不起报纸。主要着眼于中国的社会问题来分析阻碍报业发展的因素,不再单向地以西方标准衡量中国报业。

1931年可算是中西新闻比较年,另一位在燕京大学新闻系任教的美国人白瑞华(Roswell S. Britton)立足于本土报业和外来新闻的共同作用,考察了1800年至1911年的中国报纸,揭示了中西新闻业更深层的关系:[②]

> 新出现的报刊是中国本土的官报体系和19世纪西方新闻业的混合产物。外国报刊以两种形式进入中国,一种是中文出版的传教宣传品,一种是在越来越多的外国人聚居区出版的外文报纸。新的中国报刊大体都在外国报刊影响下逐渐形成自己的风格,但同时也遵循中国人的阅读和写作习惯,这些报刊在融汇了中西思想的中国人手中办得

---

① Nash, Vernon., "Journalism in China: 1933", *Journalism Quarterly*, 1933, 10 (4), pp. 316–322.

② Britton, Rosewell S., *Chinese Periodical Press, 1800–1911*, Shanghai: Kelly and Walsh Limited, 1931, pp. 16–29.

最好。外国人通常投资早期的新报纸或在创刊初期介入,中国的经理和编辑则负责具体业务。直到维新和革命时期,新报业都还只在少数口岸城市以商业的模式发展。新闻是生存立足的唯一基础,主要靠转载和编译。京报提供了主要的国内新闻,外文报纸提供了国际新闻。后来,一些激进的出版人接受了报刊作为宣传工具的观念,新报刊也随着席卷全中国的革命洪流开始了转型。

显然,白瑞华把中西新闻比较研究置于中西新闻的关系层面,已超越了差异性分析。他让人们体悟到,中西方的不平等关系造就并加深了中西新闻的不平等关系。这就使得中西新闻比较具备了更宽广的可观察空间。

1937年,曾为国外通讯记者的德斯蒙德(R. W. Desmond)再一次创新比较新闻学研究,首次把当代新闻界置于国际事务的宽阔舞台而展开研究,形成《新闻界与世界事务》一书。他确立的方法论是,要理解新闻体系,必须置之于文化环境中。他把新闻体系看作社会体系的反映,描绘出了新闻界与社会的关系。[1] 当然,旧的观念依然没有消褪,他还是以美国新闻界为基础来评价各种新闻体系的质量和目标。

五 冷战时代的中西新闻比较:被排斥的中国新闻业

从1946年开始,美苏各自领衔的两大阵营在意识形态、政治、经济、军事等方面展开对抗,一直持续到柏林墙倒塌、东欧剧变和苏联解体,这便是所谓冷战时期。20世纪四五十年代,美国学者一般认为苏联应该对冷战的爆发与延长负责,其集权主义、国际共产主义意识形态等非理性因素所导引的霸权与扩张,构成了对美国以及所有"非共产主义"国家的威胁,而美国只是为了对战后国际体系"负责任"而不得已应战。[2] 这种冷战思维形成之后,文化上的比较延伸到地缘政治上的比较,《报刊的四种

---

[1] Desmond, R. W., *The Press and World Affairs*, New York: D. Appleton - Century, 1937, p. 15.

[2] 张曙光:《拓展冷战研究——兼论中美关系的"多元多层比较"分析》,《世界历史》2007年第3期。

理论》就是其中的一个代表性成果。其小标题是"关于新闻界应该如何和应该做什么的集权主义、自由主义、社会责任和苏联共产主义观念"。三位作者将美国的价值观和以新闻自由为特征的民主理念与其他国家特别是苏联的社会和政治状况做了比较,展现了四种新闻模式,即市场自由主义模式、社会责任模式、极权主义模式、集权主义模式。"苏联的共产主义的传媒理论"部分是由施拉姆完成的,他所描述的苏联与美国的对立是不可调和的。这种二元对立的观念显现在三位作者的表述之中,他们试图去辨析不同媒介所映射的哲学基础或政治信条,而这些东西都来源于西方的哲学话语或政治话语,这样做的结果便是,从西方的理念出发考察他们视野所及的媒介,把自由主义的传媒理论和制度与西方文化中的正面概念联系在一起,如新闻自由(freedom of the press)、自由讨论的权利(right of free discussion)、意见的公开市场(open market place of ideas)等;把"苏联的共产主义的传媒理论"描述成"集权主义理论"的一种,且"集权主义"(authoritarian)负面意义被发挥到极致,如完全的控制(complete control)、宣传鼓动(propaganda)等。有美国学者评价说,这种比较建立在对于美国媒介系统的理想化认识的基础之上,不仅显示出20世纪50年代的那种反共情绪,还指向了社会科学真实的或潜在的政治任务。[1]

由于战后局势不稳定,美国社会科学研究无疑一直在为政府的情报收集工作提供帮助。有资料显示,政府对于信息的需求包括媒介系统的描述、政治和经济结构对于媒介内容和媒介所有权的影响,以及那些跨越意识形态边界的国际传播机构。因此,当时的国际传播研究比较兴盛,从引文来看,包含了国际(international)、跨文化(cross–cultural)、跨国(cross–national)、文化间(intercultural)等24种视野,关于国外媒介角色和功能观念的研究依赖于自由主义理论,还混合着社会科学方法论,而施拉姆、尼克松(Raymond Nixon)和联合国教科文组织是研究样本中被引述次数最多的信源。[2]

从1946年开始,美国不遗余力地在联合国推行信息自由,使得联合国

---

[1] Hardt, Hanno, "Comparative Media Research: The World According to America", *Critical Studies in Mass Communication*, Vol. 5, 1988, pp. 129–146.

[2] Kent, K., Rush, R., "International Communication as a Field: A Study of Journalism Quarterly", *Journalism Quarterly*, 1977, 54, pp. 580–583.

全文转载

大会第一次会议通过的第 59 号决议确认信息自由是一项基本人权，意味着在任何地方没有约束地采集、传播和发表新闻。此时，现代化理论携带着西方的力量扩散开来，延伸到各个领域，如政治现代化（民主化、法制化、官僚制度）、经济现代化（工业化、专业化、规模化）、社会现代化（城市化、福利化、流动化、分化与整合、大众传播）、个人现代化（开放性、参与性、独立性、平等性）、文化现代化（宗教世俗化、观念理性化、现代主义、普及初中平等教育）、比较现代化（现代化路径与模式分析）。1951 年，联合国教科文组织第一次出版《世界传播》，勒纳（Daniel Lerner）对照其他资料反复核查，获取了 54 个国家的可比较数据，并从中发现了"现代化模式"的首要四因素，即都市化、读写能力、媒介参与度、政治参与度（political participation）。根据这种模式，勒纳针对中东六国（土耳其、黎巴嫩、埃及、叙利亚、约旦和伊朗）展开调查，呈现这些传统国家的社会形式从萌芽、发展到成功转型的整个进程，并与西方进行了一定程度上的比较，试图说明中东国家的这种现代化进程和西方现代化进程存在着共性，这便产生了 1958 年出版的《传统社会的消逝：中东现代化》。这本比较现代化的代表作把现代化进程分为三个阶段：都市化（urbanization）、读写能力（literacy）和大众媒介参与度（mass media participation），并通过比较得出结论，都市化的发展趋势大力增强了对读写能力和媒介参与的需求，这种需求继而使控制消费的条件也变得现代化；当一个国家的大多数掌握了读写的技能，就意味着新要求的产生及其满足这些要求的方式的完善，并导引出媒介参与；随着媒介参与性的增强，人们对社会系统其他部分的参与性也有所加强。[1] 显然，在这个现代化进程之中，"传统"未被看作是公民社会的一个合法要素，而是注定要被抛弃的，因此，现代传播体系的唯一功能就是如何推动传统向现代转型。这种比较无疑把西方传媒对非西方传媒的控制合法化了，也把发展中国家传媒体系对发达国家传媒体系的依附关系合法化了。

《新闻学季刊》主编尼克松着迷于勒纳划定的现代化比较路线，进一步获得 85 个国家和地区的可比较数据，发现与国家传媒体系相关的三个变量，即人均国民收入（per capita national income）、成人（15 岁以上的

---

[1] Lerner, Daniel. *The Passing of Traditional Society: Modernizing the Middle East*, The Free Dress of Glencoe, 1963, pp. 43 – 75.

人）文盲比例（percentage of adults illiterate）、日报发行量（daily newspaper circulation）。这些变量进一步丰富了现代化模式，其中，日报发行量取代了媒介参与度（购买报纸、拥有收音机和看电影的人数比例），部分原因是对大多数国家来说日报发行量更有效，而更重要的考量是，他认为在西方以外的国家，广播系统是由国家拥有或受国家控制的，影响新闻自由的条件主要与印刷媒介相关。他对媒介体系进行了六个层级的分类，把85个国家先标上类别，再根据人均国民收入的高低排列，并标上文盲比例和日报发行量，建立了新闻自由与三个变量的关系，即人均国民收入高，新闻自由度就大；文盲比例低、读写能力强，同样与新闻自由相关，但不如与人均国民收入的关联密切；较高的报纸发行量也与新闻自由相向而行。[1] 在这个体系之中，中国被归入共产主义新闻体系，属于人均国民收入低、文盲比例高、日报发行量低的国家。

传统与现代的二元比较模式主宰了20世纪五六十年代的比较新闻学研究，新闻的专业化成为其中的核心内容，其中的代表作是美国学者麦克劳德（Jack McLeod）1964年发表的《新闻人的专业化》，作者用量表来测量美国新闻记者的专业程度，[2] 1969年又以同样方法比较拉丁美洲和美国记者的专业化，发现美国和拉美记者在各个方面的相似性明显超过差异性。唯一的不同在于，拉美记者更想在机构和社群中享有特权，希望得到工作单位和同行的尊重，他们对自己的工作不那么满意，相比而言，美国记者更看重工作的愉悦感，以及自己的工作能为社群带来价值；[3] 同时，那些更具有专业精神的拉美记者往往是受过高等教育的年轻男性，拉美和美国的专业记者对自己报纸的内容更具有批判性；那些从事新闻报道或编辑工作的人，比从事媒介经营管理或其他工作的人更专业。这种发现打破了西方的成见，即专业记者就是来自发达国家的记者，同时也证明，新闻自由度较低的国家不一定专业度低。

到了20世纪70年代中期，人们逐渐发现，这种专业化的比较分析是

---

[1] Nixon, Raymond B., "Factors Related to Freedom in National Press Systems", *Journalism Quarterly*, 1960, 37 (1), pp. 13 – 28.

[2] McLeod, J. & Hawley, S. E., "Professionalization among newsroom", *Journalism Quarterly*, 1964, 41 (4), pp. 529 – 539.

[3] McLeod, J. & R. R. Rush, "Professionalization of Latin American & U. S. Journalists", *Journalism Quarterly*, 1969, 46 (3), pp. 583 – 590, 46 (4), pp. 784 – 789.

以西方新闻观为背景而建构的,并不一定适合分析非西方社会,而且专业主义的比较研究既狭隘又浅显,[1] 没有一个明确的反概念(counter-concept),没法换一种视角看待专业行为和结构。[2] 随后,此范式逐渐衰落。70年代中期,人们意识到工业化的北方和发展中的南方之间信息流动不平等。联合国教科文组织提出必须建立世界信息与传播新秩序,其背景在于,20世纪60年代,第三世界新兴国家纷纷加入联合国教科文组织,这些国家的民族主义意识形成了与西方的自由主义意识形态的对立,平等、公平的诉求冲击着信息自由的神话;而一些西方学者也意识到,发展中国家的"现代化"不仅没有使他们实现自力更生,相反还形成了对全球经济剥削制度的依附性,提升了美国资本主义的价值与利润,同时损害了自身的文化。1980年,爱尔兰人麦克布莱德(Seán MacBride)领导的国际传播问题研究委员会发布研究报告《多种声音,一个世界》,关注不平衡的传播流动的结果。该研究将"个别传播大国对世界信息流通系统的支配看作是推行文化扩张主义的过程,而把发展中国家的牵制和反抗看作是抵制文化侵略的过程",使得比较传媒研究具有某种批判意味,并通向建构国际信息新秩序的实践。

冷战期间,中国的新闻业要么被排斥在世界新闻体系之外,要么被看作是与开放相对立的封闭的新闻体系,成了全球新闻业的"失踪者"。

六 中国新闻改革与中西新闻比较:多元化与二元对立

从1978年开始,中国新闻步入改革开放的轨道。同年的7月,复旦大学新闻学系编辑出版《外国新闻事业资料》,吸收西方新闻传播学的新知;10月,日本新闻学会会长、东京大学新闻研究所所长内川芳美教授访华,在北京和上海讲授传播学,第一次让中国同行知道西方新闻研究已经进入大众传播(mass communication)阶段。中国新闻界重新面向西方新

---

[1] Starck, Kenneth and Anantha, Sudhaker, "Reconceptualizing the Notion of Journalistic Professionalism across Differing Press Systems", *Journal of Communication Inquiry*, 1979, 4, pp. 33-52.

[2] Birkhead, D., "Ideological Aspects of Journalism Research on Professionalism", *Journal of Communication Inquiry*, 1982, 7, pp. 121-134.

闻界，其改革开放的姿态让西方同行刮目相看。1979 年，兼任艾奥瓦大学助教的美国记者珀鲁姆伯姆（Judy Polumbaum）来中国讲授新闻学，保持了对中国新闻界 10 多年的观察。她在提交给美国尼曼基金的一份研究报告中提出，理解中国新闻业的前提是超越集权主义模式的刻板印象，深入中国新闻业发展的地理、历史、政治和文化因素中去，理解它的复杂性和矛盾，因为她感觉中国媒介发展越来越多元化，比如中国新闻在内容上和形式上都越来越多元化，纸质媒体的品种也越来越多元化，大幅版面留给了读者来信、经济事务和国际新闻，更为难得的是，她能基于中国传统文化来理解中国新闻业：[1]

> 理解中国新闻业不能忘掉中国传统文化。中国新闻哲学和惯例并非共产党一人创造，而是新旧观念的融合物。现代宣传的家长制和教导式作风，在中国有着儒家文化的根基。另一方面，中国传统中的某些元素也有助于我们所说的民主的实施，比如说"忠言逆耳"这一概念。

与此同时，1978 年以后的思想解放带来了中国新闻界的思想开放，其重要特点在于解构无产阶级与资产阶级新闻观的二元对立，开始以发展的观点，把整个西方新闻业与新闻传播观念作为中国新闻改革的参照系，由此触动了中国新闻界的比较意识。只是比较的眼光显得闪烁不定，一边做着导入西方新闻传播观念的工作，一边又做无的放矢的批判；一边做着建立世界性新闻机构以及重建国际新闻传播新秩序的梦，一边又对世界性新闻规则充满疑虑。

中国的新闻改革引起了西方的关注。美国学者梅里尔（John C. Merrill）在 1983 年出版的《全球新闻业》（第一版）中，把中国新闻业放在世界媒介体系中考察，只是其中的理解表现为局部的、僵化的特点，到 2003 年和 2009 年分别出第四版、第五版的时候，转变为一种历史的、动态的理解。总的来讲，20 世纪 80 年代，西方学者对中国的新闻改革抱着观察与怀疑的态度，总是担心"文化大革命"的余波会影响中国新闻业，

---

[1] Polumbaum, J., "China's Press: Forget the Stereotype", *Nieman Reports*, Spring 1992, pp. 48–53.

不过对中国新闻业特别是主流媒体的变化还是有所感觉。有一位美国学者对新华社的变化做了这样的评价：

> 中国的内乱和对外封闭政策，使西方媒体眼中新华社报道的可信度大大下降。此时，北京是世界第一人口大国的首都，却几乎没有西方通讯社和报纸获准在此设立分部。现在，新华社官员对西方媒体用稿情况很满意。新华社的对外稿件被美联社、合众社、路透社、法新社和共同社采用。[1]

加利福利亚州立大学的阿特伍德（L. Erwin Atwood）集中分析了1979年发行的总共11期《参考消息报》的类别及内容。总计61则新闻中含引文共81条。其中10则新闻含2条引文，5则新闻含3条引文。美国两大通讯社共计引用41次（占全部引用次数的51%）。路透社和法新社分别引用7次。四大通讯社提供新闻及新闻片段共计55则，其中68%为美国相关报道。其结论是：第一，中国发展报道为报刊报道重点，中国为重点报道国家。总计11期报刊的头条新闻均和中国四个现代化相关，形式为社论或分析报告；第二，美国紧随中国之后，为第二重点报道国家；第三，美国科技水平处于世界领先行列，因此科研类新闻中有半数报道美国科研发展；第四，新闻报道主要为外交政策服务，一个国家在新闻报道中的形象改变与否在很大程度上和外交关系状况保持一致。[2]

1989年末柏林墙的倒塌虽然并未使中西方的思想之墙拆除，但是，比较新闻学的视野已经从东西比较转向南北比较。1988年，澳大利亚学者赫斯特（J. Hurst）出版《比较新闻学研究指南》（*Comparative Journalism: Study Guide*），他把比较新闻学的基本问题表述为：不同文化的记者对新闻的态度有何差异？西方媒体对其他国家的报道有多准确或适当？西方新闻自由思想、责任观和媒介角色观在多大程度上适用于亚洲、非洲和拉丁美洲发展中国家的新闻业？政府是否应该在大众传播方式的管理和控制上起

---

[1] Mulligan W A., "Remnants of Cultural Revolution in Chinese Journalism of the 1980s", *Journalism & Mass Communication Quarterly*, 1988, 65 (1), pp. 20–25.

[2] Atwood, L. Erwin, Lin, N., "Cankao Xiaoxi: News for China's Cadre", *Journalism Quarterly*, 1982, pp. 20–25.

作用?"发展新闻学"和"世界信息与传播新秩序"意味着什么?① 这种提问的方式明显表现出多元文化主义的立场,使比较新闻学从西方化转向去西方化。

原来流行的东西比较也转向南北比较。作者将全球媒介网络划分成"信息富国"(information – rich)和"信息穷国"(information – poor),前者是高度发达的工业国,包括美国、西欧和日本,后者为欠发达国家,包括非洲、亚洲和拉美。② 他认为,我们对本国媒体的批评往往和发展中国家的批评有相似之处,如澳大利亚人总是批评媒体缺乏品位,发展中国家也会抱怨西方媒体的文化偏见、不够机智、傲慢自大,还带着道德优越感。我们批评澳大利亚媒介所有权集中化,会限制公众的选择范围,发展中国家也抱怨西方通讯社控制国际新闻流。③ 因此,比较会帮助理解记者面临的问题和困境。

国际传播让人们得以分享彼此的经验,似乎跨越了政治意识形态和种族中心主义偏见。面对越来越紧急的全球化问题,主要得靠覆盖面更广、传播更有效的国际通讯系统。然而,贫困、文盲和政治束缚限制了人们对全球信息的接收。文盲导致人们无法阅读报刊,贫困导致人们难以拥有广播电视,正如我们所见,高度发达的工业国,如美国、西欧和日本,也是全球"信息富国",欠发达国家,如非洲、亚洲和拉美,也是全球文盲率最高的国家,是"信息穷国"。问题是,"信息穷国"认为,西方新闻报道歪曲了第三世界国家的事实。

20世纪90年代初出现的全球本土化呈现了这样一种想象:全球文化产品在行销世界的过程中,其固有的标准化的文化理念、意识形态以适应当地文化、风俗的方式得以推行,而当地的本土文化在坚守和保留自身文化传统的过程中,与其实现着文化的融合,普遍性与特殊性是否能共存已不成问题,关键在于以何种方式共存。虽然全球本土化只是寻求调适文化差距或文化冲突的策略,也没有逃脱二元对立的分析模式,但它使全球与本土的关系建构成为一种时代的潮流,用更务实的方法处理矛盾与冲突。在这种背景下,中西新闻比较转向了互动与对话。1997—1998年度美国富

---

① Hurst, J. Introduction, *Comparative Journalism: Study Guide*, pp. 1 – 3.
② Hurst, J. The Global News Networks, *Comparative Journalism: Study Guide*, pp. 5 – 13.
③ Hurst, J. Introduction, *Comparative Journalism: Study Guide*, pp. 1 – 3.

全文转载

布莱特教授大卫·亚当斯在考察了中美的新闻报道后写道：

> 有充分证据表明，大洋两岸的传媒在当前事务的报道方面是不成功的。中美两国的传媒都需要"更新"本国的舆论。大众传媒应着力报道当前事务，报道那些充满生机的变化，尤其是中国所发生的变化。媒体应更好地报道复杂问题，以使外交政策的制定更加准确，使现在和将来的人们互相之间能更好地理解。媒体的报道应做到更加真实、及时、准确，以使两国的领导人能了解人民的真实需要和想法，从而促进世界和平，增强相互理解。[①]

一些美国学者开始反思美国对中国的理解，认为美国学术界努力将中国视为研究兴趣与政治关注的研究客体，来试图更了解中国，这样的努力同样可以将美国视为感知主体，来了解美国，多年来这种视角使美国学者用一种还原性框架来观察中国，从而受到新闻媒体中的文本与图片的限制。由于新闻透视镜降低了现实的复杂程度并将之变得表面化，而中国所有的例外主义（exceptionalism）、国家认同以及社会建构都比映入眼帘的新闻要丰富得多，因此它无法获得超越头条或单向度文化想象的更为深入的认识。[②] 这就产生了《超越头条里的中国》（China Beyond the Headlines）一书。作者意识到，长期以来，学者和媒体拒绝用其他方式来思考中国，他们只会用一种两级政治复合体的视角去粉饰美式地缘政治观念，使人们缺少对中国的巨大复杂性的认识。

1995年，伊利诺伊大学的八位新闻与传播学者出版《最后的权利》，全方位批判他们的前辈提出的"报刊的四种理论"，用"last rights"一语双关地表现了一种后冷战时代的言说方式，冷战时代已到了进入"临终圣礼"（last rites）的时候，而言论和出版自由将作为"首要的自由"（first freedom）、"持久的权力"（last rights）存在下去。有人说他们只破不立，没有提出新的比较新闻学观点，其实，他们在破掉自由主义的傲慢与偏见

[①] ［美］大卫·亚当斯：《改进大洋两岸的中美新闻报道》，林木译，《国际新闻界》1998年第4期。

[②] Weston, Timothy B. and Jensen, Lionel M. (eds.), *China Beyond the Headlines*, Lanham, MD: Bowman & Littlefield Publishers, Inc., 2000, p. 43.

新闻史 中西新闻比较与认知中国新闻业的文化心态

的同时,树立了全面、客观的自由主义方法,即去掉绝对化、概念化、简单化、意识形态化的划分媒介体制的方式,以多样共存的方式看待各种新闻传播理念与制度实践,既反思集权主义对自由的伤害,又不忽略来自私人部门的对媒介权利的威胁,在辨析媒介的政治性质时,要考察更为根本的经济性质,洞悉媒介成为私人工具的事实。虽然他们的心思不在比较,但还是为比较新闻学注入了新的自由主义思维方式。

此时,在全球化的影响下,单一民族国家不再是比较研究唯一的单元。到1999年,英国学者詹姆斯·卡伦(James Curran)和韩国学者朴明珍(Myung-Jin Park)联合世界各国学者,展开去西方化媒介研究。他们一改传统视角,将世界划分为五类:转型混合式社会、威权新自由主义社会、威权管理型社会、民主新自由主义社会和民主管理型社会,把中国媒体置于转型混合式社会语境下考察,既考虑到政经体系对新闻操作的影响,又顾及专业文化历史发展的同根性。这种研究启发人们,随着国家之间新闻传播体系的全球依赖越来越重要,全球传播流动的影响表现在诸多层面,比较媒介研究也要关注媒介文化的模糊多变性,可以更多地关注文化交换维度,不只是结构维度,诸如在媒介与国家关系中可以考虑媒介内容全球流动与反流动。

然而,西方化的比较思维并未打破,美国学者韦弗(David Hugh Weaver)在20世纪90年代领导的全球记者比较研究就是一个典型的例证。这项研究调查了21个国家的20 280名记者,其中中国样本达到5867份。韦弗得到的总体结论是,国家差异明显驾驭了任何普适性职业规范或价值观,这些差异大多是和政治系统有关,而不是只和新闻组织、新闻教育以及职业规范有关,同时,文化规范和政治价值观对新闻记者的价值观和伦理观也有一定影响。[①] 在新闻界的角色方面,韦弗发现尽快报道新闻的重要性得到高度认同,为人们提供表达意见渠道的重要性认同度一般,提供理性分析和成为政府看门狗的重要性认同度有差异,在提供娱乐和报道准确而客观方面认同度差异很大。但是,这项研究设计的西方化色彩非常明显,在问及职业角色时,对巴西、中国大陆、中国香港、韩国、中国台湾和大西洋群岛发放的问卷几乎完全是从针对美国设计的问卷翻译

---

① Weaver, David Hugh (ed), *The Global Journalist: News People around the World*, Hampton Press Cresskill, NJ. 1998, p.473.

· 109 ·

而来。

世纪之交的技术进步加速了媒介全球化的进程，国际新闻界进入更加多元的交流与互动，人们的兴趣点开始偏向于新闻文化中的普遍性和特殊性，比较新闻学由西方中心主义走向"西方—全球"（The West and the Global）范式。在这一背景下，德国学者托马斯·汉尼茨（Thomas Hanitzsch）觉察到韦弗的西方偏向，认为如果研究者将"职业角色"视为比较的概念，就必须要保证它能够在各个比较对象上具有功能等价性。根据他的设想，比较新闻学必须体现多样性、包容性、开放性，为了做到这一点，他以新闻文化为分析概念，即一套特定的观念和实践集合，记者可以通过它合法地行使他们的社会角色并渲染他们的工作意义。为此，他联合18个国家的学者比较这些国家新闻文化的异同性。为了表现功能等价性，在每一个国家都选择20个新闻机构，按比例抽样出100位在职记者进行访问，20个新闻机构又根据纸质媒体的种类（公民取向和消费取向）和电子媒体的种类（公共媒体、国有媒体或私有频道）来抽取，再从每一个新闻机构中选取5名记者作为调查对象，一般包括三类记者，即来自编辑等级制度中最高层的记者（主编和副主编）、中层记者（高级资深编辑和负责人）以及最低层的记者（如通讯员）。中国记者就在这种功能等价中被纳入新闻文化的多样性比较之中。他们把新闻文化分解为可测量的三个方面，即新闻机构角色认知、新闻的认识论和新闻伦理意识形态。新闻机构角色认知涉及干预主义（记者在多大程度上能够从事特定任务并推广特定价值观）、权力距离（是热衷于挑战权力，还是倾向于将自己视为一个协作性的角色）、市场定位；新闻业的认识论呈现的是两个维度，即客观主义与主观主义的对立（是相信记者可以而且应当将事实与价值观念剥离，还是认为所有的新闻再现都不可避免地经过了筛选并且需要解释），经验论的对立（是强调观察、测量、证据和经历，还是偏向于推论、观点、价值观、意见和分析）；新闻伦理意识形态则包括相对与绝对的对立（是强调伦理选择更多地依赖于情境语境，还是坚持专业伦理的普适化）、高度理想与低度理想的分别（是强调善的结果需要通过"正确的"行为来取得，还是认为为了达成更大的公共利益，伤害有时是必须的）。在这一研究框架下，世界新闻文化呈现散点分布，不再是二元对立。虽然在把中国新闻文化划入非西方新闻文化方面，并未与韦弗的观点产生明显不同，但中国新闻文化已被视为与西方新闻文化发生联系与互动的独特个案,比如中国日益注重消费导向,但权力距离相对较弱;中国记者非常重视向受众提供政治导向,但提供政治导向并不一定与强调公正性相冲突;中国新闻记者也倾向于将他们的职业角色定位为干预主义者,并且在伦理观念上更为灵活。不过,汉尼茨也自认为很难摆脱在新闻领域占主导地位的西方思维方式,特别是在概念和方法上引入的特定的文化偏见,这使得他们并未超越韦弗的西方偏向。

与此同时,中国的新闻改革不可逆转地走向市场化、网络化、全球化,思想也前所未有地向西方世界敞开:一是尝试走进西方新闻媒体,仔细体会媒体碎裂化、分众化、整合化、集团化、巨型化的趋势以及经营全球化的理念,通过对话式交流,了解媒介运作和新闻报道的观念;① 二是全方位分析西方新闻媒体的结构、所有制形式及运行模式、新闻专业主义在市场模式下的困境、媒体做大做强的路径、媒体与民主政治的关系、媒体与公共领域等问题,更加全面地把握西方媒体的观念体系;② 三是探讨全球化背景下中国媒体与西方媒体的关系,在比较中反思社会公器与利润最大化的矛盾、市场选择与政府规制的冲突、境外传媒对中国媒介市场的冲击、中外媒介运作方式的差异等问题,③ 寻找中国媒体的应变之道。

反观西方新闻界,全球化带来的模糊多变性得到了充分的关注。休梅克(Pamela J. Shoemaker)和科恩(Akiba A. Cohen)的一项比较研究发现,不同国家的新闻业有很多相似之处。他们以文化和政治系统差异为指标,选择了10个国家作为比较对象,包括澳大利亚、智利、中国、德国、印度、以色列、约旦、俄罗斯、南非和美国。这样既包括了大国、中等程度国家和小国,也包含了东西方、南北方以及发达国家和发展中国家。研究发现,人们对新闻价值的理解高度一致,共同指向关于运动、国际或国内政治、文化事件、商业、内部秩序或者人情味的事件。然而,人们心目中的新闻价值与实际新闻报道的相关性却很低,更复杂的是,记者个人的新闻价值判断和实际新闻报道之间的相关性出乎意料的低,有时甚至负相

---

① 辜晓进:《走进美国大报》,南方日报出版社2004年版;苏荣才:《对话美国报业总裁》,南方日报出版社2005年版。
② 李良荣等:《当代西方新闻媒体》,复旦大学出版社2003年版。
③ 周伟主编:《媒体前沿报告——一个行业的变革前景和未来走向》,光明日报出版社2002年版。

关，在一定程度上显示出新闻媒体的组织惯例会驾驭记者的个人偏好。休梅克和科恩最后总结说，不同国家记者对新闻价值的判断要比同一城市不同报纸编辑对新闻价值的判断更接近。[①] 由此，比较新闻学开始真正转向相对化、语境化。

七 比较新闻学的去西方化及其晦暗不明的前景

"9·11"之后，全球民主话语被解构，人们质疑新闻业与某一特定政治组织关联的方式，转而开始采纳一种更加包容的、全球政治差异的眼光看待新闻业。越来越多的比较新闻研究发现，英美主导的新闻理论已经被很多国家的新闻实践所挑战。如果想要在去西方化领域有所建树，就必须超越描述性的比较研究，而且研究必须要在全球权力关系中反思自身，反思潜在的规范性假设，重新检验新闻学理论基础。与此相关的是，"西方新闻业"到底存不存在。众多比较研究的概念都是从西方那套自由民主的传统中抽取而来，像客观性、"自由的"报业。这样一方面导致了非洲、亚洲和拉美国家的新闻业往往以他者面目出现，脱离正常建制轨道；另一方面，人们也从不去怀疑规范性的新闻理念。新闻研究理论化过程中往往忽视非西方地区的情境。诸如，近期在西方社会中流行的"参与式新闻转向"和"传统媒体消亡论"，他们认为这一趋势不可避免。然而，正当他们以为媒介注意力和参与度上升的同时，世界另外一些地方的新闻生产者和消费者却由于缺乏接近渠道，无法参与到全球化媒介世界的竞争中。这就表明，研究必须去西方化。[②]

在西方化的视野里，或以了解中国知识为目的，或停留在以消费中国为目的，或以西方为方法研究中国，以西方的标准来评价中国，难以自由地理解中国。日本学者沟口雄三曾经因此提醒人们，要以中国为方法，用相对化的眼光看待中国，并通过中国来进一步充实我们对于其他世界的多元性的认识，同时，以世界为目的，创造出更高层次的世界图

---

① Shoemaker, Pamela J., Cohen, Akiba A., *News Around the World: Content, Practitioners and the Public*, Routledge, 2012, pp. 45 – 89.

② Wasserman, Herman & De Beer, Arnold, S., "Towards De – Westernizing Journalism Studies", In Wahl – Jorgensen, K., &Hanitzsch, T. (eds.), *The Handbook of Journalism Studies*, Routledge, 2009, pp. 428 – 438.

景。比较新闻学从西方化到去西方化,在一定程度上似乎预示了某种美好的前景。

然而,去西方化存在诸多难题。从本意上讲,去西方化(De-Westernizing)是放松西方观念的统治,解构一元论、二元对立论思维,打破在将非西方新闻业他者化之后所建立的西方新闻传播体系的唯一合法性,把中国新闻业和西方新闻业都放置在多样性的全球新闻业中加以考察。这就要求我们进入非西方环境,用"深描"的方法去重构全球新闻业的认识论维度。一方面,要检验那些西方社会认可的真相和知识,另一方面,研究议题本身也应该从全球视野出发。可是,中西新闻比较的历史显示,西方化已成为一种影响深远的历史偏见和概念系统,当我们自身都笼罩在西方新闻传播观念的阴影中时,又如何重构全球新闻业的认识论维度?当我们不能从西方的中西新闻比较视野里认知自我时,又如何能客观地检验那些西方社会认可的真相和知识?当我们全盘拒绝西方新闻传播经验时,当我们陷入封闭的本土化学术圈或者服从西方学术生产的统治时,我们如何获得全球视野?比较是以新闻传播体系的多元化为前提的,而多元化又是以新闻传播主体的充足而开放的发展为条件的,当这一切变得扑朔迷离时,去西方化的中西新闻比较又有什么意义?

尽管这一切还显得晦暗不明,但有一点可以肯定,比较研究是推进中国新闻改革的重要思想动力,它促进中国新闻业的自我意识、自我开放与自我创新,有助于建构国际新闻传播体系之间的对话关系,使我们逐渐习惯于以包容的和辩证的视角去看待全球新闻,而这样的实践正是我们创新中国新闻传播体系、提升国际传播能力的基础。

本文系国家社科重点项目"国家形象建构与跨文化传播的理论创新与路径选择研究"(12AXW006)的阶段性成果。

(单波,武汉大学媒体发展研究中心研究员,广东外语外贸大学云山学者。本文刊载于《学术研究》2005年第1期)

"认识世界"与"改造世界"
——探讨行动传播研究的概念、方法论与研究策略

卜 卫

摘 要：2000年以来，在对发展传播学反思和批判的基础上，逐渐形成了以关注社会公正、注重理论与行动相结合为特征的传播行动主义的学术领域。本文结合中国在地的经验，特别是结合2007年以来的劳工传播研究经验，尝试提出了与此相关的"行动传播研究"的概念，辨析了"传播行动主义"与"行动传播研究"两者的异同，探讨了行动传播研究的特征、方法论和能够促进社会改变的研究策略，并指出了在建构这一新的学术领域时面临的理论和实践方面的挑战。

关键词：行动传播研究 传播行动主义 方法论 研究策略 赋权

"认识世界"与"改造世界"的命题来自马克思的《关于费尔巴哈的提纲》（1845）中第11条："哲学家们只是用不同的方式解释世界，而问题在于改变世界。"传播学大多数研究以研究本身为核心任务，而在多年的田野工作和试验研究的基础上，我们尝试发展了研究与行动并举的或以行动为核心的研究，简称为"行动传播研究"。

2007年，我们开始了一项新的研究项目"边缘群体与媒介赋权——中国流动人口研究"（以下简称为"移民、传播与赋权"）。[①] 边缘群体一般指在政治、经济、社会文化等方面资源相对匮乏的群体。在中国，边缘群体不是少数群体，如生活在联合国贫困线以下的绝对贫困人口有1.5亿，流动人口有2.3亿。边缘群体也是相对的概念，比如相对于男性，妇女边缘；相对于城市人口，农村人口边缘等。这一项目聚焦于边缘群体中的流动人口，其目的是要探索传播在赋权边缘群体流动人口中的作用。

该研究项目源于对1999年以来多国合作的国际互联网研究[②]的讨论与反思。我们认为，传播学研究特别是传播新技术研究容易以国际（主要是欧美国家）流行的"新技术"或"新媒体"等概念及其学术讨论为中心，使我们只看到有关新媒体普及的乐观数据，却遮蔽或偏离了中国社会转型中的本土的核心问题，忽略了研究不同群体如何使用媒体及其赋权的重要议题，对公众特别是边缘群体对媒体的认知及使用过程与推动社会变革的关系缺少实证的和系统的分析。在反思过程中，我们尝试与工人NGO[③]合作或与当地政府机构合作发展了诸多地方传播行动，力图通过对地方传播行动的研究发展关于行动的知识和理论，使研究结果能够有效地应用于社会实践，在推动社会变革中发挥作用，即"改造世界"。

本文在讨论行动传播研究的定义和性质的基础上，以实施六年的研究课题"移民、传播与赋权"为基础，探讨行动传播研究的方法论和能够促进社会改变的研究策略，以阐明行动传播研究的合理性和可能性及其面临的挑战。

---

① 项目全称为"边缘群体与媒介赋权——中国流动人口研究"，简称为"流动人口、传播与赋权"。项目发起人为中国社会科学院新闻与传播研究所研究员卜卫和香港中文大学副教授邱林川。项目组由中国社会科学院新闻与传播研究所、香港中文大学新闻与传播学院以及其他大学的师生和流动工人约20人组成，共20多个分项目，项目周期为2007年至2012年，后延至2013年。

② 国际互联网研究项目于1999年由美国加州大学洛杉矶分校传媒与政策研究中心发起，20多个国家先后参与，每年通过全国性定量调查进行国际比较，以发现国际互联网发展的趋势。卜卫和邱林川当时是国际互联网研究项目的中国组成员。

③ NGO即非政府组织或民间公益组织。在中国，官方话语为"社会组织"。因为工人社会组织容易与工青妇等群团组织相混淆，本文采用了工人NGO指代民间自下而上成立的工人社会组织。

一 探讨行动传播研究的概念

从传播学发展历史看,行动传播研究(笔者英文拟定为 action-oriented communication research)与国际传播研究领域中的传播行动主义研究(Communication Activism Research)非常近似。因此,我们从传播行动主义研究框架出发,进一步讨论行动传播研究的定义和特征。

在这里,本文首先解释三个相互联系的概念:"行动主义""传播行动主义"和"传播行动主义研究"。

关于行动主义(activism)的研究已有很长时间的历史,超过 1000 个研究文献讨论了有关行动主义的理论和实践的议题,包括行动主义的艺术活动、行动主义的社会活动家和民间网络、行动主义的活动主题如流产、艾滋病、反对核武器、动物权利、环境保护、同性恋、种族、宗教、女权主义运动等。[1] 不同的英语词典对"activism"有大同小异的定义,如韦伯词典提供的定义为"一种强调直接行动以支持或反对某一争议性议题的学说或实践"[2],牛津词典的定义则是"使用运动方式推动社会变革的政策或行动"[3] 等。在笔者看来,行动主义首先是一种行动,无论是社会行动还是个人行动,均会以各种各样的行动或运动形式呈现出来;其次,行动主义所涉及的社会变化包括广泛的议题,但大都是有争议的议题,如是否应该支持或反对研制核武器等;再次,行动主义的目标是要带来社会发展方面的某种变化,这种变化被行动主义者认为是正当的、公平的、积极的(对社会发展有益的)和值得争取或必须争取的变化;最后,行动主义者相信行动本身的意义和价值。

---

[1] Lawrence R. Frey and Kevin M. Carragee, "Introduction: Communication Activism as Engaged Scholarship", Edited by Lawrence R. Frey and Kevin M. Carragee, *Communication Activism*, volume two, *Media and performance activism*, Cresskill, New Jersey: Hampton Press, Inc, 2007, p. 3.

[2] 韦伯字典英文原文为:"a doctrine or practice that emphasizes direct vigorous action especially in support of or opposition to one side of a controversial issue"[EB/CD], http://www.merriam-webster.com/dictionary/activism, 2012-8-24.

[3] 牛津字典英文原文为:"the policy or action of using vigorous campaigning to bring about political or social change"[EB/CD], http://oxforddictionaries.com/definition/english/activism, 2012-8-24.

传播行动主义（communication activism）即采用各种传播手段，如大众媒介、新媒介、传统媒介，如墙报、民谣、街头剧，以及其他文化形式来推动社会变化的行动主义。传播手段的革新在行动主义中日益受到重视。行动主义2.0（Activism 2.0）专指网上行动主义，被认为是"适合人们生活习惯的采用社交媒体进行"的行动主义。[1]

根据 Kevin M. Carragee，传播行动主义研究是一种以社会正义（social justice）为主题的，试图回应社会、政治、经济和文化等重大问题的学术领域（scholarship）。[2] 作为一个学术领域，其学术来源可以追溯到应用传播学（applied communication scholarship）。发端于1968年"新奥尔良研究与建设性的发展"会议的应用传播学，鼓励传播研究者回应社会重大问题。[3] 换句话说，这一领域的研究期望在回答社会实际问题方面做出贡献，并在回答这些社会问题的过程中发展有关行动的知识。除了应用传播学，传播行动主义研究的学术来源还包括批判性修辞研究（critical rhetorical studies）、文化研究（cultural studies）、批判理论（critical theory）和参与式行动研究（participatory action research）等。[4] 这一学术领域直接针对当前社会存在的不平等和不公正现象进行研究，与边缘群体一起工作，以通过研究和行动推动社会变化。

Carragee 和 Frey 是传播行动主义研究领域的主要推动者，他们所提出的重要观点之一，是有关第一者视角研究（first-person-perspective studies）和第三者视角研究（third-person-perspective studies）的区分。第三者视角研究指研究者以文化研究或批判性修辞等分析框架去研究个人或

---

[1] Ivie, Kristin, "Millennial Activism: Is it Activism 2.0 or Slacktivism?" *Social Citizens*, Retrieved 18 December 2011 [EB/CD]. http://en.wikipedia.org/wiki/Activism—2.0, 2012-8-24.

[2] Kevin M. Carragee, the Need for Communication Activism Research, paper presented to the International Colloquium on Communication, San Francisco, California, July 2012 [EB/CD]. http://www.icc2012.net/docs/ICC2012-KevinCarragee.pdf, 2012-8-25.

[3] Lawrence R. Frey and Kevin M. Carragee, "Introduction: Communication Activism as Engaged Scholarship", Edited by Lawrence R. Frey and Kevin M. Carragee, Communication Activism, volume two, Media and performance activism, Hampton Press, Inc, 2007, p. 5.

[4] Kevin M. Carragee, the Need for Communication Activism Research, paper presented to the International Colloquium on Communication, San Francisco, California, July 2012 [EB/CD]. http://www.icc2012.net/docs/ICC2012-KevinCarragee.pdf, 2012-8-25.

组织的行动。相反，在第一者视角研究中，研究者不是站在第三者的立场上研究行动，而是与活动家一起工作并参与行动以取得改革目标。Carragee强调，对传播行动主义研究来说，干预/行动本身是必要的但不是充分的条件，它一定要有研究者的参与，即研究者与边缘群体或民间组织一起参与行动/干预以推动社会公正。① 这样，传播行动主义研究似乎排除了第三者视角的研究。

根据 Kevin M. Carragee，传播行动主义研究至少具有如下特征：②

1. 研究主题关注"社会正义"。传播行动主义研究者将研究聚焦于发展中的不平等/不公正现象，通过研究为在经济、政治、社会和文化上缺少资源的边缘群体进行抗争或倡导，以促进社会平等和公正。

2. 理论与实践（行动）相结合。行动传播研究者从实践出发，努力发现、确认和回应发展中的不平等现象，利用其理论知识和洞见在实地开展有效的干预行动，其干预行动又回过头用以检验和发展概念、假设和理论。这一过程构成一个从理论到实践、从实践到理论的循环，以促进生产有效的社会变化和生产关于行动的知识。

3. 与社会中边缘群体建立伙伴关系以共同从事行动。在传播行动主义研究中，传播行动主义研究者学习与在地的边缘群体以及联系边缘群体的民间社会组织或社会活动家（activists）一起工作，讨论不平等或不公正的问题并开展有效的干预行动。

与传播行动主义研究一样，本文提出的行动传播研究首先也是一种学术领域，我们定义为"探讨利用传播手段发展行动以推动社会公正的学术领域"。与传播行动主义研究不同的地方在于，行动传播研究的领域是更为宽泛的以行动为核心的学术领域，它不仅包括第一者视角的研究——研究者参与行动的研究，即以行动推动改变社会并从行动中发展改变社会的知识的研究，也包括第三者视角的研究——即研究者对已有和正在进行的边缘群体传播行动的研究，还包括研究者为促进社会中的某种不公正得

---

① Kevin M. Carragee, the Need for Communication Activism Research, paper presented to the International Colloquium on Communication, San Francisco, California, July 2012 [EB/CD]. http：//www. icc2012. net/docs/ICC2012 - KevinCarragee. pdf, 2012 - 8 - 25.

② 本文根据如下文章进行了概括：Kevin M. Carragee, the Need for Communication Activism Research, paper presented to the International Colloquium on Communication, San Francisco , California, July 2012 [EB/CD]. http：//www. icc2012. net/docs/ICC2012 - KevinCarragee. pdf, 2012 - 8 - 25.

到解决而进行的应用传播学研究,以及为倡导行动而做的研究,比如就流动人口子女上学问题进行调查,之后将调查结果以政策建议书、公开信或内部报告等形式,提交给有关部门,并就此问题与相关部门/社会组织进行对话和社会倡导等,以促成社会改变。第三类研究首先使用第三者视角做研究,之后将其研究结果作为行动建议直接应用于边缘群体的传播实践,或作为政策建议,通过推动对政策法律的审查、修改或重新制定以促进社会改变。

与传播行动主义研究相同,行动传播研究的主要特征也包括:(1)关注"社会公正";(2)理论与实践(行动)相结合;(3)与边缘群体发展合作伙伴关系。其不同点在于,行动传播研究还强调:(4)"研究赋权",即行动传播研究者将研究看作是一种"赋权"(empowerment)的过程或工具,致力于在研究过程中增加研究参与者[①]对传播以及传播权利的认知和增强进行传播的能力,并以此作为研究的重要成果之一。因此,在行动传播研究过程中,会包含诸多种类的教育、培训、交流行动,以唤起边缘群体对现存社会秩序的意识觉醒和批评,使研究成为让沉默者发声的工具,即研究本身将成为促进社会改变的催化剂。

总之,上述具有四个特征的研究,我们称之为行动传播研究。

六年来,定位于行动传播研究,[②] 我们积累了诸多经验和教训。本文将结合我们的课题研究实践,试图从两个层面上回答经常被质询的问题:第一,从理论层面,行动传播研究是客观的吗?如果研究者参与了行动或研究对象也参与了研究,如何理解和保持研究的客观性?第二,从实践层面,发展怎样的研究策略以达到促进社会变化的研究目标?我们对此有何总结和分析?在此基础上,讨论行动传播研究面临的挑战以及我们的回应。

---

① 在非行动传播研究中,这些人被称为"研究对象"。

② 此课题包括20多个分项目。从课题的整体框架看,每个分项目均是为一定的行动服务的,因此,可以说"移民、传播与赋权"课题是行动传播研究。如果将一个分项目从总课题中独立出来,比如对建筑工地的工人媒体使用的研究,研究者本人并没有为此采取任何行动也未研究工人的行动,则不属于行动传播研究。但这个研究在课题框架内,是为了发展工人媒体政策服务的,并且之后会有其他研究者利用此成果发展倡导行动,使之成为一种行动的准备。在这种情况下,置于课题框架内的这个研究,仍是行动传播研究的一部分。

二 关于行动传播研究的方法论

这一部分将从三个方面来回应行动传播研究是否客观的问题：第一，如何理解研究的客观性？第二，如何理解行动传播研究的客观性？第三，在行动传播研究过程中，我们如何在研究中追求客观性？

（一）关于研究的客观性

关于研究的客观性，笔者认同"批判现实主义"的主张。在传播学界对西方新闻客观性的分析中，罗伯特·哈克特和赵月枝曾阐述了批判现实主义的来源和体系，其核心观点概括如下：[1]

1. 与诠释主义不同，批判现实主义强调社会真实是存在着的，独立于观察者及其范畴和概念之外；社会真实是可接近的、可理解的，能够被有意义地描述和解释。

2. 与实证主义不同，批判现实主义承认对真实世界的描述只能通过社会建构的概念来进行，承认知识构成的社会性。这意味着批判现实主义坚持知识是主观和客观、概念和现实相互作用的结果。他们引述莫斯可的分析说明："现实主义把存在看作是由感觉观察和解释实践双向建构而成的。依此观点，现实是由我们看到的和我们如何解释我们所看到的组成的。"[2]

简言之，批判现实主义承认存在着独立于观察者之外的客观事实。观察者所描述和分析的客观事实则是通过研究者建构完成的，影响建构的因素包括价值观、观察视角和知识背景等。在社会科学和人文科学中，几乎不存在没有研究者主观因素介入的客观性研究结果。

那么，我们进一步追问，什么是社会真实或客观事实？如果客观事实都是研究者建构的，那么在研究领域还有没有一个研究客观性的标准或是真理？在这点上，我们同意半根基主义的观点（neorealism or quasi–foundationalism）。知识论上的非根基主义指不存在理论或价值中立的观察和

---

[1] [加]罗伯特·哈克特、赵月枝：《维系民主？：西方政治与新闻客观性》，沈荟、周雨译，清华大学出版社2010年版，第91—93页。

[2] 同上书，第91—92页。

知识；半根基主义则在本体论假设上相信存在独立于人们声称之外的实体，比如云雾缭绕时人们可能看不清山顶，但并不意味着山顶不存在，因而半根基主义要求社会研究要有科学的态度和方法，指出："知识声称应具似真性（plausibility）或得到具有可信度的证据的支持。"[①]

"半根基主义只是强调共识的基础是独立于我们声称的事物而非声称本身的特性。这一点如何可能呢？菲力浦斯（Phillis）认为，虽然没有理论自由的观察，但从不同理论框架出发的观察有重叠的地方，即有些结果是所有观察都会得出的。这种情况往往发生在低层观察（low - level observation）中。比如，两个女孩子牵着手在街上走。在所谓的高层观察（high - level observation）中，来自某些西方社会的人可能做出她们是同性恋者的解释，而在其他一些地方，她们可能会被认为是好姐妹。但不管理论框架如何不同，在低层观察中，我们可以确认两个女孩子牵着手在街上走这样一个事实。因此，我们可以在低层观察中达成共识，并且这种共识的基础是独立于声称的事实。"[②] 在这里，半根基主义区分了两种事实，即低层观察的事实和高层观察的事实。相对来说，对来自低层观察的事实不同的观察者更可能取得共识，高层观察的事实则是观察者以各种理论或分析框架建构的结果。判断一个研究结果是否客观，"应该最终得到独立于我们声称的证据的支持"[③]。对研究者来说，追求研究的客观性就意味着要不断反省"建构"对研究结果的影响。

（二）关于行动传播研究的客观性

应该说，行动传播研究实际上对研究的客观性提出了更严峻的挑战，一旦研究显示出偏差，其行动或实践便立刻能反映出来。

根据前述对研究客观性的认识，我们认为，行动传播研究的客观性指研究要追求以下结果：了解研究对象（农民工群体）实际的真实的生活状况，确定符合项目目标并可有效实行的行动方案并实际实行。要达到这个目的，首先，研究者必须要深入农民工群体的实际生活，在实地通过科

---

① 曹群、魏雁滨：《质化研究的质量：一个半根基主义的观点》，载复旦大学社会发展与公共政策学院社会学系编《复旦社会学论坛（第一辑）》，上海三联书店2005年版，第178页。
② 同上。
③ 同上。

学方法探求有关行动的条件和结果。仅仅依靠在办公室查找资料或套用国外经验，就不能了解真实情况，也就不能做到客观；但同时，研究者要持续不断地反省自己的价值观或观察视角对研究结果的影响，以做出符合实际的判断并在此基础上发展行动方案，以使行动有效。

在行动传播研究中，研究者不可避免地与社区NGO/公众成为长期合作伙伴。这种伙伴关系的最大益处是促使研究者尽可能地接近和理解局内人[①]的社会实际生活。这一点应该说是一般社会科学研究的需要，但对行动传播研究特别重要，因为它直接影响了行动的结果和是否能达到促进改变的目标。一般而言，研究者作为一个外部群体，其生活经验、知识背景和观察视角可能与局内人完全不同，也可能对局内人及其行动存在着一种想当然的成见或误解，因此可能看不到影响行动的重要事实，或即使看到，对事实的理解也可能与局内人存在较大差异。特别是当局内人属于处于社会边缘的脆弱群体的时候，就更需要与他们生活经验完全不同的研究者谨慎地考察其生活情境、他们所遇到的社会问题以及如何认识和处理这些问题，即从局内人的视角来观察和解释其需要解决的问题，以认识行动的目标、条件和结果。但是，这不等于说局内人看到的事实就是最真实的或其对事实的理解就是最正确的，或他们的认识会直接成为行动的依据。研究者的接近和理解局内人的社会生活，是为了发现事实，但所有事实的陈述都是建构的结果，即局内人会从自己的需求、利益和框架出发来强调某种事实的重要性以及提出改变的意图，研究者理解局内人生活的目的不是要将局内人的框架变成自己的框架，而是要在理解其分析框架的基础上，利用自己的相关知识和分析框架，与局内人一起讨论发展或建构在地行动的知识和策略。此外，当地若发生行动改变，在大多数情况下，不仅涉及局内人（在这里是研究的目标群体），也涉及所有利益相关者，比如流动人口聚居区的当地村民、房屋出租者、当地政府相关机构等。研究者和局内人同样需要考虑和讨论利益相关者所强调的事实及其分析框架，来确认行动的合理性和可能性。

---

① 我们采用"局内人"指代所有行动研究的目标群体。相对研究者来说，基于社区的目标群体是局内人。在本课题研究中，特指劳工NGO和流动劳工。

(三) 追求客观性的原则和方法

我们在研究中努力遵循以下原则：

第一，批判性地阅读基层调查数据。在事实层面，要检验：（1）事实数据是否确凿；（2）个人经验、视角、主观动机、价值观以及调查环境对建构事实有何影响；（3）事实的代表性如何。在意见和解释层面，一是要检验被访者表达的意见/解释与其生活环境（包括团体环境）的关系是什么；二是意见/解释的代表性如何。

第二，检验对立的解释。其目的不是要反驳对方，而是要寻找和分析支持对立解释的资料，并做出评述。如果对立解释不能得到有效支持，则增加了自己假设成立的可能性；如果对立解释能得到有效支持，则要继续发现可替代的解释是什么。

第三，寻找反面案例或类别。这些案例和类别可能是个例外，但更有可能会促使我们质疑自己的分类和结论自我反省，考虑研究者与研究参与者的关系对研究结果的影响，并主动对已被建构的事实尝试采用三角测定等。

第四，与研究参与者（NGOs 或社会公众）及相关利益群体不断分享和讨论相关知识、行动经验/教训、研究阶段性结果、利益相关者的行动逻辑及理由等，以保持对知识生产的不断反省。

三 行动传播研究的基本策略

为达到改造世界的目的，我们在研究实践中发展了三种行动传播研究的基本策略：发掘具有重大现实意义的研究问题；在研究设计（过程）中包含赋权；采用参与式行动研究方法等。

（一）采用批判的视角发掘具有重大现实意义的研究问题

行动传播研究的目的是改造社会。但为了改造社会首先要认识社会，而认识社会要从改造社会的需求中提出研究问题。这就需要行动传播研究者去发现社会发展中存在的需要改变的"不公正"，而后就这些"不公正"发掘其背后的社会背景（结构或机制的原因），以从中提出自己的研究问题。

> 全文转载

在制定研究计划初期（2003—2006 年）和实施研究计划时（2007—2011 年），我们持续地讨论：中国社会转型中涌现出哪些有价值的（急迫的和重大的）与传播相关的研究问题。主要途径是在实地与劳工社会组织的成员一起讨论我们以往执行的传播与发展项目，这些项目的主题涉及农村妇女和青少年抗击艾滋病、在流动人口中预防人口拐卖、反对针对妇女和儿童的暴力，以及促进性别平等、健康传播、劳工文化等。我们观察到：第一，从进城劳工的角度看，他们为摆脱贫困进入了陌生的城市，遇到了与他们生活环境有巨大差距的城市环境，这种差距"可以以一个中国人到了美国或其他国家来比喻"[①]。虽然大量农村务工者不是出国，而是国内移民，但他们同国外移民一样，经历了"文化冲击"（culture shock）。第二，处于政治、经济和社会边缘的流动劳工因为进入一个陌生的环境以后遇到身份认同的困惑，难以找到文化认同，更加被边缘化。第三，应该看到，主流政策"融入城市"几乎是一个单方面的过程。即移民劳工需要学习认同城市文化或是一个被同化的过程，而不是一个双方相互认同的过程，这个过程不一定是增权的过程。第四，更重要的是，劳工社会组织开始建设自己的文化和传播系统。对各地工人文化的初步调研引发了我们强烈的研究兴趣，从 2007 年开始，我们通过大约 20 多个课题和行动来探讨如下基本研究问题：

在中国社会转型期，在建构流动议题时，传播扮演了何种角色；在推动社会公正和变革中，传播如何能发挥更大的作用；流动劳工如何使用媒介（包括大众媒介、传统媒介和新媒介）发展劳工文化；这种文化的内容、性质和作用是什么；其发展的原因、过程、动力和社会影响因素是什么；劳工文化如何能挑战边缘化劳工文化的主流文化；劳工文化如何能帮助建立起工人阶级的文化主体性，最终推动社会公正和社会变革——我们认为这是传播学研究在面临中国社会转型时的重大议题之一。

在传播学界，媒介中心或技术中心的研究已经形成了主流。但行动传播研究要采用批判的视角，发展以人为中心的研究。因此，研究的焦点不是媒体或媒体发展，也不是媒体对受众或边缘群体的影响，而是边缘群体如何使用媒介技术以及这种使用对生活的影响或是对社会改变的影响。比如，不识字的年轻女性如何通过电视识字、手机是否能被流动女性用来扫

---

① 根据孙恒对进城打工者文化适应的分析，2008 年 5 月 1 日访谈。

盲和身份认同、QQ 如何能帮助年轻的艾滋病病毒携带者们形成相互支持的网络、山歌如何帮助少数民族预防人口拐卖、女性杂志如何帮助打工妹获得预防艾滋病的知识、信息传播技术如何帮助贫困女性减贫等。在此课题中，我们不是要研究新技术或新媒体对流动工人的影响，而是根据他们的传播实践研究流动工人如何使用媒介改善自己的状况，进而影响媒体和社会。我们聚焦的问题是：什么是工人的适宜媒介技术，什么是当地的传播传统，什么是工人的技术创新以及这些适宜技术和创新带来了何种影响等。这样，以往从未被包括在媒介范围内的传播形式如工人民谣（音乐）、独立影像、网络工人视频、民众戏剧、农村传统戏曲、社区舞蹈、博客、网站、村报、小型杂志、工人 MP3 广播、黑板报、海报等，都进入了我们的研究视野。在工人的传播实践中，其所使用的媒介形式或分类是非固定的：例如工人乐队创作的民谣《想起那一年》等，音乐公司制作成专辑公开发行，建筑工地上可为工友们现场演出，制作成演出视频可在网络上流传，电视台邀请工人歌手演唱并在电视上播出，其歌词、演唱录音和彩铃也被放在工人网站上供大家下载……这些基于民众实践的跨媒介传播还包括"工人 MV""工人 MP3""苗语影像"和"打工春晚视频"或残障团体创造的"非视觉摄影"等。在网上流传的"工人 MV"《流动的心声》，由影像、摄影、音乐、歌曲创作以及视频软件和互联网技术综合而成，旨在表达流动儿童不再漂泊的渴望。

目前在传播学界，新媒介研究似乎更受到关注。在互联网早期普及中，数字鸿沟（Digital Divide）很快成为一个重要的研究主题，但是，很早以来就存在的印刷媒介鸿沟（如农村人大都不读报和杂志等）则很少有人关注。如 Benjamin 指出的，数字鸿沟与其他媒介鸿沟的联系被研究者忽略了，今天的数字鸿沟其实就是昨天的学校计算机鸿沟，上一世纪 50 年代的电视鸿沟，30 年代的收音机鸿沟，以及半个世纪以来的阅读鸿沟。为什么现在我们几乎没有阅读鸿沟的研究？这可能与研究者潜在的意识形态相关：即要研究更有价值的群体和更有价值的媒介，有价值的群体通常不会是农民或底层民众，不会是使用印刷媒介或传统媒介的群体，有价值的媒介也不会是传统媒介，而是更能带来"先进观念""先进技术""强国"和巨大市场以及对主流人群最具影响力的媒介。将"先进""强国"与市场捆绑在一起，建构了所谓的新媒体研究的价值取向以及互联网话语。互联网等新技术被理所当然地当作从外部输入的一种先进力量，

> 全文转载

人们必须或被迫跟上所谓的时代潮流。但一直以来，对"互联网必定推动所有人进步"的前提缺少反省，比如谁会更进步，谁因此会拥有更多的权力，为什么会进步，在什么条件下会进步，以及进步表现在什么方面，是增加了个人的权力还是增加了某些集团的控制，谁定义了"进步"。

"批判研究者与其他取向的研究者的区别不在研究技术上，而在于他们如何切入一个研究问题，他们所追问问题的类型以及他们进行研究的目的。"[①] 对行动传播研究者来说，处于社会不公正情境中的脆弱群体所遇到的问题及其解决问题的需求，就可能发展成为行动传播研究的研究问题，以促进社会改变。

（二）包含赋权的研究过程

行动传播研究本身被看作是一种促进改变的社会实践和增长边缘群体主体性的过程。因此，在研究过程中，赋权自然会被纳入其中。

什么是"赋权"？来自心理学、哲学、工业和动力学等学科的学者已经提供了多种定义和解释。联合国教科文组织则将其定义为学习活动，即"在学习过程中个人或社区能够创造、拥有和分享知识、工具以及技术，以改变他们自己生活的社会环境"[②]。另一则定义则说明赋权是一个过程，在这个过程中，个人或组织可以获得权力、接近各种资源以控制他们自己的生活。为此，他们必须首先获得一定的能力以实现他们个人的抱负和行动目标。[③]

实际上，"赋权"的概念与边缘或脆弱的社会群体有密切联系。社会学上的赋权概念经常指向那些被主流社会边缘化的、被决策层排斥或被歧视的群体，如残障人士、少数族群或女性等。《美国社区心理学杂志》（American Journal of Community Psychology）在 1995 年出版了一期"赋权"专刊，专门讨论了赋权理论及其应用。有学者总结说，"赋权"一般被定

---

① W. Lawrence Neuman, *Social Research Methods: Qualitative and Quantitative Approaches*, Pearson Education, Inc, 2006, p. 102.

② UNESCO. (n. d.). Glossary. Retrieved November 30, 2005 [EB/CD]. http://www.unesco.org/education/educprog/lwf/doc/portfolio/definitions.htm.

③ Robbins, S. P., Chatterjee, P. & Canda, E. R., *Contemporary Human Behavior Theory*, Boston: Allyn & Bacon, 1998, p. 91.

义为一个发生在地方社区的有意识的动态过程。在这个过程中，缺少有价值的资源以及未被社会平等对待的人们，可通过重建相互尊重、批判性反省、关怀和小组参与等手段重新获得接近和控制资源的权力（Cornell Empowerment Group, 1989 in Perkins & Zimmerman, 1995）。Perkins and Zimmerman 建议采用"赋权导向的干预"（empowerment - oriented interventions），以便在实践过程中以提高社区居民的能力来代替对风险因素的考量，以探讨影响社会问题的因素来代替责备受害者，以促进社区居民参与和合作发展知识和技能来代替"权威专家"自上而下的"指导"[①] 等。参考上述关于"赋权"定义的讨论，我们发展了一个相对简化的定义：即"边缘群体重新获得（收回）自己应有的权力和主体性，并发展有效地行使权力的能力的过程"。

根据 Perkins 和 Zimmerman 的研究，赋权理论一定包括过程和结果，且无论过程或结果如何，其赋权都会表现在不同层面上。[②] 这些层面包括：个人层面，即个人在社区组织中的参与程度、个人控制资源的能力、自我认同、自信心和自我价值感以及对生活和环境的控制感等；组织层面，即在组织内部分享集体领导的程度、组织网络的发展及对政策的影响等；社区层面，即个人或组织能否采取集体行动以接近政府资源和社区资源（包括媒介资源）、与其他组织形成联盟以影响社区发展等；政治层面——工人 NGOs 所发展的行动有力量改变社会结构或政策，以促进社会公平。

在赋权的框架中，行动传播研究的研究设计[③]包括四个相互联系的部分："图绘"研究（mapping）、行动研究、能力建设（capacity building）和传播交流。分述如下。

"图绘"研究的目的是为了了解和分析流动工人的媒介使用、信息交流和文化实践，以及影响他们媒介实践的相关政治、经济和社会影响因素。表面上看，"图绘"似乎与"赋权"无关，与其他研究并无不同。但

[①] Perkins. Douglas D & Zimmerman. Marc A, "Empowerment Theory, Research, and Application", *American Journal of Community Psychology*, vol. 23, no. 5, 1995, p. 570.

[②] 同上。

[③] 研究设计始于 2006—2007 年。主要的研究设计者为卜卫、邱林川和美国学者 Kathleen Harford。其中，研究设计的框架和四个组成部分是由 Kathleen Harford 提议，经讨论形成的。2009 年以后，其他研究者陆续参加了研究设计。

实际上,"图绘"的重要内容都与"赋权"紧密相连:(1)"图绘"大众媒介如何建构有关流动的议题及意识形态,其目的是要揭示这种建构对流动人群是增权还是减权,抑或使边缘群体更加边缘化;(2)"图绘"不同流动人口群体(性别、族群、宗教信仰等)的媒介使用及其文化实践,其目的是发掘他们久已存在的使用模型和其内在的传播系统/传统,通过在社区重构其传播传统,帮助建立和发展其主体性,这是赋权的基础,也是赋权的过程;(3)"图绘"劳工社会组织如何进行参与式传播倡导,总结其经验教训,以发展基于在地实践和有利于社会改变的理论,使其成为社会公共知识的一个重要组成部分;(4)进行文化与传播政策研究,以发现"减权"的部分,通过增强边缘群体对话政策的能力,提出新的文化与传播政策,以实现增权。

行动研究通过参与或发起传播行动,来探讨发展劳工文化的条件、动力以及有效传播渠道,探讨建立工人阶级文化主体性的行动方法以及相应的理论(详见研究策略3)。

与其他研究不同,行动传播研究包括"能力建设"。"能力建设"在这里被定义为"促进边缘群体文化传播的行动能力"和"参与社会能力"的过程。其活动的基本形式是举办传播倡导工作坊。与各类社会组织合作,我们在多个项目点组织了60多个工作坊,包括工人影像培训、工人读报兴趣小组、留守儿童或流动儿童记者媒介参与工作坊、"反对以劳动剥削为目的的人口拐卖"音乐创作工作坊等。我们也参与了工人团体举办的劳动文化论坛、新工人文化艺术节、"打工春晚"等重要活动。"能力建设"的重要性不仅在于提供一个平台交流经验和提高传播能力,更在于这同时也是一个集体建构知识和生产知识的过程。

通常一项研究到成果出版的阶段也就完成了,但行动传播研究还要包含关于研究成果的"传播交流"过程。经验表明,至少有四种途径可用来交流和推广研究理论与行动模式。

针对学术界,我们通过参加国际和国内研讨会并出版论著或论文增加传播与社会发展领域的知识,并促进其议题在学术界"可见"和讨论,以改变现有的传播学知识结构。

针对研究参与者,我们采用"论文工作坊"的形式,即将我们的研究结果以通俗易懂的形式向研究参与者进行宣读汇报并展开讨论。此举一方面可以重新检验研究理论和行动模式以及激发新的研究想法；另一方面，可以促进这些经过检验的理论和行动模式成为一种可接受的赋权方式，使其在推动社会变革中发挥作用。

针对政策制定者或大众媒介，我们在政策研究和促进双方对话的基础上，采用倡导或游说的方式，发展支持工人文化和媒介的政策和行动指南。

针对社会公众，我们通过大众媒介、工人团体的另类媒介以及其他渠道，传播其研究成果，以促进公共领域的文化讨论和建立工人文化的主体性。如2012年5月31日，我们联合十家公益机构联合举办了"关注困境儿童"的倡导发布会，就帮助困境儿童的"赋权"和"慈善"模式等公共议题进行了公开讨论。

以上四种途径中，第二种"论文工作坊"、第三种"政策倡导"和第四种"社会传播"，被我们看作是改造社会的重要组成部分。通过这三种途径，我们与工人群体或组织、与相关政府部门和社会公众建立了联系，以便能够就劳工与传播议题进行对话和发展新的行动。社会学领域已经发展了"公共（或公众）社会学"，即"将社会学带入与公众的对话中"，追求社会学家和公众的"双向交流"和"相互教育"，使原本看来是"私人"的现象或学问变成"公共的"和"可见的"。"有机的公共社会学"（organic public sociology）的学者常常与劳工运动或其他权利团体等共同工作，这种共同工作（如讨论命名等）将会创造聆听和讨论社会问题的"公众"，同时，"我们可以将我们自己也建构为一个在政治场域中行动的公众"[①]。创造了公众，同时也创造了行动的社会学家的公共社会学，由于提供了改造社会的动力和力量，包括理性、公共辩论、知识和行动方法，因此比一般的采纳某种建议或行动的"改造"更具有社会意义。传播学领域还未有"公共传播学"，尽管在历史上公众参与过讨论诸如"绿坝""实名制"等重要议题，但未能发展成学界与公众的"双向交流"和"相互教育"，这类似于Bumway指出的"传统公共社会学"，而非"有机的公共社会学"。由于文化、媒介等议题广泛地渗透于人们的社会生活中，我们认为，作为促进改造社会的一个组成部分，公共传播学的功能特

---

① ［美］麦克·布洛维：《麦克·布洛维论文精选——公共社会学》，沈原等译，社会科学文献出版社2007年版，第10—14页。

别值得注意。正如布洛维所说："社会学家必须锻造他们自身与社会的联结，也就是说，去发展公共社会学。我们不能仅仅消极地去服务社会，而应当去保存及建构社会。"①

总的看来，促进个人层面的赋权大都靠能力建设、"图绘"研究、行动研究和公共的传播交流，这更有益于社区层面和政治层面的赋权。

（三）采用互动参与的行动研究方法

行动研究起源于社会心理学等学科。心理学家 Kurt Lewin 在 1944 年提出了行动研究（Action Research）的概念，并于 1946 年发表了"行动研究与少数群体问题"的论文。他将行动研究看作是一种比较研究，即比较各种形式的社会行动的条件与结果，其目的是更好促进社会改变。② 行动研究在社会科学界被看作是一种"理性的社会管理"或"技术理性"，是一种以社会实验来回应主要社会问题的过程，并在其过程中通过反思不断产生新的知识和有效的行动方法。行动研究过程通常被概括为一种循环过程：（1）问题陈述与界定（需求评估或需求研究）；（2）寻求和发展合作伙伴关系；（3）拟定计划和可能的行动策略；（4）采取行动；（5）对行动进行评估；（6）根据评估改善计划和行动策略；（7）继续采取行动……与非行动研究相比，行动研究最显著的特征是它的应用性。行动研究将集中力量通过解决实际问题以促进社会改变，并在此基础上发展有关行动的知识和理论。行动研究通常在教育、护理、企业组织等领域中实施。这类为促进社会改变进行行动的研究，我们称之为 Action - oriented research initiative。如果以行动为中心做研究，那么，这类研究大都需要研究对象不同程度的参与，因为改变最终是研究对象行动的结果。所以，行动研究的学者非常重视研究对象的参与。

参与研究则起源于不发达国家的社区发展实践。"参与研究的三个典

---

① ［美］麦克·布洛维：《麦克·布洛维论文精选——公共社会学》，沈原等译，社会科学文献出版社 2007 年版，第 10—72 页。

② Masters, J. (1995), "The History of Action Research" in I. Hughes (ed) *Action Research Electronic Reader*, The University of Sydney, on - line ［EB/CD］. http: //www. behs. cchs. usyd. edu. au/arow/Reader/rmasters. htm, 2012 - 8 - 25. Action Research ［EB/CD］. http: //en. wikipe - dia_ org/wiki/Action - research, 2012 - 7 - 24.

型特征使之与一般研究区别开来：所有研究参与者共享研究计划的所有权；对社会问题进行基于社区的分析和具有社区行动的倾向"[1]，其背景是对资源和权力分配不平等现象的关注。[2] 在一般的研究中，被边缘化的群体通常作为研究对象，但在参与研究中，他们是研究的主体。[3] 他们试图通过参与式研究，重审自己的知识和生活经验，并获得新知识、信息和技术，以增进对现状的深入理解并确认自己所拥有知识的价值，建立自信和发展主体性，以有效地控制自己的生活和改变生活现状。在参与研究过程中，边缘群体为改变自身的处境提出研究问题，就研究问题实施社区调查，根据调查结果发展行动，对行动效果进行评估……其研究结果会直接导致社区问题的解决，即"通过建构和利用他们自己的知识使处于底层的人们获得权利"[4]。可以看出，这类研究虽然被冠名为"参与"，其实不是指边缘群体来参与他人主导的研究，而是直接作为行动研究者来进行研究。对这种边缘群体作为行动研究者的研究，一般概括为由当地人为当地人所做的研究。

参与式行动研究可看作是参与式研究与行动研究的集合。[5] 但笔者认为，这种集合不是也不可能是参与研究与行动研究的简单相加。根据以上定义，参与式研究的研究者来自边缘群体，而行动研究的研究者则是经过研究训练的有一定专业背景的学者。那么，参与式行动研究究竟是学者来做还是边缘群体自己来做？我们暂且放过这个问题，而尝试回答另一个问题，即为什么要有边缘群体作为行动研究者的研究对象？与其他非参与式研究相比，参与式研究具有何种优势？这种优势是否不可替代？从上述对参与式研究的概括可以看出，"参与式行动研究的优势在于不仅会产生对人们直接有用的知识和行动，还可通过建构边缘群体

---

[1] ［美］斯蒂芬·凯米斯、罗宾·麦克塔格特：《参与式行动研究》，载［美］诺曼·K.邓津等《定性研究：策略与艺术》，风笑天等译，重庆大学出版社2007年版，第606页。

[2] ［澳］利亚姆帕特唐、艾子：《质性研究方法：健康及相关专业研究指南》，郑显兰等译，重庆大学出版社2009年版，第152—153页。

[3] 同上书，第151页。

[4] 同上书，第139页。

[5] 同上书，第152页。

> 全文转载

的知识和行动经验而使之赋权"[①]。我们的研究实践表明,非参与式研究,即并非由边缘群体直接做研究,也可达到用于行动的知识生产和赋权的目的,并且,还有可能结合学者的经验和理论,增加边缘群体关于行动的知识,扩展边缘群体行动的视野。实际上,在课题实施时,我们遇到了"参与研究"与"行动研究"不同的"集合"。如果研究是为了改变社会,"参与式研究"的要义就在于:(1)研究问题是否是当地人提出和界定的,即当地人是否需要这个研究?(2)在研究中当地人的视角、观点、经验和地方知识是否受到重视和考虑?(3)在研究过程中,当地人是否能有效地介入并作为研究伙伴或咨询角色参与讨论?(4)研究结果是否是能服务于当地人或社区改变?是否能够发现改变的途径和行动方法?因此,参与式行动研究的关键不在于谁来做研究,而在于是否能通过研究产生有效的行动和"赋权"边缘群体。经验表明,比较理想的方式是一种互动参与研究——研究者和工人 NGO/工人的相互参与,使学者与边缘群体能够分享其不同背景的知识和行动经验:边缘群体或 NGO 可提供在社区行动中已拥有的大量的地方知识和经验,学者则可带来超越地方知识的理论和行动经验,双方可一起分析行动的可能性,提出并实施和评估新的行动。

四 结语

在长期田野工作和试验研究的基础上,本文尝试建构一种新的学术领域——行动传播研究。在理论方面,行动传播研究的概念、方法论和研究策略是其最基础的部分,但仍有诸多重要的问题需要澄清,如行动传播研究的理论资源、行动传播研究的核心概念和中心问题,等等。在实践方面,行动传播研究也面临着诸多挑战,比如,研究者如何学习与边缘群体一起工作。我们认为,通过研究达到改造社会的目的非常不易,研究人员为此要做出特别的努力。这些努力至少包括:

第一,要在研究实践中不断学习平衡"行动者"与"学者"的角色。行动者角色要求研究人员扎根社区,深入实际生活,学习从当地人的视角

---

① [澳]利亚姆帕特唐、艾子:《质性研究方法:健康及相关专业研究指南》,郑显兰等译,重庆大学出版社 2009 年版,第 150—152 页。

观察问题和理解行动的意义,参与行动并在行动中发挥重要作用;"学者"角色则要求研究人员超越当前的社区经验,尝试与其宏观和微观的历史发展、与外部世界的理论/知识资源、与外部世界类似或相反的经验建立起联系,以专业水准做出自己的分析,并将这种联系及其洞见提供给行动者。

第二,研究人员要有真诚奉献的精神,能与当地人合作,且有一定的行动能力和传播技能。在研究实践中,研究人员应与利益相关者形成团队,以促进集体知识生产。

第三,对研究有一定的反省能力,包括对方法论和研究方法有比较深入的认识,在研究实践中能灵活有效地使用特定的研究方法来解决研究问题。研究情境同时也是流动的,而参与式行动研究会增加情境的不确定性。如果没有一定的反省能力,就无法选择适合的研究方法和行动方法达到研究的目的,致使参与式行动研究在一些情况下变成单纯的"行动",而缺少研究的"行动"可能是盲目的和缺少效果的行动。在行动传播研究中,对参与的深度和广度、行动的理论和方法的适切性、研究的严谨与客观、对研究者与研究参与者的权力关系等都需要不断保持着反省状态。

第四,要敏锐地处理有关研究伦理的议题。行动传播研究通常触及社会不公问题,可能有更多机会与边缘群体发生关系。研究要确保尊重和不伤害研究参与者,同时让研究参与者受惠其中。研究需要评估研究参与者的风险,并在保障研究参与者安全的前提下,讨论进行科学研究的可能性和局限性。

(卜卫:中国社会科学院新闻与传播研究所研究员。本文刊载于《新闻与传播研究》2014年第12期)

大数据与"被遗忘权"

吴 飞　傅正科

摘　要：对个人信息自主性的保护已经成为当今社会的主流思想，因为如此方能真正保障个人的正常生活。隐私权正是在这样的理念下逐渐发展并受到社会广泛认同的。个人不受他人的干扰，可以决定谁拥有权利获知自己的某些私人信息，这是每个人自主权得到尊重的基本理念。但数字化记忆的可访问性、持久性、全面性以及由此所形成的"凝视"给人类带来了严重挑战，人类日常生活面临数字化时间与空间双重维度的介入，这种介入导致了隐私不保时代的真正来临。"被遗忘权"的提出虽然在一定程度上为化解这样的数字异化提供了一种解决之道，但仍然存在较大的漏洞。

关键词：大数据　圆形监狱　时间凝视　被遗忘权　隐私权　个人信息自主权

　　如今，媒体上越来越多地充斥着各种闲谈与丑闻，偷窥、暗访已经成为媒体最习以为常的吸引眼球的手段。不少人认为这类信息具有冒犯性，应该被禁止。法学家塞缪尔·D.沃伦和路易斯·D.布兰代斯在1890年建议制定相关方面的法律，保护个人隐私权。如今隐私权的保护已经深入人心，许多人认为，过分刺探公众人物的生活和其他人的生活并非善举，何况许多信息与公共利益和公众兴趣无关。

　　新媒体的迅速发展一方面解放了普通大众的传播权利，另一方面又带来了许多新的问题，个人隐私权的保护就面临严重的挑战。如《体育画报》泳装模特耶西卡（Yesica Toscanini）醉酒后与朋友拍了一张衣着不得体的照片，后来，这张照片被传到了网上。她为此起诉了雅虎，要求它删除照片，结果她胜诉了。

一 大数据时代的挑战

2014年7月21日,CNNIC发布的第34次《中国互联网络发展状况统计报告》显示,截至2014年6月,中国网民规模达6.32亿,其中,手机网民规模5.27亿,互联网普及率达到46.9%。新华社发布消息称,从对中国最有影响的10家网站统计看,网民每天发表的论坛帖文和新闻评论达300多万条,微博每天发布和转发的信息超过2亿条[1]。有统计表明,Facebook每天更新的照片量超过1000万张,每天人们在网站上点击"喜欢"(Like)按钮或者写评论大约有30亿次。YouTube每月接待多达8亿的访客,平均每一秒钟就会有一段时长在一小时以上的视频上传。Twitter上的信息量几乎每年翻一番,每天都会发布超过4亿条微博。其实,有关我们生活的点点滴滴都正逐渐变成数据存贮云端,大数据时代[2]就这样来临了。合理利用和分析大数据,使人类掌握城市、交通、医疗、民生等方面的情况更精确,甚至可能通过数据分析而洞察未来的变化,这无疑会极大地造福人类。

数字技术的发展与"云"的出现为人类生活打开了一扇方便快捷之门,甚至更为开放的社会也由此拉开了序幕。不过,所有的技术变革都是双刃剑,我们既要看到其革命性的积极成果,也要看到由此引发的危机,无所不在的数字摄取工具、精准的地理定位系统、云存贮和云计算又将人们推进一个透明的时空之中。数字技术存在异化的可能,人们也许会被自己创造的技术奴役。

当我们使用数字设备的时候,行为信息被转化为数字碎片,经由算法,这些碎片将还原出与现实相对应的数据化个体,由此每个人都在数字

---

[1] 中国互联网络信息中心:《中国互联网络发展状况统计报告》[EB/CD], http://www.cnnic.net.cn/hlwfzyj/hlwxzbg/hlwtjbg/201403/P020140305346585959798.pdf, 2015-1-20。

[2] 关于大数据,目前尚没有一个公认的定义。一般认为,大数据有如下三个特征:(1)数量(volume)大,根据HDC研究报告,未来10年全球数据量将以40%多的速度增长,2020年全球数据量将达到35ZB(35 000 000PB),为2009年(0.8ZB)的44倍;(2)时效性(velocity)要求高,数据被创建和移动的速度快;(3)种类(variety)和来源多样化,包括结构化/半结构化/非结构化、关系数据库/数据仓库/互联网网页等数据类型。杨正洪:《智慧城市——大数据、物联网和云计算之应用》,清华大学出版社2014年版,第14页。

> 全文转载

空间中被"凝视"着。美国著名计算机专家迪博德（John Diebold）曾分析说，当你在银行存钱、提款的时候，你留下的信息绝不仅仅是一笔银行交易，其实你还告诉了银行某一时刻你所处的地理位置。这些信息很可能会成为你其他行为的解释，从而透露你的隐私。例如，如果这个提款记录和你当天的通讯、消费、旅行等其他数据记录整合起来，你当天的行踪和行为就不会有太多的秘密可言。迪博德进一步总结说，在信息时代，计算机内的每一个数据或字节都是构成一个人隐私的血肉。信息加总和数据整合对隐私的穿透力不仅仅是"1 + 1 = 2"的，很多时候是大于2的。[①]

  圆形监狱以数据库为其囚禁数据化个体的空间，而算法则是对其中的个体进行凝视的目光，数据空间中的每个个体都无法逃离其凝视。就大数据的算法，face.stat.com创立者基于自己数据挖掘的过程进行了分析。该网站的主要特色是用户可以上传自己的照片，并且浏览和评判他人的照片。创立者在照片下设置了系列问题，诸如：你觉得我有多大？如果你是保安，你会检查我吗？你觉得我聪明吗？你觉得我是否能打得过一只中等大小的狗？你觉得我整过容吗？你觉得我是否值得信任？你觉得我是否聪明？你觉得我是否有才华？你觉得我是否年轻？你觉得我是否富有？等等。创始人在使用中找到了一些有趣的关联信息，例如：女人比男人看起来更聪明；女人更有可能打得过一条狗；女人更有可能被雇佣为保安等。人们常用的评论词频通过counts与sort两个命令即可完成检索。研究者指出，当FaceStat的用户描述标签时，可以看出人们对特定类型群体的情感与反应。美国外交关系委员会兼职高级研究员理查德·福肯瑞斯曾指出，Gmail具备联络跟踪功能，这个功能已与谷歌管理数字照片的免费产品Picasa整合。Picasa具备标签功能，可以告诉谷歌照片在哪里及何时拍摄，此外还具备一个先进的面部识别功能，谷歌可以通过认出一张照片中的某个人，识别用户数字照片库中这个人的所有照片。仅仅将这三种服务与谷歌的核心搜索功能整合，就能让谷歌在互联网上的几乎任何一张数字照片中找到此人，从而获知用户出现在哪里、什么时候、和谁在一起以及做什么。如果把YouTube加入进来，或者安卓手机，或者谷歌开发或收购的其他任何数据库，其结果会让人大吃一惊。《基督教科学箴言报》曾报道了卡内基梅隆大学数据隐私专家的观点：即使没有姓名、没有社会安全号，

[①] 涂子沛：《大数据》，广西师范大学出版社2012年版，第162页。

只要通过性别、生日和邮编这三个数据项，数据挖掘的技术就能够成功识别全美87%的人口。

数据本身的特性使得数字化的凝视除在空间上囊括所有的个体，同时还带上了时间的维度。维克托提出了"数字化记忆发展四大驱动力"的观点：数字化、廉价的存储器、易于提取、全球性覆盖。其中的易于提取性使得个体在时间向度上留下的数据痕迹都将永久保留。全国人大代表叶青2011年3月12日在做客正义网直播访谈节目时谈到，个人信息一旦发布到网络上，可能其终身所有东西都会永久留在上面，覆水难收。个人信息的外露可能会遭到某一方或者某一人的"攻击"，一方面是无中生有的，另一方面则会对其真实的负面信息进行炒作。互联网不会遗忘从鸡毛蒜皮的小事到所谓的人生大事，通过搜索引擎，关于个人的信息在N多年之后仍然很容易被搜索到，其中一些可能会让当事人感到羞愧、尴尬乃至愤怒。叶青举例说比如他要升职的时候，大家就把他过去所有的东西都摆出来。一件很小的事情可能就会对他产生很大的影响。那时候登记的那些信息并不是不真实的，但是，人在一生中会发生很多的变化，那些信息可能是他青春时期的，他不希望跟现在关联起来，他的那些信息可不可以被遗忘掉？

数据在时间与空间两个维度上的凝视使得个体在数字空间这一公共平台上的当下与过往均无法被抹去。你不知道究竟在什么时候那些监视者会对你发出警告，这倒颇有法国大革命时期的意味，大革命关注的核心就是：防止人们干坏事，驱散他们想要干坏事的念头。换言之，让人们处于不能和不愿的状态[1]。安德鲁·费尔德玛（Andrew Feldmar）生活在温哥华，他是一位六十多岁的心理咨询师。2006年的某一天，一位朋友从西雅图国际机场赶过来，费尔德玛打算穿过美国与加拿大的边境去接他。但是这一次，边境卫兵用互联网的搜索引擎查询了一下费尔德玛。搜索结果显示，费尔德玛在2001年为一本交叉学科杂志所写的一篇文章中提到自己在20世纪60年代曾服用过致幻剂LSD。因此，费尔德玛被扣留了4个小时，期间被采了指纹，之后还签署了一份声明，内容是他在大约40年前曾服用过致幻剂，而且不准再进入美国境内。安德鲁·费尔德玛是一位没有犯罪记录、拥有学识的专业人员，他知道当年服用致幻剂确实违反了

---

[1] 包亚明：《福柯访谈录》，上海人民出版社1997年版，第157页。

法律，但他坚称自 1974 年以来就一直没再服用，那是他生命中一段早已远去的时光，一个他认为已被社会遗忘了很久、与现在的他完全不相干的过错。但是，数字技术已经让社会丧失了遗忘的能力，取而代之的则是完善的记忆。虽然年近七十的安德鲁·费尔德玛未曾在互联网上主动披露关于自己的信息，但他怎么会想到，自己曾经发表过的一篇文章居然成为限制他行动的证据。对他而言，"成为数字化记忆的受害者完全是一个可怕的突然袭击"。

在这样的时代，难免会产生一种恐惧，大数据时代源自空间与时间两个维度的凝视让我们无处可逃。维克托·迈尔－舍恩伯格教授分析说，数字化记忆具有三个特征：可访问性、持久性、全面性。这便意味着在信息权力与时间的交会处，永久的记忆创造了空间和时间圆形监狱的"幽灵"。完整的数字化记忆摧毁了历史，损害了我们判断和及时行动的能力，让我们无助地徘徊在两个同样让人不安的选择之间：是选择永久的过去，还是被忽视的现在。数字空间既是实在的，也是虚拟的。说是实在的，是因为我们每一个人的言论、行为甚至心理活动都是真实的存在；说是虚拟的，是因为这些数据会存在于云端，它们呈碎片化、无组织的形态，连我们自己都不知道它们在何处。但通过特定的算法，各种机构却有可能完整地获得这些数据。对这些机构而言，我们的数据是完全敞开的，它们可以监视我们的一举一动、一思一感。我们所寄希望获得保护的个人隐私就这样毫无保留地呈现于权力机构之眼中。怎么办？

二 "删帖运动"与"被遗忘权"的提出

2013 年 4 月，英国《卫报》发表了关于"我能删帖吗"的争论文章，文章描述了欧洲围绕"被遗忘权"掀起的网络数据保护运动。文章称，越来越多的网络用户要求博客服务商和网站删除内容，比如有损害或过时的个人信息，还有让人难堪的照片。《卫报》的文章介绍说，隐私权游说团体 Big Brother Watch 在 2013 年 2 月发布的一项调查称，68% 的英国民众对自己在网络上的隐私感到担忧，其中 22% 的被调查者表示"非常担忧"。《卫报》的读者调查表明，个人数据和隐私信息在互联网上可能由于多种原因被泄露：一是难以注销社交媒体网站账户，难以确保网站上的所有数据被删除；二是使用 Google 搜索自己的个人信息时，一些过时的、有失偏颇的或者不正确的搜索结果排在靠前位置;三是缺乏控制其他用户发布含有自己信息图片的方法;四是网络跟踪软件会监控用户网络的使用情况,并得到个人网络活动习惯的全貌。删帖运动可被看作个体为确保自主性,对数字空间中权力的凝视进行抵抗的表征。

2012年1月25日,欧洲议会和理事会公布了《关于涉及个人数据处理的个人保护以及此类数据自由流动的第2012/72、73号草案》(以下简称《2012年欧盟草案》),对1995年出台的《关于涉及个人数据处理的个人保护以及此类数据自由流动的第95/46/EC号指令》进行修订。《2012年欧盟草案》中最具争议性的议案是提出数据主体应享有"被遗忘权"(right to be forgotten)。欧盟将"被遗忘权"定义为:数据主体有权要求数据控制者永久删除有关数据主体的个人数据,有权被互联网所遗忘,除非数据的保留有合法的理由。有学者将"被遗忘权"定义为:如果一个人不再想让他的个人信息被信息控制者加工或者存储,并且如果没有保持这些信息的合法基础,这些数据应该从他们的系统中删除。因此,"被遗忘权"也被称为"删除的权利"(the right to erasure),这一权利对于那些网络用户控制谁能获取他们的个人信息至关重要。根据《2012年欧盟草案》,个人数据被广义地界定为"任何与一个信息主体有关的信息"。信息主体提出要求后,网站操作者被要求"不加延迟地实施删除",除非对数据的保存为践行欧盟成员国的法律规定的"言论自由"所必需。欧盟负责基本权利和公民权利的司法专员维维亚娜·雷丁(Viviane Reding)于2012年1月22日宣称,欧盟委员会提议将创建一项全新的隐私权——"被遗忘权"。

所谓的"被遗忘权"就是允许当事人删除自己或他人放置到互联网上的关于自己的令人尴尬的照片或者数据信息。根据欧盟提案,这一权利被定义为"个人有权利使它们的个人信息……被删除,当已经没有保存它们的正当理由时"。这一权利延伸至所有人的个人信息,而不仅仅是犯罪者的犯罪前科。根据欧盟提案,在以下四种条件下,权利主体有权要求信息控制者删除与其有关的所有信息或停止此类信息的进一步传播:(1)此类信息已没有被收集或处理的必要;(2)权利主体通过声明或行动表示不再允许其信息为实现一个或多个具体目的被收集,或被收集的信息存储期已过且法律上已没有处理该信息的必要性;(3)权利主体根据自身情况在任何时候都可以反对其个人信息的收集和处理,除非对该信息的处理对于维护信息主体的基本权利至关重要，或是为了保护公共利益所必需的，或属于信息控制者既定的官方权利范围之内，或信息收集者对该个人信息的处理有着超越保护个人信息自由的无可抗拒的立场；(4) 对权利主体个人信息的处理违反个人信息保护的改革方案（欧盟个人信息保护的改革方案）。

2014年5月，谷歌在欧洲一宗关于数据隐私限制的重要案件庭审中败北，这令该公司有责任在特定情况下删除搜索引擎上会显示的个人信息。这一案件源自一名西班牙公民的投诉，这位西班牙公民要求谷歌删除与他的住房有关的链接——他的房屋由于未能支付税款而遭到拍卖。西班牙最高法庭做出了有利于这一投诉的判决。而谷歌却辩称该公司没有责任删除在其他网站上合法发布的信息，并拒绝删除相关内容。出于这个原因，西班牙最高法庭将该案提交给欧洲法院。欧洲法院的法官认为，谷歌在处理其服务器上的数据时扮演的是"监控者"的角色。他们还认为，"搜索引擎的业务活动是对网页出版商业务活动的补充，对于隐私权和个人数据的保护权等基本权利 都有可能产生重大影响"①。2014年11月27日，欧盟委员会又要求谷歌将"被遗忘权"延伸至全球，也就是说全球用户都有权要求谷歌删除其搜索数据库中"不相关、不吻合、不正确"的搜索项目。代表欧盟的隐私监管机构——欧盟数据保护工作组（Article Data Protection Working Party）负责人伊莎贝尔·法尔奎-佩隆迪（Isabelle Falque-Pierrotin）表示："根据我们正在进行的法律分析来看，谷歌所有搜索站点，包括.com，都要遵守'被遗忘权'。"欧洲法院法官的看法似乎是认可了欧盟公民拥有在互联网上"被遗忘权"的观点，而欧盟委员会曾认为有必要在法律中明确引入这一权利。面对这一困局，谷歌当然不希望妥协，因为谷歌董事长施密特曾表示，"被遗忘权"没有必要延伸至美国站点。

有学者认为："'被遗忘权'已经被认为是一项法定权利，而且是一种值得受到法定保护的价值或利益。这一权利被归类为一种隐私主张，即使它被应用于至少在某种程度上公开的信息。它代表着'信息的自我决定'和以控制为基础的隐私定义，并且试图将个人信息从公共领域转移

---

① 邵国松：《"被遗忘权"个人信息保护的新问题及对策》，《南京社会科学》2013年第2期。

到私人领域。"这一权利暗示着个人对自己的信息的控制权。"个人决定这些信息将会怎样,并且即使'离开其掌控'也保持着对它的控制。"但这并不单纯只是一个私人问题,还牵涉到对公、私与公共性的考量。不同国家对隐私、言论自由、国家安全等基本理念的不同,使得"被遗忘权"在实践过程中遭遇了挑战。

三 "被遗忘权"必须面对质疑

(一) 当"被遗忘权"遭遇言论自由

就"被遗忘权"而言,在司法实践中有两种态度:第一种认为,当言论从私人领域进入公共领域,个体可以保护隐私权为名,用"被遗忘权"删除自己的言论,从而保护个体的言论自由;第二种认为,言论一旦进入公共领域,就与私人领域无关,即便个体要使用"被遗忘权"保护自己,也与隐私权毫无关系,因此,坚持"被遗忘权"不利于保护言论自由。

欧洲倾向于第一种态度。欧洲推出的法律规定所强调的理念是:他人发布的真实信息与本人发布图片后由他人复制,其删除请求是一致的,两者均包含于个人数据的界定之中,即"任何与我相关的信息",无论其来源,当事人均可以提出删除要求。至于举证责任,则由第三方承担,第三方必须证明该信息是出于新闻、文学艺术实践的目的。

美国则坚持第二种态度。对美国人来说,"被遗忘权"除了与宪法第一修正案冲突外,也与美国传统的司法实践相冲突。如2010年末,哈维·库尔茨(Harvey Purtz)向施里尼·华森(Rajesh Srinivasan)提起了一个小额赔偿诉讼,理由是华森使他和妻子遭受故意精神伤害,因为对方拒绝从《加利福尼亚日报》(*Daily Californian*)的在线档案中删除关于其儿子克里斯·库尔茨(Chris Purtz)的一篇文章。这篇四年多前的文章详细报道了在旧金山的脱衣舞俱乐部,克里斯·库尔茨醉酒后与员工冲突的事实。那次事件之后,克里斯·库尔茨就在加州大学伯克利分校球队暂停比赛,最终因个人原因于2007年2月离开球队,2010年去世。克里斯·库尔茨死后一个月,其父哈维·库尔茨联系了《加利福尼亚日报》,要求其从在线档案中删除关于他儿子死亡的那篇文章,华森以文章没有达到公司规定的撤销资格而拒绝从数据库中删除。哈维·库尔茨为此提起了7500美元的赔偿请求。但法院没有支持库尔茨的主张。法官认为，虽然库尔茨遭受了丧子之痛，但这并不能成为要求华森删除文章的合法请求。透过这一案例，美国人似乎向世人表明，"被遗忘权"不等于有权抹杀整个历史，对于最新提议的"被遗忘权"，媒体的报道同样是要消除人们的顾虑，即它对言论自由的影响。一直以来，美国法律都主张已经公开的信息不能再回到私密状态。"被遗忘权"是否真的是一种隐私权？因为隐私涉及的是那些没有公开的信息。相反的，"被遗忘权"是通过不再允许第三人获取这样的信息，将一定时期内的公共信息转向私人信息。

在美国，出版某人的犯罪史是受到宪法第一修正案的保护的。两个德国人因谋杀一位著名演员而锒铛入狱，他们试图从该演员的维基百科词条中抹除自己的犯罪史，遭到维基百科的抵制。有学者明确指出：欧洲人相信政府，不相信市场，而美国人的态度恰巧与此相反。因为美国的宪法第一修正案为媒体的言论自由提供了非常强有力的保护。个人隐私权保护的问题涉及个人与媒体之间的关系，媒体中的个人隐私如果成为言论的一部分，那么隐私权与宪法第一修正案就形成了内在的冲突。显然，一定程度上作为经济权利处理的隐私权，在法律效力上难以与承载着公共利益（言论自由）的第一修正案相抗衡，这导致了在美国隐私权的保护相对较弱。因此，"通过政府行为保护公共形象的欧式传统若被移植到美国，将会遭遇第一修正案的强烈阻碍"。

那么，在私与公共之间该如何平衡呢？欧盟就此提出了一系列改革方案，如信息控制者在如下情况可拒绝承担删除个人信息的责任：（1）对个人信息的处理纯粹为了言论自由，比如新闻报道或文学艺术的表达。（2）对个人信息的处理在保证信息主体之基本权利的同时涉及以下与健康安全有关的情况：严格保密的情况下，个人信息为医学专家或其他人员为了研究药物、医学诊断、医疗服务的供给和管理所用；个人信息在公共健康领域符合公众利益，比如防止严重的传染性疾病及维护医疗产品、医疗器械的品质和安全等；个人信息符合其他公共利益，比如有利于建立医疗保险系统的医疗津贴或是有利于提高医疗保险服务的质量和经济效率。（3）对个人信息的处理为历史性、数据性、科学性研究所必需。（4）对个人信息的处理，信息掌控者不具有发言权，欧盟等其他法律另有规定①。

(二) 当"被遗忘权"遭遇国家安全

2001年9月24日，美国布什政府向国会提交了《爱国者法案》②，该法案要求限制公众获取政府信息的广度，并提高政府控制、检查公民个人信息的程度。这些个人信息很多都属于隐私的范围。例如，根据这项法案，警察和情报机关不需要法院的核准就有权窃听公民的电话，检查公民的电子邮件和医疗、财务甚至在图书馆的借阅记录等一切信息记录。美国公民自由联盟（ACLU）批评这是向麦卡锡主义的回归，是以"反恐"的名义粗暴侵犯公民的隐私和自由。《爱国者法案》长达342页，赋予执法和情报机构广泛的权力，以防止、调查和打击恐怖主义。没有经过听证会，没有任何会议讨论和斟酌，就交予表决。法案以压倒性优势通过，众议院357票赞成66票反对，参议院仅1票反对。众议院议长哈斯特德（John Hastert）解释说，为打击恐怖主义，确保国家的安全，全体美国人都应该考虑牺牲一部分个人自由。次年11月，国会正式通过了《2002国土安全法》（*Homeland Security Act of 2002*），批准联邦政府在国土安全办公室的基础上成立一个新的内阁部门：国土安全部（DHS）。不过，美国人对这样的侵犯个人隐私的法案还是心存疑虑，毕竟美国社会对个人权利还是十分看重的。据上海《新闻午报》2007年9月28日报道，美国联邦法官2006年9月26日做出裁决，美国《爱国者法案》两项条款违宪，因为它们允许当局在没有确切理由的前提下就发布搜查令。报道称，美国俄勒冈州联邦地区法院法官安·艾肯裁决认为，《爱国者法案》有关条款允许政府机构毫无根据就对美国公民进行监视和搜查，

---

① 邵国松：《"被遗忘权"个人信息保护的新问题及对策》，《南京社会科学》2013年第2期。

② 《爱国者法案》（USA PATRIOT Act）是2001年10月26日由美国总统乔治·布什签署颁布的国会法案。正式名称为"Uniting and Strengthening America by Providing Appropriate Tools Required to Intercept and Obstrutt Terrorism Act of 2001"，中文意思为"使用适当之手段来阻止或避免恐怖主义，以团结并强化美国的法律"，取英文原名的首字缩写成为" USA PATRIOT Act"，而"patriot"也是英语中"爱国者"之意。

> 全文转载

这样的做法违背了美国宪法第四修正案的精神。

媒体揭露了自 2004 年始，时任美国总统的乔治·布什等政府核心层通过一些司法程序手段，成功绕开了有关公民隐私等的法律困境，建立了四大监控计划，"棱镜"计划就是其一①。但对于斯诺登究竟是捍卫了公民的隐私权利，还是损害了美国的反恐制度，美国人的态度仍然存在较大差异。2013 年 6 月 12 日至 16 日，由美国皮尤研究中心（Pew Research Center）和《今日美国》联合完成的调查显示，44% 的公众认为泄露此类国家安全局的监听信息损害了国家利益，49% 的公众认为这是为国家利益而服务的。对斯诺登的赞同与反对，民意基本不相上下。而在这两股不同的声音背后，折射出的是一个让美国人民真正需要面对的尴尬议题，那就是在长期坚守的公民自由与日趋严重的国家安全问题之间，到底应该选择谁？哈佛大学肯尼迪政治学院的研究生马瑞欧（Sergio Marrero）认为，美国人一直以自由为信仰，但它的前提是不能与任何威胁生命的事情相冲突。如果是为了维护国家的自由和主权，这样的监听是可以接受的，但它必须发生在很多人的生命安全都处在危险之中的时候。②不过，美国新闻记者西蒙·加芬克尔等并不认同这样的观点，他们认为："监控就是监控，不管是通过人还是通过计算机来监控，多少都要侵犯个人的隐私和自由。数据库一旦建立，就应该严格保护，否则很容易被滥用。"

（三）模糊还是过宽

欧洲提出的"被遗忘权"的相关条款尚未进一步细化，这看起来是有意为之。因为维维亚娜·雷丁主张，这一规定应模糊一些，以便可以适用于未来的新科技。但法律文本如果不精确，无论是模糊或过宽都必然带来操作实施上的困难。比如，对于"被遗忘权"所涉及的个人数据的滥用或者个人隐私权的侵犯，法律应该要追究的是数据的收集者吗？对

---

① 据《华盛顿邮报》2013 年 6 月 16 日爆料，斯诺登所曝光的"棱镜"项目源自一个此前从未公开过的"星风"（STELLARWIND）监视计划。"星风"监视计划分拆成了由美国国家安全局（NSA）执行的 4 个监视项目，除"棱镜"外，还包括"主干道"（MAINWAY）、"码头"（MARINA）和"核子"（NUCLEON），这些都只是项目的代号，具体名称及含义仍属美国国家机密。

② 杨静竹：《近半受调查美国民众认为斯诺登为国家利益服务》，《第一财经日报》2013 年 6 月 19 日，第 9 版。

Google、Facebook、阿里巴巴这样的公司，或者像学校、医院、银行这样的社会组织以及诸如国家安全部门、司法机构等国家机构，它们都拥有大量的公民个人数据，一旦涉及隐私信息的泄露，它们应该承担怎样的责任？

"被遗忘权"必须承认大数据的威力（以及隐私风险）主要来自元数据，即有关数据在哪里、何时以及由谁创建的信息。在反恐工作中，元数据经常让我们获得关键的第一线索，可以进行更深入的调查。在商业领域，元数据让巨大的数据库可添加索引、可检索、可连接、有用而且有价值。与很多互联网企业一样，谷歌的隐私政策强调为客户内容提供保护，但将元数据视为其可以永久保留和控制的业务记录。对此，理查德·福肯瑞斯指出，有意义的"被遗忘权"应当规定，企业不仅要清除电邮内容或照片，而且还要清除与这位用户相关的所有元数据。

不过另有学者指出，在大数据时代，因为数据的价值很大一部分体现在二级用途上，而收集数据时并没有这种考虑，所以"告知与许可"就不能再起到好的作用了。在大数据时代，我们需要设立一个不一样的隐私保护模式，这个模式应该着重于数据使用者为其行为承担责任，而不是将重心放在收集数据之初取得个人同意上。这样一来，使用数据的公司就需要基于数据将对个人所造成的影响，对涉及个人数据再利用的行为进行正规评测。

四　结语

就像核武器即使在"冷战"这一最严峻的时代也未真正将人类带入灾难一样，人类面对大数据的作用一定也会谨小慎微。但相比核武器，收集和处理个体数据的技术门槛相对比较低，被不当使用甚至暴露个体隐私的风险要高很多。

政府机构和大数据公司能够将客户的个人信息与他们的行为特征结合起来，比如阿里巴巴公司可以从客户的购买行为、手机全球定位卫星数据以及其他各种可穿戴设备上产生的数据，挖掘出客户的相关"推测数据"（inferred data）。这种推测数据如同奥威尔在《1984》一书中所刻画的"老大哥"一样，时时刻刻监视着人们的一举一动。美国、英国和最近暴露出的德国等许多国家政府机构都在收集公民的个人数据，从个人邮件到各种社交网络的言论等。

"被遗忘权"的提出为数据隐私的保护问题提供了一个有价值的方向。因此,即使是美国也在部分接受这一新的权利主张。2012年2月23日,美国白宫公布了《消费者隐私权利法案》。该法案第5条规定了消费者享有让公司纠正不准确信息以及删除信息的权利。2012年3月29日,联邦贸易委员会发布了《快速变革时代消费者隐私保护:针对企业界和政策制定者的建议》。该建议书提出授予消费者有限的数字遗忘权,即赋予消费者有要求公司删除其不再需要的消费者数据的权利,并允许消费者可以获取本人数据及在适当情况下隐瞒和删除本人数据。美国加州2014年也通过了"橡皮"法律,用户可以要求科技公司删除涉及个人隐私的信息。这项新规于2015年生效,并有可能催生相关诉讼。不过,过于扩大"被遗忘权"的边界也是不适当的。其一,因为对于被认为是理性的成年人来说,这样的权利保护反而鼓励他们在网络发布信息的行为的随意性甚至是不负责任态度。一个良性的社会秩序必须建立在公民自觉自律的基础之上,促成公民养成良好的媒介素质,知道对自己的言行负责,而不能要求法律去保护他们的过失和不当行为与言论。其二,要求各种不同的网络平台及时处理各种不同理由的删除请求,对这些平台公司来说也是一种巨大的负担,会拖累这些机构的正常发展。其三,在新媒体时代,公与私、真实与虚拟之间的界限已经越来越不那么清晰可辨了,传统的私人领域已经越来越公开化。这一结果是好是坏,尚难界定。

总之,一方面我们要保护私人领地的神圣性,要防止有人假公济私,但同样也必须保护公共领域的开放性,要防止有人假私损公。无论是政府官员,还是学术团体,或者什么别的,在我们脑中第一次只是浮现起"自身所处的集团"的时候,我们的思维方式严格来说就处在了"私"的立场。以各种名目的私的名义去损害公共利益同样也是不正当的。在运用"被遗忘权"的时候,如果可以首先想到他者的要求,并站在与之关联的一个较为开放的立场上进行思考的话,那才是真正站在"公共性"的立场来看待这个权利了。

(吴飞,浙江大学传媒与国际文化学院教授,浙江大学城市学院钱江学者;傅正科,浙江大学传媒与国际文化学院博士研究生。本文刊载于

（《浙江大学学报》2015 年第 2 期）

参考文献：

1. R. Krulwich,"Is the'Right to Be Forgotten the Biggest Threat to Free Speech on the Internet"2012－02－24, http：//www. npr. org/blogs/krulwich/2012/02/23/14728916/is－the－right－to－be－forgotten－the－biggest－threat－to－freespeech－on－the internet, 2015－01－20.

2. Toby Segaran、Jeff Hammerbacher 编：《数据之美》，祝洪凯、李妹芳、段炼译，机械工业出版社 2010 年版。

3. ［美］理查德·福肯瑞斯：《谷歌不应侵犯网民的"被遗忘权"》，2012 年 2 月 21 日, http：//www. ftchinese. com/story/001043258/ce, 2015 年 1 月 20 日。

4. M. Clayton,"US Plans Massive Data Sweep," 2006－02－09, http//www. Csmonitor. com/2006/0209/0209/p01s02－uspo. html, 2015－01－20.

5. ［英］维克托·迈尔-舍恩伯格：《删除：大数据取舍之道》，袁杰译，浙江人民出版社 2013 年版。

6. G. Tremlett,"Forget Me Not：Campaigners Fight for Control of Online Data", 2013－04－04, http：//www. guardian. co. uk/technology/2013/apr/04/right－forgotten－internet－campaign, 2015－01－20.

7. European Commission,"A Comprehensive Approach on Personal Data Protection in the European Union", 2010－04－11, http：//ec. europa. eu/justice/news/consulting_ public/0006/com_ 2010_ 609_ en. pdf, 2015－01－20.

8. S. Kulevska,"The Future of Your Past：A Right to Be Forgotten Online？"2013－06－24, http：//www. chilling effects. org/weather. cgi？weatherid＝769, 2015－01－20.

9. European Commission,"On the Protection of Individuals with Regard to the Processing of Personal Data and on the Free Movement of Such Data（General Data Protection Regulation）", 2012－01－25, http：//ec. europa. eu/justice/data－protection/document/review 2012/com_ 2012_ 11_ en. pdf, 2015－01－20.

10. V. Reding,"The EU Data Protection Reform 2012：Making Europe the Standard Setter for Modern Data Protection Rules in the Digital Age", 2012－01－22, http：//europa. eu/rapid/press Releases Action. do？reference＝SPEECH/12/26&format＝PDF, 2015－01－20.

11. ［英］亚历克斯·巴克：《谷歌输掉互联网"被遗忘权"官司》，简易译，2014 年 5 月 13 日, http：//www. ftchinese. com/story/001056204, 2015 年 1 月 20 日。

12. M. L. Ambrose&J. Ausloos,"The Right to Be Forgotten across the Pond", *Journal of Information Policy*, Vol. 3（2013）, pp. 1－23.

13. J. Ausloos,"The'Right to Be Forgotten'——Worth Remembering?" *Computer Law & Security Review*, Vol. 28, No. 2 (2012), pp. 143 – 152.

14. R. H. Weber, "The Right to Be Forgotten: More than a Pandora's Box?", *Information Technology and E – Commerce Law*, Vol. 2 (2011), pp. 120 – 130.

15. J. Rosen, "The Right to Be Forgotten", 2012 – 02 – 13, http://www.stanfordlawreview. Org / online/ privacy – paradox /right – to – beforgotten, 2015 – 01 – 20.

16. F. Werro, "The Right to Inform v. The Right to be Forgotten: A Transatlantic Clash", 2009 – 05 – 08, http:// papers. ssrn . com/sol3/papers. cfm? abstract – id = 1401357, 2015 – 01 – 20.

17. 王东宾：《信息社会，个人隐私保护任重道远》，2013年2月7日，http:// www. guancha. cn/wangdongbin/ 2013 02_ 07_ 126086. Shtml，2015年1月20日。

18. R. K. Walker, "The Right to Be Forgotten", *Hastings Law Journal*, Vol. 64, No. 20 (2012), pp. 257 – 286.

19. S. Garfinkel&M. D. Smith, "Guest Editors Introduction: Data Surveillance", *IEEE Security and Privacy*, Vol. 4, No. 6 (2006), pp. 15 – 17.

20. ［英］维克托·迈尔－舍恩伯格、肯尼思·库克耶：《大数据时代：生活、工作、思维的大变革》，盛杨燕、周涛译，浙江人民出版社2013年版。

21. ［英］米哈乌·科辛斯基：《大数据，大责任》，徐天辰译，2013年3月20日，http://www. ftchinese. com/story/001049525 # adchannelID = 2000，2015年1月20日。

22. ［日］佐佐木毅、金泰昌等主编：《公共哲学》第8卷，吴光辉译，人民出版社2009年版。

人类择偶行为的传播学阐释：
一种进化论的视角

潘祥辉

摘　要：信息传播在动物和人类的择偶过程中都十分重要。性选择带来的压力使每个个体都变身传播专家，进化出丰富的传播策略：通过声音、体态、身体器官或文化装饰来进行包装、宣传、修饰或掩盖，最大化自己的利益。进化中的不同压力使两性择偶中的传播策略有所差异。由于发明了语言和文化，人类择偶中的信息传播远较动物世界复杂。现代婚姻市场中的信息浑浊与传播失灵普遍存在。现代性的扩张使当代人择偶面临巨大的传播迷局。从进化论的角度来分析人类的择偶行为，我们可以获得关于传播与人性的新的理解。

关键词：择偶行为　性选择　传播学　婚姻市场　进化论

　　自从有了生物以来，为了繁衍后代，择偶行为便已然存在了。进化中的择偶问题也因此应运而生：能不能选择到合适的配偶，以及如何选择优秀的配偶成为至关重要的问题。择偶关乎生命基因的延续，对动物如此，对人类同样如此。

　　所谓择偶，即动物和人类世界中进行性选择的过程。[①] 凡是要通过两性结合进行繁殖的动物，都会碰到性选择的问题。美国生物学家贾雷德·

---

　　① 本文所讲的择偶主要指异性间以结婚为目的的长期性择偶，也包括非结婚目的短期择偶行为如"露水夫妻"等，但不包括以商业交易为目的的卖淫嫖娼行为。在择偶行为中只讨论男女两性间的异性择偶行为，同性择偶等非主流现象在此不予讨论。

戴蒙德指出:"对配偶或性伴侣很挑剔,在自然界并不是人类独有的特色,其他许多(名义上)实行单偶制的物种,由于配偶关系也是长期的,所以寻找配偶时也颇为讲究。"[①] 就人类而言,这一过程和人类的进化一样古老。中国最古老的诗歌总集《诗经》中有一首《关雎》:"关关雎鸠,在河之洲;窈窕淑女,君子好逑。"描述的就是这样一种求偶行为。鸟儿通过叫声来传递择偶信息,人类的求偶方式则更加丰富,既可以用语言,也可以通过非语言方式来传达爱意,还可以通过艺术作品或行为,如歌唱、吟诗、作画等方式来表达对异性的爱慕。可见,择偶过程是一个典型的信息传播与沟通过程,它既有个体的特点,也表现出群体行为的特征。在进化过程中,动物和人类都发展出了一整套传播策略来择偶,以提高其成功率。可以说,如果从择偶的角度来看动物和人类,我们会发现,每一个个体或群体,都堪称传播学大师。它们有的善于宣传,有的善于伪装,有的采用视觉传播,有的采用听觉或嗅觉传播方式,丰富多样。从进化论的角度来审视动物和人类的择偶行为,我们可以看到传播的极端重要性。为了适应择偶过程中的信息传播困境,动物和人类甚至进化出了一些特殊的生理、心理或行为特征。从进化论的角度来看人类的择偶行为,我们可获得关于传播与人性的新的理解。

一 信息传播在择偶行为中的重要性与多样性

不论动物还是人类,择偶的目标都是要选择合适的对象与之发生性关系或结为连理。但大千世界,芸芸众生,如何找到意中人呢?又如何在众多的同性竞争者中脱颖而出,抱得美人归呢?实力当然重要,让异性知道自己有实力则更加重要。动物不会说话,但它们自有高招。各种动物发出信号的方式不同,但传播的意图都非常明显。有些通过视觉信号来传播:如在猿类中,雌性的发情信号主要表现为臀部的性肿胀,臀部的形状和颜色成为雌性向雄性发送性刺激信号的主要手段,而雄性也发展出对这些信号的敏感性;雄孔雀则通过开屏在雌孔雀面前展示自己的性吸引力。有些动物则通过听觉信号来传播择偶信息:如蛙类通过叫声来表达爱意,雄性

[①] [美]贾雷德·戴蒙德:《第三种黑猩猩:人类的身世与未来》,王道还译,上海译文出版社2012年版,第99页。

牛蛙会在池塘边发出响亮的蛙鸣，雌性则会仔细倾听，蛙鸣声音越大、越洪亮，对雌性的吸引力越大；鸟类的叫声更是择偶调情的信息手段，一到择偶季节，鸟类会不惮厌烦地展示它们的歌喉。

人类择偶也依赖自己的传播武器。和动物一样，人体本身也是个传播系统，有丰富多样的信息发送器和接收器。生物学家莫利斯（Desmond Morris）指出，人类在传达性信息方面，胯间、肚脐、臀部、腿部、腹部、腰部、乳房、肌肤、肩头、颌骨、面颊、眼睛、眉毛、面孔和头发等都是性感信号，可以传达性吸引方面的信息。在他看来，每个成年人其实随时都在展示和阅读他人的性感信号，同时也在限制自己和他人的性感信号。并且，人体自带的传播系统的组合方式比动物更为多样。"人体部分不再单独展示，而是同时展示，以组合的形式在具体的语境中观察。其组合气象万千，其语境变换多样，社会交往之所以繁复多彩、令人神往，概源于此……我们总是努力发出一套平衡的信息，有些是吸引人的亲密行为，有些又是在排斥亲密行为。"①

比之动物，人类还创造了语言和文化，用于沟通和传播信息，这使人类择偶中的信息传播行为更加复杂和多样。但不论这种文化丰富程度如何，其生物学基础还是不容忽视的。实际上，不论语言还是文化，都是在人类进化中获得的。正如跨文化研究大师霍尔（Edward T. Hall）所认为的，文化是一种活动，扎根于没有文化、没有人类的悠远过去。"文化行为是生物进化过程中演化出来的。倘若没有低等有机体生成的基础文化系统，人类的一切成就是不可能实现的。人类出现在地球上时，构成文化基础的大部分进化业已完成，我们认为具有人类基本特征的基础系统就已经形成了。"②

我们有足够的证据可以证明人类和动物共享许多择偶行为中的信息传播模式。尽管语言沟通在人类择偶过程中十分重要，但非语言沟通的作用有时更大。美国婚恋社会学家大卫·诺克斯（David Knox）和卡诺琳·沙赫特（Caroline Schacht）指出：两性间的沟通是两人交换信息和感受的过程，有高达80%的人际沟通是非言语的。"无论一个人说话的内容是什

---

① [英]德斯蒙德·莫利斯：《亲密行为》，何道宽译，复旦大学出版社2010年版，第56—60页。
② [美]爱德华·霍尔：《无声的语言》，何道宽译，北京大学出版社2010年版，第47页。

么，抱着双臂、缺乏眼神交流与说同样的话时温柔地接触并伴有眼神交流所传达的意思是完全不同的。我们经常会注意互动中非言语线索并赋予它们更大的重要性。"① 我们确实也能观察到，人类许多择偶方式似乎与动物异曲同工。例如择偶中体能的展示，这一点不仅对于雄性的猴子、猩猩、狮子等动物是重要的，对于现代男性而言，同样重要。实际上，现代男性依旧将展示身体和运动技能作为吸引女性的重要装备。对健与美及力的展示构成了一种宣传策略和有效信号。在古代社会，一位男性择偶的优势很大程度上取决于他的力量、武艺和战斗能力，他要通过杀死猎物或打败其他男性来证明自己的实力，这样的男性也能够拥有更多的妻儿。进化生物学家戴维·巴斯（David M. Buss）指出："展示身体和运动技能在传统社会和现代西方文化中仍然保持着强大的吸引力。炫耀身体在吸引短期性伴侣时比吸引长期伴侣时更加有效。因为这似乎显示这样的男性能为女性提供更多的后援保护。"②

通过艺术性手段如歌唱和舞蹈来进行择偶，动物在用，人类也在用。生物学家指出，几乎全部的动物种类或多或少都能歌善舞。猴子用不同的声调来表达强烈的感情——愤怒、急躁、高兴或恐惧。人类显然也和动物共享了这种传播模式。在达尔文看来，音律和节奏是人类的男祖先或女祖先为引诱异性而发明的手段。他认为，歌唱由来已久，"我们人类的祖先，无论男女，在取得具有音节的语言来表达相互爱慕的能力之前，大概会用音乐的声调和韵律来彼此互相诱引。可惜我们对于四手类动物在恋爱的季节里如何运用它们的嗓音这一方面知道得实在太少，使得我们无从判断当初我们祖先中开始取得歌唱习惯的究竟是男的一方还是女的一方"③。

直到今天，我们仍然可以在许多文化中观察到，歌唱是择偶中一种重要的信息传播手段。非洲的黑人，感情一激动，往往会不由自主地唱起歌来，另一个黑人则会用歌唱来回应和共鸣。中国的许多少数民族，至今还通过对歌来情定终身。如湘西土家族人就"以歌为媒"。他们无论是劳

---

① [美]大卫·诺克斯、卡诺琳. 沙赫特：《情爱关系中的选择——婚姻家庭社会学入门》，金梓等译，北京大学出版社2009年版，第206页。
② [美]戴维·巴斯：《欲望的演化》，谭黎、王叶译，中国人民大学出版社2011年版，第107页。
③ [英]达尔文：《人类的由来及性选择》，叶笃庄、杨习之译，北京大学出版社2009年版，第381页。

动,还是赶集或路上相遇,男女之间总是盘歌以通情感,男女有意就一曲曲唱下来,甚至私定终身。在每年正月的祭祀仪式结束后,老年人退场,青年男女便尽情狂饮狂欢,在歌舞中自由谈恋爱,无拘无束。①

动物和人类择偶的"性选择"甚至塑造了他们的生理与心理特征,择偶过程中最容易被观察到的体表特征就是如此。生物学家注意到,很多择偶信号在进化过程中逐渐变成了恒定的第二性征,成为一种可遗传的"宣传品"或说"信号发射器"。在许多动物身上,有一些形态特征并没有明显的生存价值,却因有利于吸引异性或威吓同性竞争者而被保留下来。如雄孔雀的漂亮尾巴、雄狮的鬃毛、雌狒狒发情时红艳艳的外阴部以及非洲长尾维达鸟等,都是性选择发展出来的第二性征。这类"身体广告"要宣示的意义是:这些标记代表着"优良的基因",相当于一种"荣誉勋章",用以传达信息,吸引异性。

达尔文认为,人类祖先也有这样第二性征的遗存。例如,男性毫无实际用途的胡子极有可能只具有择偶中的广告功能。在他看来,我们类人猿一般的男祖先是把它作为一种装饰品,用来取媚于异性,或激发异性爱慕情感的。因为胡子的装饰可以显示其男人气概,传递一种有竞争力的信息,因而有利于求偶中的竞争。② 久而久之,这一传播武器就遗传了下来。男性还有许多与性有关的身体特征,比如喉结、突出的下巴,等等,这些第二性征也与择偶中的性选择有关。

女性也有许多鲜明的第二性征,例如乳房。几乎所有哺乳动物的乳房,都只在需要哺乳时才隆起,只有人类女性的乳房长年隆起,而且女人乳房的半球形状,不仅对哺乳没有帮助,反而有妨碍。因此,女人的乳房这一性征也只能解释为是性选择中的进化产物,同样起着吸引异性的"人体广告"的功能。其性吸引功能可以从男人对女性乳房的"性趣焦点"上显现出来。与此类似,女性的其他第二性征还有光洁细腻的皮肤、修长的脖子、更细的腰和更低的腰臀比、堆积了更多脂肪的臀部、红润丰满外翻的嘴唇(其丰满和外翻程度比男性显著)、细而清晰因而更具表现

---

① 朱坤:《土家族哭嫁习俗之探源》,《神州民俗》2008 年第 5 期。
② [英]达尔文:《人类的由来及性选择》,叶笃庄、杨习之译,北京大学出版社 2009 年版,第 372 页。

力的眉毛以及体毛的缺乏等。① 这些都是传达"性信号"的有力的传播载体和工具，在人类择偶过程中具有重要的生物学意义。

那么，又是什么造成了人类两性的不同呢？这就需要比较两性的择偶压力和性选择策略。正是进化中的两性差异使得两性择偶中的传播策略有所不同。

二 择偶压力与两性有别的传播策略

达尔文指出："在动物王国的各种生物中，无论是哺乳动物、鸟类、爬行动物、鱼类、昆虫甚至是甲壳类，性的差异基本遵循同样精确的法则：雄性几乎总是追求者……也只有公的或雄的才装备有向他们的情敌进行战斗的特殊武器。他们一般要比母的或雌的长得强壮些、高大些，并且天生备有勇敢善斗的必要的品质。"② 为何人类和动物界一样，都是雄性扮演追求者，而雌性扮演接受者呢？

从生物进化的角度看，人类性别的生物学和心理学差异是由配子差异造成的。两性细胞在解剖学上差异极大，人的卵子比精子大8500倍，这种差异的后果是女性在每个性细胞中都需要更大的投资。一个女人一生只能生产400个左右的卵子，最大的可能也只有20个卵子成为孩子。怀孕、分娩、抚育后代的代价就更大了。相反，一个男人每次射精就能放出数亿个精子。他一旦给女方授了精，纯粹的生理义务也就完成了。他的基因将和女方的获利相等，但投资却小得多。③ 由此造成的两性冲突不仅是人类的一大特性，而且大多数动物都存在这个问题。

这种生理的差异造成了两性择偶策略的不同。就雄性而言，如果能给更多的雌性授精，那将会传播更多自己的基因，从遗传适应的进化标准看，无疑是有利于自己的。雄性多娶多占的"花心行为"因此是一种本能。但对于雌性而言，其抚育后代需要非常大的投入，而且往往难以独立完成，需要雄性的助力。因此她在择偶时要仔细挑选，会倾向于选择那种

---

① [美]贾雷德·戴蒙德：《第三种黑猩猩：人类的身世与未来》，王道还译，上海译文出版社2012年版，第101—102页。
② [美]罗伯特·赖特：《道德动物》，周晓林译，中信出版社2013年版，第19页。
③ [美]爱德华·威尔逊：《社会生物学》，毛盛贤等译，北京理工大学出版社2008年版，第160页。

将所有资源都投入到自己后代抚育当中的雄性,因此雌性本能地会反对雄性的额外交配,千方百计地要使其对自己进行"专项投资"。进化心理学家因此提出了"亲代投资理论"(parental investment theory)来解释两性的差异。这一理论认为:一个物种中,如果一种性别成员对子女的投资越多,那么这种性别的个体在选择配偶时通常会更加挑剔。相反,投资较少的那种性别的个体在选择配偶时则不那么计较,但是和同性竞争者之间的冲突却往往更加激烈。[①]

这一发现也适合于人类。在性策略上,女性面临的一个基本约束是,由于卵子的稀缺性以及抚育后代的高投入成本(时间长、投入多),所以她们不会去追求配偶的数量,而是更会追求异性的质量。女性在为自己挑选丈夫时,注重的是他养护妻儿的能力和意愿,包括财富、权力、情感、是否喜欢孩子等,在为孩子挑选父亲时,更注重他的遗传禀赋,比如健康、智力和性吸引力等因素。就长期择偶而言,女性往往要综合判断对方的条件。而对于男性而言,追求配偶数量最大化则是一种生物本能,因为这有利于其基因的扩散。从进化的角度看,男性最看重女性的生殖能力,因此凡与女性生殖能力有关的线索指征,如年轻、体态匀称、健康漂亮等都能够吸引男性的注意。当然,为了保证父权的唯一性,男性也非常注重女性的贞洁与忠诚。在人类不同文化中,男女两性的择偶偏好大体一致,这说明形成这一偏好的生物进化因素的影响远大于文化因素。

这种择偶中的两性偏好也可以从征婚广告中看出来。征婚广告对于自己的宣传无疑会有"自我美化"的倾向,但对于对方的要求,则反映了人类的进化心理。心理学家的一项研究表明:刊登广告的女性通常重视男性的两个信号:财富地位以及愿意对两人关系进行投资的强度。相反,刊登广告的男性则主要看重女性生理方面的吸引力,如要求比自己年轻、漂亮等。[②]

社会学家则发现"择偶梯度"(mating gradient)(指丈夫通常会在年龄、教育和职业成功方面比妻子更优越)普遍存在于人类的不同文化中。

[①] Kenrick, D. T. & Keefe, R. C., "Age Preferences in Mates Reflect Sex Differences in Human Reproductive Strategies", Behavioral & Brain Sciences, Vol. 15, No. 1, 1992, pp. 75 – 133.

[②] [美] David M. Buss:《进化心理学:心理的新科学》第二版,熊哲宏译,华东师范大学出版社 2007 年版,第 74 页。

通常，丈夫总是比妻子年龄大，受教育程度高，收入也会更高。这在美国2006年的一项社会调查统计中得到了证实。① 大卫·布斯（David Buss）在1989年对全球37种区域文化中的配偶偏好进行了研究，同样得到了女性比男性更加看重配偶经济实力的观点。② 其他的许多量化研究也都表明，女性在择偶过程中偏爱有权力、地位和资源以及比自己大的男性；而男性偏爱外表有吸引力、有好的家务劳动技巧、比自己小的女性。③ "男人好色，女人贪财"一定程度上反映出自古以来男女两性在择偶问题上的差异，这实际上也构成了一种均衡。在《人类婚姻史》一书中，韦斯特马克指出，人类婚姻往往受到经济因素的很大制约，因而其实质是"实利婚姻"。从"人类的性选择""作为结婚条件的诸方意愿"以及"结婚率和结婚年龄"这几个方面来看，"实利婚姻"的性质非常明显。④ 这一点在中国文化中表现得也十分突出，《礼记·曲礼》中有"男女非有行媒不相知名，非受币不交不亲"的说法。现代也是如此，北京大学心理系的一项研究统计了中国女性1985—2000年的择偶标准的变迁，其定量研究结果显示：女性择偶时仍旧最为关注男方的社会经济条件。但新时期社会经济条件的具体内容有所变化，表现为对男方学历和职业的关注稍有下降，而对财产、事业的要求有所上升，这体现了择偶趋向于实惠化。⑤

人类择偶中的信息传播与两性的择偶偏好是紧密关联的。当了解对方的偏好后，双方都会传达出能够满足对方需求的有价值的信号，如果发现对方传达的信息不能满足自己的需求或期待，则择偶无法继续。正是在这个意义上，人际传播研究者E. 罗洛夫认为，传播总是与"获得有价值的资源"有关。罗洛夫将人际传播定义为"处于一个关系之中的甲乙双方

---

① ［美］大卫·诺克斯、卡诺琳. 沙赫特：《情爱关系中的选择. 婚姻家庭社会学入门》，金梓等译，北京大学出版社2009年版，第162页。
② ［美］罗伯特·赖特：《道德动物》，周晓林译，中信出版社2013年版，第52页。
③ 朱新秤：《男女择偶标准的进化观》，《社会》1999年第12期。
④ 苑国华：《论"实利婚姻"——以韦斯特马克的〈人类婚姻史〉为例》，《长春工业大学学报》2006年第3期。
⑤ 钱铭怡、王易平、章晓云、朱松：《十五年来中国女性择偶标准的变化》，《北京大学学报》2003年第5期。

借以相互提供资源或协商交换资源的符号传递过程。"[1] 男女之间的交往也被他看作一种社会交换关系,这种交换在约会和恋爱阶段就开始了。如男方为女方提供某些有形的回报(如请吃饭、请看电影,或者赠送鲜花),女方则有必要报以好感或在某些场合给予温情。否则关系将难以为继。[2] 可见,择偶的过程也即资源交换与符号传递的过程,两性各取所需。在婚姻市场上,女性会寻找有她期待品质的男性,而男性也会尽量发出这方面的信号使自己中选。反过来,男性也会搜寻有自己中意品质的女性,而女性也会尽量发出自己的信号。如果所有信号的发出者和接受者都是诚实可信的,且发出的信息真实度高,那么择偶就会变得相对简单。然而,现实的情况远比这更为复杂。人类不像动物那样赤裸裸地进行资源交换,也不仅仅依赖一些原始的信号进行交流。人类是依赖于理智、语言和符号进行社会互动的。择偶过程充斥有意识的包装、宣传及各色各样的虚假信息,这使得现代人类婚姻市场的信息混浊度非常之高。

三 择偶中的炫耀与虚假宣传

在现代人类社会,寻找一个合适的配偶通常是一个漫长渐进的过程,这当中要经历一系列的阶段。亚当斯(Admas,1986)确定了趋向婚姻的四个阶段:1. 创造交往机会阶段。依靠外表的吸引,做出对发展关系有利的行为。2. 积极的自我表露阶段。通过相互的自我表露了解对方。3. 角色相容和移情阶段。这一阶段的自我表露程度及双方的理解更加深入。4. 认定和做出承诺阶段。这一阶段经过对了解信息的分析,彼此相信这是合适的关系,并在内心向对方做出承诺。[3] 我们可以发现,不论在择偶的哪个阶段,传递信息、沟通信息与判断信息都十分重要。从某种意义上看,择偶的过程就是一个信息沟通过程。当然,由于两性择偶策略的不同,在任何一个阶段,都可能存在宣传、伪装甚至欺骗。这也就是人们常说的:婚姻和爱情既充满了诱惑,也充满迷惑和陷阱。

---

[1] [美]迈克尔·E. 罗洛夫:《人际传播:社会交换论》,王江龙译,上海译文出版社1997年版,第25页。

[2] 同上书,第8页。

[3] [美]乔斯·B. 阿什福德等:《人类行为与社会环境——生物学、心理学与社会学视角》第二版,王宏亮等译,中国人民大学出版社2007年版,第527—528页。

公元 1 世纪罗马人奥维德（Ovid）在其《罗马爱经》（The Erotic Poems: The Art and Love）中写道："面部有多少种表情，心灵就有多少种情绪。要想俘获一千颗心，你就需要一千种不同的策略。"[①] 这些策略很大程度上其实就是自我包装和宣传。如果我们将"宣传"定义为"有意图地、系统地塑造感知、操纵认知和指导行为，以达到进一步强化符合宣传者目的的某种反应"的话，[②] 那么，在自然选择与性选择的竞争中，我们每个个体都已经进化成了宣传大师。

在择偶过程中，每个人都会本能地宣传自己吸引配偶的那些优势，而掩盖自己的弱点。这种本能正如社会学大师库利在《人类本性与社会秩序》中所指出的："每个人在一定程度上都是一个伪装者。在想给他人留下好印象的愿望推动下，我们多少都会有一点故作姿态，因为我们作为社会性的、富于想象的存在，必须注重自己的外观……当我们向同伴表明自己时，无论是笔头还是用讲话表达，我们都会装饰一下自己。"[③] 另一位社会学家戈夫曼在《日常生活中的自我呈现》中所阐述的也是这一思想：社会中的每个人都在进行印象管理，视场景的不同扮演不同的角色，在前台与后台之间进行切换。[④] 这种自我表现的"选择性传播"几乎是一种生物本能，在其他动物身上我们也能看到。为了提高择偶的成功率，动物们发明了各种各样的宣传手段，包括花言巧语或卖弄炫技，如雄孔雀的开屏就是一种"炫耀性行为"，还有一些公鸟，有的炫耀叫声，有的炫耀筑巢技术。人类的这种本能显然来自于长期的演化，在择偶过程中更是常见。可以说，没有不搞宣传战的择偶竞争。不过由于男性和女性的欲求不同，择偶策略有所差异，因此他们炫耀的内容与方式也有所不同。

（一）男性的炫耀与宣传

生物学家发现，和雄性动物一样，人类男性也努力炫耀自己的资本以

---

① ［古罗马］奥维德：《罗马爱经》，戴望舒译，辽宁教育出版社 2011 年版，第 5 页。
② Garth S. Jowett and Victoria O'Donnell, *Propaganda and Persuasion*, CA: Sage Publications, Inc. 2005, p.6.
③ ［美］查尔斯·霍顿·库利：《人类本性与社会秩序》，包凡一等译，华夏出版社 1999 年版，第 229 页。
④ ［美］欧文·戈夫曼：《日常生活中的自我呈现》，冯钢译，北京大学出版社 2008 年版，第 15—25 页。

吸引配偶。达尔文早就发现了这其实是一种"宣传"。他举例说,南美洲裸体的印第安人不惜工本地装饰自己,一个男子不惜两星期的辛勤劳动,为的是换得把他全身涂成红色的必要的"赤卡"(chica)。很多原始民族都用羽毛、颈圈、手镯、耳环等装点自己,这显然是一种装饰和炫耀性行为。[1] 实际上,从远古社会的酋长到今天的"土豪",都喜欢穿戴昂贵的首饰,或慷慨地赠送礼物来显示自己的优势地位。

男性择偶中的炫耀性行为会诉诸视觉、听觉、触觉等多种感观,其展示与宣传方式多种多样:肌肉、头发、体型、气味、声音、饰品及谈吐等都可以成为宣传的渠道。戴维·巴斯(David M. Buss)和他的同事进行了一项有关配偶吸引的研究,发现了男性和女性在吸引配偶时采用了多项宣传策略。其中男性的宣传策略包括:吹嘘自己的成就、谈论自己在工作中的重要性、对他人遇到的麻烦表示同情、主动进行视线接触以及穿戴性感的服饰等100多种行为,研究人员将其简化为28个相对不同的类别。[2]

男性最常用的宣传技巧之一就是炫耀有形资源。因为此类资源最为女性所看重,因此这种宣传显得十分重要。巴斯指出:"就像雄性走鹃(roadrunner)向雌性提供猎物以获得交配机会一样,男性向女性提供资源,这是他们吸引异性的主要方式。"[3] 而且有形资源是可视的,也有利于提高宣传效果。男性通常乐于炫耀自己的财富、地位或赚钱能力,或一掷千金以打动女性,或驾驶昂贵的汽车,或告诉人们自己在工作中有多重要,以及吹嘘自己的成就,等等。常用的带有欺骗性的技巧就是通过误导女性对他们事业前景的看法而在自己拥有的资源方面欺骗女性,例如夸大他们在工作中的威望和重要性等。

除了资源,"爱和承诺"也是女性十分看重的择偶标准。前文已提及,在女性的择偶策略中,一是要考虑男性抚育孩子的能力,即资源的多少;二是要考虑这种投资的排他性和一贯性,即男性对自己的忠诚度。显然,承诺的信号能帮助男性吸引女性,男性自然会在这方面有所表现。

男性如何传达承诺呢?一种是语言上的信誓旦旦,一种是行为上的爱

---

[1] [英]达尔文:《人类的由来及性选择》,叶笃庄、杨习之译,北京大学出版社2009年版,第382页。

[2] [美]戴维·巴斯:《欲望的演化》,谭黎、王叶译,中国人民大学出版社2011年版,第100页。

[3] 同上。

意表达。两者都是非常好的承诺信号，"海誓山盟"显然是有效宣传。《罗马爱经》这样提醒男人："你须要大胆地发誓，因为引动女人的是誓言。"誓言意味着承诺的可靠性。展示爱意则提供了承诺的另一种指征。男性如果能够通过为一位女性做一些特别的事情，对她表现得一往情深或是说"我爱你"来吸引她，则往往容易成功。此外，展示善良和体贴也能显示"承诺"，并且在成功的吸引策略中表现显著，这即是一种"暖男策略"。这种策略可以传达一个信号：男人关心女人，而且愿意对她投入资源，它显示了男人对长期恋爱而不是短期性关系的兴趣。

相应地，虚假的展示则成为男性的一种欺骗性宣传。例如"装蒜""逞强"或"逞能"都是一种虚假宣传。进化心理学中关于欺骗的研究发现：男性会试图使用某些策略在他们的目的上欺骗女性。男性比女性频繁得多地装作对发展一段长期关系很感兴趣，而实际上并非真的感兴趣；装作关心一位女性，实际上并非真的关心。即便不是为了结婚，而只是为了短期的性关系，男性也很清楚，假装具有长期意向这一传播策略对于吸引女性来说更为有效。心理学家 William Tooke 和 Lori Camire（1991）在大学生中研究了欺骗性的吸引策略，他们一共收集到了为吸引异性的欺骗方式多达 88 种。男性的欺骗方式包括：在自己的事业前景上误导异性，经过异性成员时收紧自己的肚子，当有异性成员在场时表现得比平时更值得信赖和更加体贴，以及脑中想着性时却表现得对性关系毫无兴趣等。他们的这个有关欺骗的研究发现：男性为了吸引女性，会表现得比真实情况更加有礼貌、更加体贴，看上去更加没有防备。[1]

由于男性在追求择偶的长期关系和短期关系中使用了双重策略，使女性有时难以识别其真实目的，这给女性带来了适应性问题。女性如何清楚评价男性的真实特征和意图对于自身的利益至关重要，一旦判断失误则要付出沉重代价。因此在进化过程中，那些面对男性炫耀、宣传及欺骗时，具有高度鉴别能力的女性，具有更大的适存度。

---

[1] Tooke, W., & Camire, L., "Patterns of Deception in Intersexual and Intrasexual Mating Strategies", *Ethology and Sociobiology*, Vol. 12, 1991, pp. 345 – 364.

(二) 女性的炫耀与宣传

正如男性成功吸引女性的策略取决于女性对配偶的欲望和需求一样，女性的吸引策略也建立在男性择偶偏好的基础上。由于优质的男性总是稀缺的，女性也需要面临同性间的竞争，因此在择偶过程中同样需要"选择性传播"，也难免出现虚假宣传。

容貌是男性最为看重的女性特征，这有进化心理学的基础。从进化史上看，姣好的容貌及健康与较强的生殖能力紧密相关，这促使男性发展出了"以貌取人"的择偶偏好，而女性也因此发展了呼应男性偏好的"包装"手段。

女性吸引男性的策略集中于改善她们的身体魅力，使自己变得更年轻、更健康。这从化妆品行业的发展与兴盛中可以呈现出来。"女为悦己者容"，从古至今，不同文化的女性都十分看重化妆。女性对改善容貌的强烈依赖得到大量研究的证明。一项基于大学在校生和新婚女性的调查表明，她们使用化妆品来凸显外貌的次数是男性的二十倍，学习使用化妆品的时间也是男性的十倍。女性通过节食来改善身材的次数是男性的两倍。女性换一个新鲜发型的次数是男性的两倍，为获得健康的皮肤光泽而晒日光浴的次数比男性多50%。此外，女性通过改善外貌来吸引配偶的有效性也是男性的两倍。[①] 女性的"面子工程"显然不是多余的，它是一种有效的择偶策略，通过自我展示能够增加自己的身价和竞争力，这有生物学基础。巴斯指出：从进化论的角度看，因为红润的脸颊是男性评价女性健康的线索之一，于是女性人为地搽红脸颊以吸引男性；因为光滑、洁净的皮肤是男性进化出的欲望之一，于是女性遮掩斑点，使用保湿乳液、紧肤水以及面膜；因为有光泽的头发也是男性进化出来的欲望之一，于是女性加亮、漂白、淡染或浓染她们的头发，而且通过吹风机、蛋黄或者啤酒来保持发质；因为丰满的红唇能够激发男性的欲望，于是女性巧妙地使用唇膏，甚至用胶原注射来使她们的双唇更加丰满。此外，因为坚挺、年轻的

[①] [美] 戴维·巴斯：《欲望的演化》，谭黎、王叶译，中国人民大学出版社2011年版，第111—112页。

乳房能刺激男性的欲望，于是女性进行乳房植入和重塑手术。① 现代美容业的发展为女性提供了越来越多的修饰技术和"改装"机会，但也对男性的识别能力提出了挑战，"人造美女"常常以假乱真。

展示纯洁与忠诚也是女性在演化过程中极为重要的择偶宣传策略。由于人类女性进化出了"隐秘的排卵期"，这种隐秘手段使得群婚时代的男性难以确定自己父权的真实性。"为别人养孩"也成为男性最为担心的事情。在进化过程中，为确定父权的唯一性，男性不得不对女性的忠诚有所要求。一些制度性的设置，如一夫一妻制、对女性的特别规则等得以演化出来。就长期择偶而言，男性总倾向于挑选忠诚度、专一度高的女性为妻。为迎合男性这一偏好，女性也会通过显示忠诚来获得男性的青睐。② 研究发现，在女性吸引男性的130种吸引策略中，保持忠贞、不同其他男性发生性关系被证明是吸引永久性伴侣的最为有效的策略。③ 当然，这种展示有时候也可以通过伪装表现出来。

有意"示弱"有时也是女性择偶中的传播策略。一些名校的女生为了吸引男孩子的青睐，有时就通过装傻来吸引男性。戈夫曼写道："美国的一些女大学生曾经——现在无疑也这样——故意在与其约会的男孩子面前降低自己的智力、技能和自决性，由此来显现一种颇为深沉的精神自律。据说，这些表演者会让她们的男朋友滔滔不绝地向她们解释那些她们早已知道的事情；她们会对才智不如自己的男朋友隐瞒自己精通数学的才能，她们也会在打乒乓球比赛时，最后放弃已经到手的制胜机会。"④ 从进化心理学的角度看，女性的柔弱顺从暗示了男性无需担心他的接近会引起敌意的反应。女性表现顺从或无助也可能会引发大量男性的接近，扩大

---

① [美]戴维·巴斯：《欲望的演化》，谭黎、王叶译，中国人民大学出版社2011年版，第111页。

② 需要指出的是，忠诚与专一的重要性只就以结婚为目的的长期择偶关系而言。如果是短期择偶行为，则男女双方的择偶策略会有所不同。如在酒吧找性伴侣，女性的宣传策略就是有意表现得大胆、火辣，充满挑逗性。

③ [美]戴维·巴斯：《欲望的演化》，谭黎、王叶译，中国人民大学出版社2011年版，第115页。

④ [美]欧文·戈夫曼：《日常生活中的自我呈现》，冯钢译，北京大学出版社2008年版，第32页。

了潜在的配偶的范围,从而制造了更多选择的机会。①

保守矜持或腼腆的女性也能提高自己在长期择偶中的身价和宣传效果。表现腼腆(Acting coy)是显示难以获得(unavailable)的一种重要的宣传策略。女性装作对喜欢的人不感兴趣或是表现得难以追求,被认为会增加对男性的吸引力,并且在长期择偶策略中更为有效。之所以有效是因为它同时向男性传达了赞许性和忠诚性的信息。男性会认为,如果他们能够轻易地得到一名女性的垂青,那么其他男性也可能轻易得到这名女子,该女性的忠诚信号从而打了折扣。② 而如果表现得不那么容易获得,且较腼腆则意味着她的忠诚度的可靠。利用这一信息线索,"装作难以接近"或"假装拒绝"也就成为女性择偶中的一个重要的传播策略。这一技巧在《罗马爱经》中也有阐述,该书这样告诫女人:"太容易垂青是难长久培养爱情的,在温柔的欢乐中应该夹入些拒绝的,让他剩在门口,要使他不停地哀求和威吓。"③

(三)人类特有的传播策略

从进化论的角度看,人类与动物共享很多择偶中的传播策略,但与动物相比,人类的宣传更具特色。

首先,人类的炫耀行为与宣传方式远超动物。研究发现,最高等的脊椎动物在其整个"信息储存库"中也不过30或40个独立的炫耀。某些鱼类有最小的炫耀数10个,而恒河猴有最大炫耀数是37个。④ 动物通讯普遍缺乏信号的多样性,这似乎与人类语言的无限多样性形成了鲜明对比。不过也许正是因为有了丰富的语言,人类择偶中的虚假宣传复杂性也远远超过动物。Geoffrey Miller(2001)就指出:在进化方面激励人类发展

---

① Buss, D. M. & Schmitt, D. P. "Sexual Strategies Theory: a Contextual Evolutionary Analysis of Human Mating", *Psychological Review*, Vol. 100, 1993, pp. 204–232.

② Hatfield, E., &Rapson, R. L., *Love, Sex, and Intimacy: Their Psychology, Biology, and History*, New York: Harper Collins, 1993.

③ [古罗马]奥维德:《罗马爱经》,戴望舒译,辽宁教育出版社2011年版,第98页。

④ [美]爱德华·O. 威尔逊:《社会生物学》,毛盛贤等译,北京理工大学出版社2008年版,第173—174页。

欺骗本领的因素中，语言扮演了重要角色。[①] 人类的花言巧语比起动物来，确实有过之而无不及。

其次，人类还会搞"抹黑"宣传。动物择偶通常只是表现自己的优势，而人类的宣传不但会抬高自己，而且还会贬低别人。通过语言或非语言行为诋毁竞争对手，是人类择偶中常见的传播策略。研究表明：人们常常使用语言来操纵一个人的社会声誉，比如在择偶中诽谤自己的竞争对手。在 Buss & Dedden（1990）关于诋毁的研究中，作者获得了大学生的 83 种诋毁方式。男性和女性使用这些方式来贬低同性中的一员，使其对异性成员的吸引力降低。典型的诋毁宣传包括：散布关于竞争者的谣言、取笑竞争者的容貌、嘲笑竞争者的成就以及告诉别人竞争对手患有性传播疾病。他们发现，男性通过诋毁竞争者的资源潜力来削弱他们的吸引力。通常，男性会告诉女性某位竞争对手很贫穷、没有钱、缺乏抱负并且驾驶廉价车。而女性则会贬低其他女性的外表。在诋毁研究中，女性说她们的竞争对手身材肥胖、相貌丑陋、姿色平庸，而且一点身段也没有。[②] 对于女性来说，取笑竞争对手的容貌在短期情境中比在长期情境中更加显著有效。而另一个有效武器就是贬低对方的忠诚度。女人们很知道这一点，在婚姻市场中竞争优质男性时，诋毁对手不忠或滥交是女性在婚姻市场竞争中最为有效的一种策略。

通过上述分析可以发现，择偶过程中的伪装与宣传无处不在。这也使男女两性不得不竞相提高反宣传的能力。《罗马爱经》一方面告诉男人"你须要大胆的发誓"，另一方面又告诉女人"不要轻易的相信，太轻易的相信是很危险的"。这道出了择偶中的信息难题。就进化而来的两性传播策略而言，男性总是试图获得性利益而不付出承诺的代价。他们善于隐藏真实感情，伪装出表面的承诺以猎取芳心。女性由于在性方面较保守，总是要求男性证明自己怀有诚实的意图并且愿意承诺。女性致力于看穿可能的欺骗，发现隐藏的实情。这种斗争和博弈长期存在于两性择偶过程中。在进化心理学家 Geoffrey Miller 看来，求偶对包括信息传播与识别在内的认知能力的需求促进了大脑皮层的发展。因为男女不同的繁衍战略，

[①] Geoffrey Miller, *The Mating Mind: How Sexual Choice Shaped the Evolution of Human Nature*, NewYork: Knopf Doubleday Publishing Group, 2001.

[②] 同上。

为欺骗和侦测创立了巨大奖励。在长期的自然选择中，那些善于欺骗女性的男性（能获得更多的播种机会）和善于识破男性谎言的女性（更有利于保全自己）被选择了出来，具有更大的生存适应度。[1] 不过，这种进化就如猫鼠游戏，男性越善于说谎，女性则越善于识谎。反过来女性越善于识谎，男性也变得更善于说谎。两性博弈时有胜负，因人而异，因地而异。

四 案例分析：人类骗婚行为中的传播迷局

不论短期择偶还是长期择偶，谎言、伪装与背叛总是普遍存在。骗婚骗性案例在人类的历史长河中数不胜数。和古代社会一样，这一现象也广泛存在于现代社会。在中国，相关的报道也常见诸报端。通过这些案例我们可以进一步审视择偶过程中的传播迷局。下面摘录的两个案例均来自媒体的公开报道：

案例1：29岁的张女士是青岛某辅导学校的老师，研究生毕业的她才貌俱佳，月入过万。为找到人生伴侣，张女士注册了百合网的会员。不久，张女士通过该网站结识了王某。王某自称单身，本科毕业，在广州跟朋友合伙经营一家西餐厅，收入可观。之后，王某经常通过QQ对张女士嘘寒问暖，传达爱意，二人的感情迅速由线上转到了线下，之后不久就同居了。此后一年，王某不断以餐厅周转资金短缺、父亲脑出血需钱治疗、为张女士买房为由，先后多次向张女士借钱。张女士坚信王某对自己的痴心，先后将十多万元借给王某。2014年1月的一天，张女士与王某手挽手逛街时，意外被来青岛旅游的王某的妻子撞见。一场闹剧中张女士才知道，王某学历只是小学毕业，是栖霞的一名果农，而且已婚，还有个三岁的儿子。张女士失望至极后报了警。2014年6月11日，栖霞市人民法院经审理认为，被告人王某以非法占有为目的，采用虚构事实、隐瞒真相的方法，骗取他人财物，数额巨大，行为构成诈骗罪，判处王某有期徒刑三

---

[1] Geoffrey Miller, *The Mating Mind: How Sexual Choice Shaped the Evolution of Human Nature*, NewYork: Knopf Doubleday Publishing Group, 2001.

年零四个月，并处罚金人民币十万元。①

案例2：56岁的卢成国是浙江临海人。25年前，他与小他两岁的张丽结婚。婚后第三年，张丽生下一名男婴，取名卢波，卢成国欣喜万分。为了给儿子和家人创造更好的生活条件，卢成国此后赴外经商。但事业成功感情却出了问题，最终2008年两人离婚。在离婚时，卢成国将一套价值上百万元的房子赠予儿子卢波。2012年8月，有人向卢成国透露：卢波可能不是他亲生的，而是张丽与他人暧昧时怀上的。为揭开真相，卢成国打算做亲子鉴定。他背着儿子收集了他嚼过的口香糖残渣，通过带儿子做体检拿到了他的血液样本。之后卢成国几次委托不同的鉴定机构进行亲子鉴定，结果都证实卢波确实不是卢成国的亲生子。为了维护自己的权益，卢成国先后将卢波和前妻告上了法庭。2013年9月，临海市人民法院作出了一审判决，确认卢成国与卢波不存在亲子关系。法院判定房屋赠与合同无效；2014年6月，法院一审判决张丽赔偿卢成国抚养费及精神抚慰金等共计14万元。②

我们看到，在两个骗婚案例中，既有男骗女，也有女骗男。这说明择偶中的欺骗其实不分性别，为了自己的利益，男女都可能伪装或撒谎。

前文所述的许多男性择偶中的宣传策略在案例1中都有体现。男方有针对性地释放了女方所需求和期待的虚假信号。尽管女性在择偶过程中会综合男性的资源、外形、学历、工作、收入、性格等多方面来综合判断其品质，但事实上，除了可见的身高长相，其余肉眼不可见的信息都需要进行核实才能验证真假。在案例1中，我们可以看到，该男宣称自己"优秀"和"成功"的几个标示性信息——"本科学历""开餐馆""高收入"——全系虚假信息，女方没有核实出来。而该男"嘘寒问暖、传达爱意"的做法又深合女性择偶的心理，给女方传递了更具迷惑力的信息，掩盖了自己的短期择偶策略（本案除了骗性还有骗财）。如果不是因为街头偶遇其妻的情况发生，该男"虚构事实、隐瞒真相"的做法未必败露，虚假宣传的陷阱也可能继续存在下去。

为何这样看似荒唐的骗婚行为能够发生呢？这当然有心理学、社会学

---

① 苑菲菲、马明明、姜丽丽：《女硕士网遇假高富帅恋爱同居结伴旅游被其妻撞见》，《齐鲁晚报》2014年6月18日，http://www.chinanews.com/sh/2014/06-18/6294232.shtml。

② 林珺轩、陈栋：《养了20多年的儿子，不是亲生的》，《钱江晚报》2014年7月17日。

的原因，但从传播学的角度看，显然与现代人择偶中的信息传播迷局有关。随着现代社会的转型，一方面人们越来越独立，择偶范围在不断扩大，但另一方面，婚姻市场中的信息却越来越混浊。在传统社会，人们彼此生活在一个关系网络中，很多信息可以得到验证，例如结婚与否这样的信息很容易得到核实。一个人的品质也可以通过邻居的口碑呈现出来。传统婚姻的中介——"媒人"事实上也发挥了信息核实作用。然而在现代大规模的陌生人社会，亲属关系也好，媒人也好，再无法发挥其"舆论监督"与信息核实的作用，择偶中的欺骗与"信息造假"必然泛滥。我们可以观察到，案例1中的男女双方不是通过媒人，而是通过网络和QQ认识的。这样的网络是一个基于陌生人联合的"弱连接"网，所有的信息依靠自我报告，难以得到监督和核实，因而真假莫辨。研究表明，网络交往本身会改变自我信息的呈现。McKenna（2002）等人的研究发现，人们在网上交流时和面对面交往时会有所不同。在网上人们总是更好地表达自己，表露性也更高。[①] 可见，网络固然给人们的相亲带来便利，但由于网络呈现的个人信息真实性难以核实，因而也最容易发生骗婚骗性行为。

比起案例1，案例2中的女性欺骗行为在现实生活中要少一些。但从生物进化论的角度看，这种行为十分古老。在很多动物那里也能找到其原型。进化生物学家如此解释雌性动物的"骗婚"行为：在需要较高的雄性抚育成本的物种中，雌性需要从雄性那里得到两样东西：高质量的基因、稳定且较高的男性抚育投资。但有时候雌性很难从同一位雄性身上同时得到这两样东西。解决方法就是从一位不是非常强壮或者不是非常聪明的雄性那里骗取资源，来帮助自己抚育另外一位雄性的后代。[②] 人类女性进化出的"秘密排卵期"更为这种"欺骗"提供了便利。就男性而言，除非他能够确定女性的受精日期或掌握了该女性所有的性接触信息，否则要他准确识别亲子确实很难。

在案例2中，该女性给该男性戴绿帽子的目的我们不得而知，但该男信息不足，以致误认亲子的事实则是清楚的。他实际上碰到了人类进化史上曾经困扰所有男性的难题：如何确保自己"父权"的唯一性？男性在这

---

① [美]大卫·诺克斯、卡诺琳·沙赫特：《情爱关系中的选择——婚姻家庭社会学入门》，金梓等译，北京大学出版社2009年版，第210页。
② [美]罗伯特·赖特：《道德动物》，周晓林译，中信出版社2013年版，第62页。

个问题上尝试了各种方法，以致在有些文化中对女性的禁锢到了无以复加的地步，但仍然无法防止女性出轨。现代的婚姻法律和婚姻伦理仍然发挥着约束作用，不过它也只能部分而不能完全保证女性的忠诚。对于男性而言，现代社会的开放使女性"红杏出墙"的风险不但存在，而且有上升势头。一旦发生，我们不能指望会有任何女性在自己的丈夫面前主动坦露这种事情。在案例2中我们看到，最终男方识别出儿子非亲生不是通过妻子的主动交待，而是通过"亲子鉴定"这一科学手段。在这里，亲子鉴定实际发挥了一种信息核实的作用。有了这样一种科学手段，女性想通过"生育伪装"会变得非常困难，而且风险极高。

案例2中的另外一个信息机制我们也应当加以注意，这就是声誉机制。这是择偶过程中一种重要的信息传播和筛选机制。男方最早怀疑此事是源于"有人向他透露"的信息，足见别人对他妻子的所作所为是有看法的。这种他人的口碑与评价就构成了一种声誉机制，或者说舆论机制。在传统社会，这种声誉机制有利于信息鉴别且约束力巨大，对传统女性而言，保有贞洁的名声非常重要。风流成性、名声不好的女性会极大损害其地位和择偶竞争力。但是在现代社会，随着女性工作范围的扩大以及人口迁移和流动性的提高，稳定的声誉机制难以形成。这也给了包装和欺骗以可乘之机。一些女性官员可以"和他人通奸"，某些城市的"小姐"回到家乡仍然可以伪装成良家少女。当然，男性也一样，一些官员及土豪们即便已然"三妻四妾"，仍然可以在新的"战场"上寻觅新欢。只要信息难以核实，虚假宣传与包装就在所难免。

从上述两个案例中也能看出，现代婚姻市场中的信息不对称和信息混杂程度相当之高。这是由许多原因引起的，除了人类传播本身的复杂性外，社会的"现代化"、熟人社会的消失、人与人之间信任度的降低、人们包装意识的提高等都会导致婚姻市场的信息传播失灵。而且，这种传播失灵缺乏纠正机制。传统社会依靠熟人关系网以及声誉机制等发挥信息甄别作用，降低个体信息搜索和决策成本的方式在现代社会都难以奏效。现代媒妁——婚姻介绍所、电视红娘或网络红娘，其信誉不但无法和传统媒人相比，甚至一度成为虚假宣传和欺骗的帮凶。这些因素使现代人的择偶面临巨大的信息困境。对于那些寻求长期择偶关系的人而言，在择偶过程中不得不慎之又慎。反映在社会现象上，就是犹豫不决的"剩男剩女"越来越多，人们择偶花费的时间越来越长，结婚的年龄也越来越晚。

经济学家贝克尔的研究发现,"在其他决定因素不变的情况下,动态的、流动的、变幻的社会的婚配迟于静态的、匀质的社会中的婚配"[①]。在笔者看来,这固然与人们的主观偏好有关,但与不同社会模式下的择偶信息搜索成本也有关联。在贝克尔看来,不同特征个体的择偶成本存在很大的差异,择偶信息判断有难有易:确定教育、收入、智力、家庭背景,甚至健康状态相对比较容易,而志向、精神和发展潜力的确定则相对困难。贝克尔在对婚姻市场的研究中得出结论:"关于寻找支出的最优分配表明,婚姻决策更多地基于容易发现的特征的信息,而不是不易发现的特征的信息。所以,大体来说,根据信息完备情况下的组合分析比根据如'精神活力'等不易发现的特征的分析预测效果更好。"[②] 这是一个重要的研究发现。但如果在一个缺乏人际信任的现代社会,不但一个人的精神志向难以确定,连教育、收入、家庭背景等贝克尔认为相对容易确定的信息,在精心伪装下有时也难以弄清楚。上述的案例已充分证明了这一点。在这种情况下,很多现代人选择延长交往时间,甚至采取同居、试婚等方式来甄别对方的适合度,也就见怪不怪了。

(潘祥辉,华东师范大学传播学院副教授。本文刊载于《现代传播》2015年第3期)

---

① [美]加里·S. 贝克尔:《人类行为的经济分析》,王业宇、陈琪译,上海人民出版社2003年版,第292页。
② 同上书,第292—293页。

中国网络群体事件研究的全球学术地图
——基于 CSSCI、TSSCI 和 SSCI 数据库 2003—2014 年的实证研究[1]

苗伟山　隋　岩

摘　要： 以网络群体事件为研究主题，通过对 12 年间 53 本核心期刊的检索，本文以筛选出的 329 篇文章作为分析单元，考察了中国大陆、港台地区和国外学术界在此领域的学术实践。研究表明，从发表数量上看，该领域研究呈高速上升趋势。在研究类型上，中国大陆侧重传播机制和话语分析；港台地区多从社会抗争的角度研究；国外学术界概述性文章较多。在研究话题上，三个学术区域的旨趣基本一致：社会矛盾、政府公权、公共安全卫生等是最主要的案例类型。在理论框架中，框架理论、议程设置、沉默的螺旋等传播学经典理论使用最多，同时公共领域、社会运动和危机传播等领域的理论也经常使用。在研究方法上，质化和量化方法较为均衡，案例分析、内容分析、文本分析和调查问卷等使用较为频繁，而混合的研究方法则成为近些年的趋势。在此基础上，文章探讨了三个学术区域对话的可能，并为未来的研究指明了方向。

关键词： 网络群体事件　研究主题　趋势　理论框架　方法

一　研究背景、现存问题和目的

近十多年来，网络群体事件吸引了学术界的广泛兴趣。这里有关于环境污染（Tilt&Xiao，2010；陈阳，2010）、官员腐败（Zhou，2009）、城管打人（陈力丹，2014）等不同话题的研究；也有从舆情分析（喻国明、李彪，2010）、公共空间（赵云泽、韩梦霖，2013）、谣言传播（胡翼青，2008；隋岩、李燕，2012）等不同角度展开的分析；有对其在博客（Hassid，2012）、微博（Sullivan，2013）、搜索引擎（Jiang，2014）等不同媒介载体中的研究；还有大量关于其传播机制（师曾志，2010；李良荣、郑雯、张盛，2013）、社会政治影响的文章（Esarey&Xiao，2011；Rosen，2010）。中国的网络群体事件也在全球学术界引起了关注，《Political Communication》2011年刊发中国政治群体传播专题，《Information, Communication & Society》2014年刊发了中国社会互联网、社会网络与公民参与专刊。基于这个领域十多年来的大量文献，我们有必要对以往的研究进行系统性的回顾和梳理，但目前的文献综述普遍存在以下问题：

第一，在研究对象上，大部分的文献综述主要介绍国内的研究（例如，谢进川，2010），零星也有介绍国外的学术动态（例如，王超群，2012），但是没有全面总结中国大陆、港台地区和国外学术界的综合性研究。

第二，在研究内容上，很多研究是基于事件本身的梳理（例如，钟智锦、曾繁旭，2014；王辰瑶、方可成，2009），很少有对学术研究本身的类型、主题、理论、方法等进行分析的系统性研究。

第三，在研究时间上，大部分研究都是某一年或几年的总结（例如，李彪，2011；谢耕耘、万旋傲，2012），少有跨时十多年的历时性大跨度研究。

第四，研究目的上，现存大量研究仅仅就事论事，或者是描述性概述。本研究将在内容分析的基础上对三地的学术领域进行比较研究，避免概述性研究的偏颇和局限性。

基于此，对中国大陆、港台地区和国外的相关研究进行一个为期十多年的梳理非常有必要。本文采取文献荟萃分析的思路（Meta-analysis based on literature，MAL），这个方法适合对某个研究领域进行严谨的评价，有助于获得其他领域的高度认可（An&Cheng，2010），因此也被广泛地应用在传播学领域的研究中（So，2010；Wei，2009）。

本文旨在系统性地检验2003—2014年间发表在中国社会科学引文索引（下文简称为CSSCI）、台湾社会科学引文索引（下文简称为TSSCI）

和社会科学引文索引（下文简称为 SSCI）中网络群体事件的研究。具体来说，文章通过内容分析总结了这十年中主要研究类型、话题、理论框架、方法，从而描摹这个领域的研究范式、存在的问题以及未来的研究趋势。本文还特别关注同一个研究对象在三个区域的学术圈有何差异化的学术呈现，这也为未来从知识生产和知识社会学的角度探索提供了基础。

二 研究问题

荟萃分析一般关注这个领域采取了哪些理论视角、用什么研究方法、分析哪些话题。例如魏然研究中国新媒体技术的文章中，主要集中在媒介技术种类、研究话题、理论视角和方法四个方面（Wei, 2009）。基于本文的研究目的，主要研究问题包括：

研究问题 1：过去的十多年在该领域发表了多少篇研究成果？其发表数量有何变化？

研究问题 2：这十多年的主要研究类型有哪些？中国大陆、港台地区和国外学术界有何侧重点？

研究问题 3：这十多年的主要研究话题有哪些？中国大陆、港台地区和国外学术界有何侧重点？

研究问题 4：学者们在分析网络群体事件时最常用的理论框架有哪些？

研究问题 5：这个领域最常使用哪些研究方法？中国大陆、港台地区和国外学术界有何侧重点？

三 研究方法

（一）抽样

首先，在来源期刊和数据库的选择上，本研究采取了如下步骤：

1. CSSCI 期刊。中国大陆新闻传播学期刊选择《国际新闻界》《新闻与传播研究》《新闻大学》和《现代传播》这四种期刊。有研究认为这四种期刊不论从 CSSCI 上榜持久性、影响因子和半衰期等维度考核，都是新闻传播领域最强的四本期刊（杜骏飞，2007），并且在相关的荟萃研究中，这四本期刊都是研究对象（徐剑，2009；段京萧、任亚萧，2009；

刘阳，2010）。

2. TSSCI 期刊。港台地区选择台湾社会科学引文索引中的三本新闻传播类期刊：《新闻学研究》《中华传播学刊》《传播与社会学刊》。[2] 其中《新闻学研究》于 1967 年在台湾创刊，被誉为"台湾第一种新闻传播学术性期刊"（李瞻，2005）。《中华传播学刊》是台湾中华传播学会的会刊，于 2005 年进入 TSSCI。《传播与社会学刊》于 2006 年由香港中文大学和香港浸会大学创刊，于 2013 年被纳入 TSSCI。

3. SSCI 期刊。根据汤森路透公司的 SSCI 数据库统计，2014 年 SSCI 共计收入新闻传播类期刊 77 本，因为这些期刊内容广泛，不同学者一般会截取 SSCI 数据库中相关主题的部分期刊进行分析，例如苏钥机教授在分析亚洲传播时，选择了 23 本核心期刊（So，2010）。根据本文的研究对象，选择了 46 本核心期刊。[3]

本文的数据主要是从中国大陆的知网（CNKI）、中国港台地区三个期刊的官网以及西方的大众传播数据库（Communication and Mass Media Complete）中选择，统计截止到 2014 年 12 月 4 日。[4]

其次，在具体的文章筛选中，因为网络群体事件相关概念繁多，例如有网络突发事件、新媒体事件、网络舆论事件等，其对应的英文名称也有 Online Activism、Online Collective Action、Online Protest、Internet Events，等等。本文将网络群体事件界定为"由特定事件引发网民关注、讨论和行动，通过形成网络舆论影响现实社会的传播现象"（隋岩、苗伟山，2014）。

在实际操作中，因为很难通过这么多关键词穷尽所有文章，在中国大陆和港台地区的抽样中，因为覆盖的期刊较少，本文对 7 本期刊逐期检索，大陆共筛选出 256 篇，港台地区 25 篇。在英文期刊中，因为期刊数量过多，研究者对选中的期刊分别在题目、关键词和摘要中用 China、Chinese 两个关键词检索，得到 276 篇文章，继而根据文章摘要和内容逐一审核，筛选出符合要求的文章 48 篇。

（二）分析单元和编码分类

研究焦点是研究者试图去描述或解释的主要话题或主体（An&Cheng，2010：73）。参考对网络群体事件的划分（许敏，2013；董天策、王君玲，2011），本文编码类别包括：（1）概述研究，包括对网络群体事件的界定、特定现象特点描述，以及社会影响等；（2）理论研究，指的是文章主要对相关理论在网络群体事件上进行检验、探索和相关建构等；（3）媒体话语，主要是对关于媒体事件的各种媒体的内容分析、报道框架、使用策略分析等；（4）传播机制，指网络群体事件的传播特点、过程、舆情分析和引导以及各种流言、谣言研究；（5）危机传播，从危机传播、风险社会、公关管理等角度对网络群体事件的认知、传播和管理研究；（6）社会抗争，侧重研究网络群体事件的媒体动员、社会组织和抗争性质的研究；（7）政治参与，主要关注网络群体事件的政治参与、公共协商以及相关的公民社会、公共治理等政治学角度的分析研究。

研究话题，是研究网络群体事件的类型。现实中群体事件的分类已经比较成熟（薛澜、钟开斌，2005；张伦、钟智锦、毛湛文，2014），但群体事件在现实和网络中有很大不同（方付建、王国华，2010），本文在参考十多年案例的基础上，将其划分为以下几大类（见表1）：

表1　网络群体事件研究话题分类和说明[5]

类型	说明	举例
自然灾害	由于不可抗拒的自然原因造成的各种气象灾害、地质灾害和生物灾害等	汶川地震、舟曲泥石流、北京"7·21"大雨
事故灾害	包括各种交通运输事故、安全事故、和社会生活密切相关的环境生态以及社会生活事故	温州动车追尾事件、央视大楼大火事件
公共安全卫生	影响到整个社会的各种传染病事件、食品安全、动物疫情以及各种影响公共健康卫生的事件	"非典"事件、毒奶粉事件、甲型H1N1事件
政府公权	包括政府机构或相关人员滥用公权、渎职、恶性执法或执法不公以及各种反腐事件	微笑局长事件、"躲猫猫"事件、邓玉娇事件

续表

类型	说明	举例
社会矛盾	包括征地、拆迁、劳资矛盾等涉及生计的事件，也包括关注弱势群体、呼吁公平正义等社会风气的事件	重庆钉子户、乌坎事件、黑砖窑事件
环保事件	涉及社会某个区域的各种环境安全、污染、生态保护等事件	厦门PX事件、番禺垃圾焚烧、PM2.5事件
其他事件	包括民族主义事件、慈善公益、网络谣言、人肉搜索、娱乐恶搞等	抵制家乐福事件、虐猫事件、抢盐谣言

理论运用。在过去的荟萃分析中，理论运用主要是辨析在文章中是明显的理论使用（Riffle& Freitag，1997）。本文研究中主要分析文章是否对相关理论进行了验证、分析、探索和阐释，而仅仅在分析中提到理论名称或简单的说明，在本文的界定中并不纳入理论运用的类型。在具体的编码中，相关文章涉及的理论名称直接被编码记录，例如框架理论、铺垫理论、形象修复理论等。如果文章中涉及多个理论，所有的理论都被编码记录。

研究方法。大部分传播学研究方法都可以归类到量化、质化和混合三个框架内（Trumbo，2004）。量化研究是通过系统性筛选分析数据来研究相关问题，主要包括描述性分析、内容分析、调查统计和实验法等。陈向明（2006）认为，质化研究是对研究现象进行深入的整体性探究，对其行为和意义建构获得解释性理解的一种活动，质化方法主要包括个案分析、文本分析、深度访谈、焦点小组、民族志等。如果文章中混合使用了多种研究方法，则被编码为"混合"并详细注明具体的方法名称。

（三）编码过程

为检验编码准则和定义的清晰度，本研究采用重测法（王石番，1992：310）。首先随机选取了50篇文章，两位编码者对50篇文章进行独立编码，相互之间不进行沟通和讨论，接着通过内容分析相互同意度及信度检验公式进行测量（王石番，1992），测量公式如下：

$$相互同意度 = \frac{2M}{N_1 + N_2}$$

$$信度 = \frac{n \times （平均相互同意度）}{1 + [（n-1) \times 平均相互同意度]}$$

M 完全编码相同的次数
N1 第一位编码员的同意数量
N2 第二位编码员的同意数量
n 参与编码的人员数量

根据以上公式计算，发表文章的年度数量统计的信度为100%，研究领域的信度为91%，研究话题的信度为89%，理论统计为90%，方法统计为91%。总体的相互信度达92%。内容分析的信度系数达到85%就是比较满意的结果（Kassarjian，1977），因此本研究的相互信度符合其标准。

三 研究结果

（一）文章发表数量趋势

本领域总体研究成果逐年呈上升趋势。2008 年是一个分水岭，之前年发表数量基本是个位数，2008 年之后攀升到30篇左右。2012年之后迎来又一个研究高峰，2012 年当年有58篇相关研究，2013 年共计74篇，2014年（截至12月初）共计68篇。在学术期刊上，中国大陆4份期刊发表数量基本持平，港台地区较多发表在《传播与社会研究》（17篇，占港台总量68%），国外发表较多的期刊有 Chinese Journal of Communication（11篇，23%）、International Journal of Communication（8篇，17%）、Media Culture & Society（6篇，13%）、Public Relations Review（6篇，13%）、New Media & Society（5篇，10%）等（见图1）。

（二）研究类型

总体研究类型明显地分为三个梯队：大部分研究集中在传播机制（24%）、媒体话语（23%）和概述研究（18%），这三类共占65%；第二梯队包括危机传播（13%）、政治参与（8%）和社会抗争（9%），占

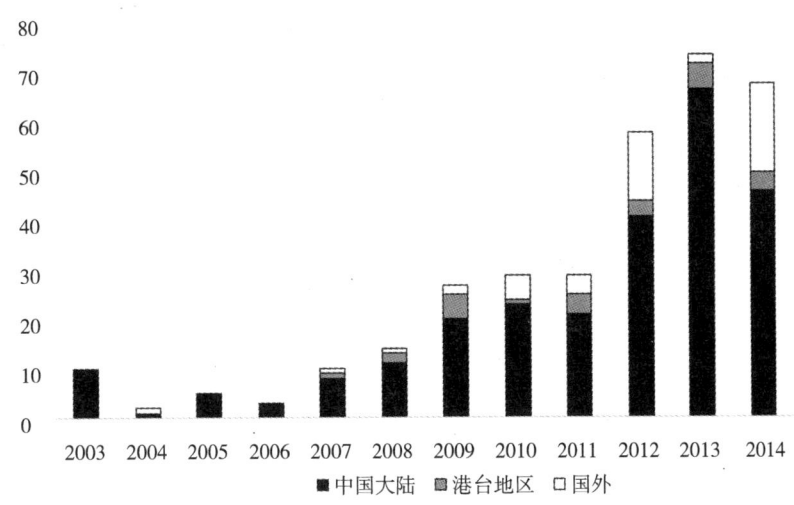

图1 2003—2014年新闻传播学期刊论文发表数量

所有研究近1/3；理论研究属于涉及最少的领域（5%）（见图2）。

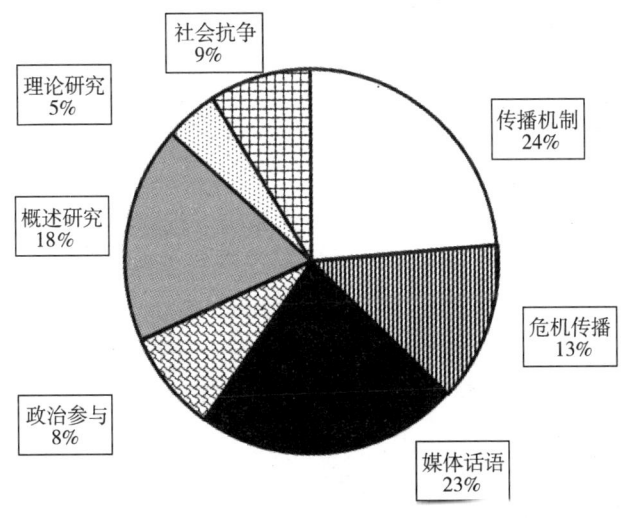

图2 2003—2014年网络群体事件的研究类型

就三个区域差异看，中国大陆的研究主要是以传播机制、媒体话语为主。港台地区除了在媒体话语之外，大量研究集中在社会抗争（林芬、赵鼎新，2008；黄月琴，2012）。各种概述性的研究在国外最热门（Hassid, 2012；Esarey&Xiao, 2011），值得关注的是，在中国大陆最流行的传播机制研究在国外的比重较少（见表2）。

表2 中国大陆、港台地区和国外文章研究类型的比较

研究类型	总体（%）	中国大陆（%）	港台地区（%）	国外（%）
传播机制	24	28	12	8
媒体话语	23	23	32	19
概述研究	18	18	4	25
危机传播	13	14	8	13
政治参与	8	8	8	13
社会抗争	9	5	24	19
理论研究	5	4	12	4

（三）研究话题

社会矛盾是学术界最关注的焦点（19%），这里包括征地、拖欠工资等现实生计，还有弱势群体、公正道义等问题。政府公权是另一个热点（17%），有关公权滥用、渎职、网络反腐等也是学术界关注的重点。另外，公共安全（15%）和环保事件（13%）因为关系到社会民生，也有较多研究。中国大陆和国外研究兴趣基本相同，中国港台地区在公共卫生安全和政府公权上兴趣较低，研究最多的是环保事件（曾繁旭，2009；黄月琴，2012）。

需要特别说明的是，某类话题因为单个的研究数量较少，被归类在"其他"中（见图3），这类事件主要包括民族主义事件、慈善公益、网络谣言、人肉搜索、娱乐恶搞等。因为研究数量较少，各个事件的占比相对均衡，娱乐恶搞是研究最多的话题。此外，港台地区和国外更关注民族主义、慈善公益和人肉搜索等话题。

（四）理论应用

从理论应用的标准衡量，共99篇文章涉及理论的应用、阐释、验证或拓展，这其中91%的文章使用了单个理论，9%使用了多个理论。中国大陆研究的理论性较差，只有不到1/5的文章涉及理论；国外研究中，理论应用达到40%；港台地区则有过半的文章都涉及理论，其中有8%的研究混合使用了两个以上的理论。

在所有的理论中，传播学领域的理论是最多的，以框架理论

传播学 中国网络群体事件研究的全球学术地图

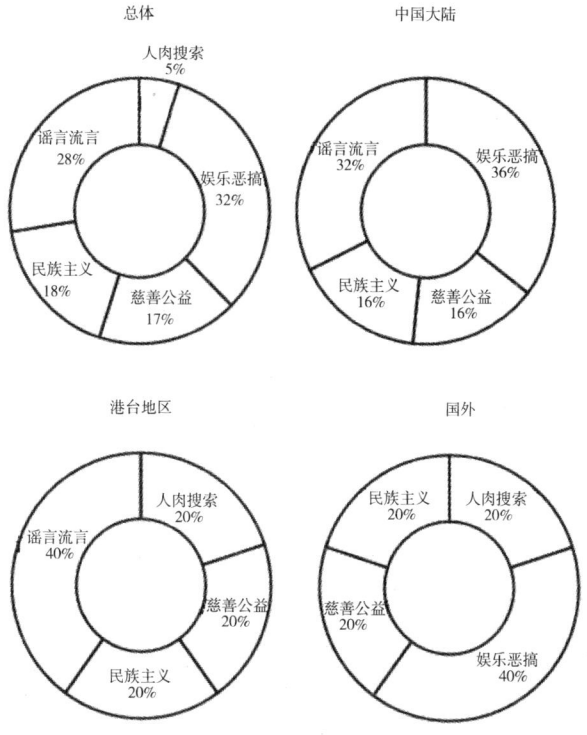

图 3 其他类研究的话题分布

(Zhou&Moy, 2007)、议程设置（李黎丹，官建文，2013）和沉默的螺旋（张金海、周丽玲、李博，2009）等为主。公共领域理论也被较多运用（Li, 2010; 尹连根，2013）。另外，相当部分研究涉及社会抗争，因此社会运动的相关理论，例如动员理论（孙玮，2009）、政治机会理论（张宁，2013）等也被较多采纳（见表3）。

表 3 主要理论的使用

理论名称	举例	占比（%）
传播学理论	框架理论（20%）、议程设置理论（5%）、沉默的螺旋理论（3%）	30
公共领域理论		15
社会运动理论	动员理论（5%）、政治机会理论（3%）、价值累加值理论（1%）	13

续表

理论名称	举例	占比（%）
危机传播理论	风险社会理论（5%）、情景式危机传播（2%）、形象修复理论（2%）	11
公民社会理论	协商民主理论（2%）、公民社会理论（2%）	9
社会心理理论	集体记忆（2%）、认知权威理论（2%）	6
话语理论	对话理论（1%）、话语权理论（1%）	6
认同理论	身份认同理论（1%）、承认政治理论（1%）	5
其他		5

备注：如果一篇文章引用两个以上理论，所有理论都纳入计算。因此本研究统计了在涉及理论的99篇文章中所有被引用的108个理论。

（五）方法使用

研究显示，本领域总体上量化和质化的方法持平，各占1/3，另外有21%的文章没有研究方法，15%使用混合的研究方法。从不同区域上看，中国大陆的研究中描述性研究（26%）、量化（32%）、质化（31%）较为均衡；中国港台地区以质化（30%）和混合方法（44%）为主；国外则量化（40%）、质化（33%）和混合方法（21%）都有使用（见图4）。混合的研究方法在中国港台地区和国外都较多，且所占比例逐年上升，这表明了随着研究的深入，学者们试图通过多种方式挖掘更加丰富的信息。

在具体方法上，内容分析、案例分析、文本分析使用最多。另外，中国大陆研究中还较多地使用了问卷调查（8%），中国港台地区在深度访谈使用上一枝独秀（使用率：中国港台地区21%，国外12%，中国大陆4%），国外则广泛涉及民族志（Sun，2012）、时间序列分析（Hassid，2012）等多种方法。

四 讨论与结论

本文系统性、全面性、比较性地将在中国大陆、中国港台地区和国外的网络群体事件研究作为分析对象，总结这十多年该领域的研究现状、问题以及未来的趋势，这为未来的研究提出了思考：

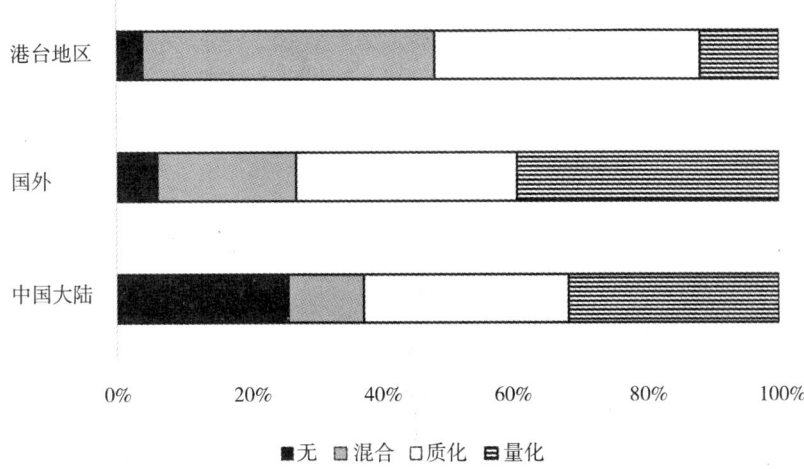

图4 中国大陆、港台地区和国外的研究方法总体情况

备注：如果一篇文章使用两个以上方法，所有方法都纳入计算。因此本研究统计了使用了研究方法的258篇文章中所有被使用的方法，共计313个。

首先，网络群体事件的学术研究既与现实密切相关，也受到了研究立场的影响。中国大陆从传播机制和危机传播视角展开的大量研究都内嵌着管理的视角。从"非典"、汶川地震等自然灾害到温州动车等事故灾难，从乌坎事件到毒奶粉事件，层出不穷的网络群体事件对社会秩序带来了极大的挑战。在这样的背景下，大量网络舆情监控、传播机制、危机应对等研究应运而生。中国港台地区的研究中则较多以社会抗争的视角予以关注。概述类研究是国外研究的主流，体现了国际学术界对中国这一独特的社会现象的关注和兴趣。这个领域的研究已经有十年，本文的分析也证明了学者们尝试从更多角度所做的努力，未来的研究将朝着更加多元化、跨学科的方向发展。

其次，这个领域的大部分研究目前还没有涉及理论的验证、解释和发展，在本文的抽样中，尚有相当部分的"三无"研究（无研究话题、无理论、无方法），这并不利于学术的有效积累和发展。在新闻传播研究中，理论在学术发展中至关重要（Chaffee，1996：15）；但是中国学者擅长的是从实践出发，而非从理论逻辑的思辨来研究问题（李喜根，2009）。网络群体事件是转型期中国的独特现象，为我们提供了丰富的研究素材，也为中国大陆和港台地区、西方的学术对话提供了机会。这也正是本文的旨趣：以网络群体事件为依托，探索中国大陆、港台地区和国外学术研究的异同和对话的可能。

网络群体事件是中国社会现实丰富且复杂的一个切面，我们不仅借此打通学术研究和社会实践的双向沟通，以学术理解和解释实践，以实践反哺和推动学术，更以具有中国特点的区域经验链接了和国外学术对话的可能。正如本文研究展示的，中国大陆的研究提供了丰富的素材和洞见，港台地区的学术思考贡献了独特的视角和方法，国外的研究则展示了可能的方向和路径。摆在中国学者面前的，就是对现实问题进行独特性的分析，同时兼顾学术理论的普遍性，在学术与实践的交锋之中产生与世界的有效对话。

（苗伟山，清华大学新闻与传播学院博士研究生；隋岩，中国传媒大学电视学院教授。本文刊载于《国际新闻界》2015年第1期）

注释

［1］本研究得到了清华大学金兼斌教授、曾繁旭副教授和戴佳博士的建议，同时对美国宾夕法尼亚大学杨国斌教授、美国北卡罗来纳大学夏洛特分校蒋敏教授的反馈和指导表示感谢。另外，本文在《国际新闻界》的发表版本上对相关文字作了调整。

［2］信息检索来源：台湾"科技部"人文社会科学研究中心，TSSCI收录期刊名单，http：//www.hss.ntu.edu.tw/model.aspx? no=67，2014年9月1日。

［3］本研究选择的SSCI中46本期刊的名单列表如下：

期刊英文名称	期刊英文名称	期刊英文名称
Communication Research	Communication Theory	Personal Relationships
Journal of Communication	Public Opinion Quarterly	New Media & Society
Journalism Studies	Journalism	Media, Culture & Society
Communication Monographs	Science Communication	Health Communication
Interaction Studies	Political Communication	Journal of Mass Media Ethics
Visual Communication	Journal of Media Economics	Written Communication
Media International Australia	Public Relations Review	Javnost – The Public
Comunicar	Public Understanding of Science	Media Psychology

续表

期刊英文名称	期刊英文名称	期刊英文名称
Quarterly Journal of Speech	Human Communication Research	Television & New Media
Journal of Language and Social Psychology	International Journal of Communication	Research on Language and Social Interaction
Chinese Journal of Communication	Asian Journal of Communication	Information Communication & Society
Communication And Critical Cultural Studies	Journal of Public Relations Research	Critical Studies in Media Communication
Journal of Computer Mediated Communication	Management Communication Quarterly	European Journal of Communication
International Journal of Public Opinion Research	Journal of Applied Communication Research	International Journal of Press Politics
Mass Communication And Society	Journal of Broadcasting & Electronic Media	Journalism & Mass Communication Quarterly
Journal of Media Psychology-Theories Methods and Applications		

[4] 本文的检索时间截止到 2014 年 12 月 4 日。对于 2014 年之前的文章，大部分都已通过数据库检索到，其中《新闻与传播研究》未将 2013 年部分文章上传到中国知网，本文通过纸质版期刊进行查阅。《中华传播学刊》和《传播与社会学刊》的官方网站有小部分文章未全文上传，本文根据文章摘要进行初步筛选后，直接联系相关作者索取文章。对于 2014 年的文章，虽未能覆盖全年，但已检索到截止到 12 月初的所有文章，基本能代表 2014 年的研究情况。

[5] 对于网络群体性事件的研究话题分类中，自然火害、事故灾害和公共卫生安全的说明参考借鉴了薛澜、钟开斌对于中国群体性事件的解释（薛澜、钟开斌，2005）。

参考文献

1. 陈力丹：《客观、平衡地报道社会冲突——浙江苍南城管打人和被打事件报道分析》,《新闻界》2014 年第 5 期。

2. 陈阳:《大众媒体、集体行动和当代中国的环境议题——以番禺垃圾焚烧发电厂事件为例》,《国际新闻界》2010 年第 7 期。

3. 陈向明:《质的研究方法和社会科学研究》,教育科学出版社 2006 年版。

4. 董天策、王君玲:《网络群体性事件研究的进路、议题与视角》,《现代传播》2011 年第 8 期。

5. 杜骏飞:《中国大陆新闻传播学期刊学术水平与排名分析:基于 CSSCI 的次级研究》,《中国传媒报告》2007 年第 1 期。

6. 段京萧、任亚萧:《新闻学与传播学学术期刊影响力研究报告(2005—2006):基于 CSSCI 的分析》,《新闻大学》2009 年第 2 期。

7. 方付建、王国华:《现实群体性事件与网络群体性事件比较》,《岭南学刊》2010 年第 2 期。

8. 胡翼青:《流言传播背后的结构性因素——以"叫魂"和"非典"为例》,《新闻与传播研究》2008 年第 3 期。

9. 黄月琴:《社会运动中的承认政治与话语秩序:对厦门"散步"事件的媒介文本解读》,《传播与社会研究》2012 年第 20 期。

10. 李彪:《网络事件传播阶段及阈值研究——以 2010 年 34 个热点舆情事件为例》,《国际新闻界》2011 年第 10 期。

11. 李良荣、郑雯、张盛:《网络群体性事件爆发机理"传播属性"与"事件属性"双重建模研究——基于 195 个案例的定性比较分析(QCA)》,《现代传播》2013 年第 2 期。

12. 李黎丹、官建文:《从征地拆迁、环境污染事件看新媒体情境中的议程设置》,《现代传播》2013 年第 6 期。

13. 李喜根:《新闻与传播学理论以及新闻与传播学科学研究》,《新闻与传播研究》2009 年第 1 期。

14. 林芬、赵鼎新:《霸权文化缺失下的中国新闻与社会运动》,《传播与社会学刊》2008 年第 8 期。

15. 李瞻:《大时代见证:万里孤鸿》,台北:三民书局 2005 年版。

16. 师曾志:《网络媒介事件及近年来的研究现状与特点》,《国际新闻界》2010 年第 6 期。

17. 隋岩、李燕:《从谣言、流言的扩散机制看传播的风险》,《新闻大学》2012 年第 1 期。

18. 隋岩、苗伟山:《中国网络群体事件的主要特征和研究框架》,《现代传播》2014 年第 11 期。

19. 孙玮:《中国"新民权运动"中的媒介"社会动员"——以重庆"钉子户"

事件的媒介报道为例》,《新闻大学》2008 年第 4 期。

20. 王辰瑶、方可成:《不应高估网络言论——基于 122 个网络议题的实证分析》,《国际新闻界》2009 年第 5 期。

21. 王石番:《传播内容分析法:理论与实证》,台北市:幼狮文化出版社 1992 年版。

22. 徐剑:《中国新闻传播学高被引论文分析:基于 CSSCI、CNKI 两个主流引文数据库的研究》,《上海交通大学学报(哲学社会科学版)》2009 年第 1 期。

23. 王超群:《西方新闻传播学关于群体性事件的研究综述》,《国际新闻界》2012 年第 7 期。

24. 谢进川:《互联网与群体性事件研究评述》,《现代传播》2010 年第 8 期。

25. 谢耘耕、万旋傲:《不同类型媒介在公共事件中的角色变迁——基于 2007—2011 年重大公共事件的实证研究》,《现代传播》2012 年第 11 期。

26. 许敏:《网络群体性事件研究:路径、视角与方法》,《甘肃社会科学》2013 年第 4 期。

27. 薛澜、钟开斌:《突发公共事件分类、分级与分期:应急体制的管理基础》,《中国行政管理》2005 年第 2 期。

28. 尹连根:《结构·再现·互动:微博的公共领域表征》,《新闻大学》2013 年第 2 期。

29. 喻国明、李彪:《2009 年上半年中国舆情报告(上)——基于第三代网络搜索技术的舆情研究》,《山西大学学报(哲学社会科学版)》2010 年第 1 期。

30. 曾繁旭:《形成中的媒体市民社会民间声音如何影响政府议程》,《新闻学研究》2009 年第 100 期。

31. 赵云泽、韩梦霖:《从技术到政治:中国网络公共空间的特征分析》,《国际新闻界》2013 年第 11 期。

32. 张金海、周丽玲、李博:《沉默的螺旋与意见表达——以抵制家乐福事件为例》,《国际新闻界》2009 年第 1 期。

33. 张宁:《抗争与迂回:社区集体行动中抗争传播的观察与分析》,《新闻与传播研究》2013 年第 4 期。

34. 张伦、钟智锦、毛湛文:《基于文本挖掘的公共事件分析(2012—2014)——类别、涉事者、地理分布及演化》,《国际新闻界》2014 年第 11 期。

35. 钟智锦、曾繁旭:《十年网络事件的趋势研究:诱因、现状和结局》,《新闻与传播研究》2014 年第 4 期。

36. An, S. Y. & Cheng, I. H. (2010), "Crisis communication research in public relations journals: tracking research trends over thirty years", in Coombs, W. T. & Holladay, S. J. (ed.): *The Handbook of Crisis Communication*, Wiley – Blackwell.

37. Chaffee, S. H. (1996), "Thinking about Theory", In Michael, B. S. . & Don, W. S. (Eds.), *An Integrated Approach to Communication Theory and Research*, Mahwah, NJ: Erlbaum.

38. Esarey, A. & Xiao, Q. (2011), "Digital communication and political change in China", *International Journal of Communication*, (5), 298 - 319.

39. Hassid, J. (2012), "Safety valve or pressure cooker? Blogs in Chinese political life", *Journal of Communication*, 62 (2), 212 - 230.

40. Jiang, M. (2014), "The business and politics of search engines: A comparative study of Baidu and Google's search result", *New Media & Society*, 16 (2), 212 - 233.

41. Kassarjian, H. H. (1977), "Content analysis in consumer research", *The Journal of Consumer Research*, 4 (1), 8 - 18.

42. Li, S. B. (2010), "The online public space and popular ethos in China", *Media, Culture & Society*, 32 (1), 63 - 83.

43. Riffle D., Freitag A. (1997), "A content analysis of content analyses: twenty - five years of Journalism Quarterly", *Journalism and Communication Quarterly*, 74 (3), 515 - 524.

44. Rosen, S. (2010), "Is the internet a positive force in the development of civil society, a public sphere, and democratization in China?" *International Journal of Communication*, (4), 509 - 516.

45. So, C. Y. K. (2010), "The rise of Asian communication research: a citation study of SSCI Journals", *Asian Journal of Communication*, 20 (2), 230 - 247.

46. Sullivan, J. (2013), "China's Weibo: Is faster different?" *New Media & Society*, 15 (6), 1 - 14.

47. Sun, W. N. (2012), "Desperately seeking my wages: justice, media logic, and the politics of voice in urban China", *Media Culture & Society*, 34 (7), 864 - 879.

48. Tilt, B. & Xiao, Q. (2010), "Media coverage of environmental pollution in the People's Republic of China: responsibility, cover - up and state control", *New Media & Society*, 32 (2), 225 - 245.

49. Trumbo, C. W. (2004), "Research methods in mass communication research: A census of eight journals 1990 - 2000", *Journalism and Mass Communication Quarterly*, 81 (2), 417 - 436.

50. Wei, R. (2009), "The state of new media technology research in China: a review and critique", *Asian Journal of Communication*, 19 (1), 116 - 127.

51. Zhou, X. (2009), "The political blogosphere in China: A content analysis of the blogs regarding the dismissal of Shanghai leader Chen Liangyu", *New Media & Society*, 11

(6), 1003 - 1022.

52. Zhou, Y. Q. & Moy, P. (2007), "Parsing framing processes: the interplay between online public opinion and media coverage", *Journal of Communication*, 57 (1), 79 - 98.

电视传播与村民国家形象的建构及乡村社会治理

——基于贵州、湖南、河南三省部分乡村的实地调查

孙秋云 王利芬 郑 进

摘 要：近年来，国家形象和社会治理都是学术界探讨的热点问题，但乡村村民心目中的国家形象与乡村基层社会治理之间的关系学术界却少有涉及。调查组对贵州、湖南、河南等地乡村的实地调查显示，电视传播在乡村社会信息传播中占有主导性地位，对于乡村村民国家形象的认知起着重要的作用，这种影响主要表现为中央政府与地方基层政权、中央电视媒体与当地县市电视媒体间较为强烈的认知割裂状态。本文提出，可以从电视传播在国家治理转型过程中的处境、对中央政府形象的积极建构和对地方基层政权权威的客观消解等方面作出客观的分析和结论，并就改进地方电视媒体传播体制和机制提出建议。

关键词：电视传播 乡村村民 国家形象 乡村社会治理

中图分类号：C912〔文献标识码〕A〔文章编号〕1000 - 114X（2015）01 - 0207 - 08

国家形象是一个国家对自己的认知以及国际体系中其他行为体对它认知的结合，是一系列信息输入和输出所产生的结果。它反映在媒介和人们心理中是对于一个国家及其民众的历史、现实、政治、经济、文化、生活方式以及价值观的综合印象，美国著名的政治学家布丁（Kenneth Ewart Boulding, 1910—1993）将其概括为"是国家的外部公众和内部公众对国家本身、国家行为、国家的各项活动及其成果所给予的总的评价和认定"[①]。近十多年来我国学术界对"国家形象"的研究颇为关注，主要集中在传播学、新闻学、国际关系学等领域，占主流的研究多聚焦于国际关系中我国国家形象建构及其传播的策略问题，少数学者也涉猎国内"国家形象"的研究，但多是通过二手文献，即以民国、港台地区或较为早期的报纸、期刊为文本资料，对国家形象或政治人物的想象进行内容分析，专门研究当下日常生活中普通民众，尤其是乡村村民对国家形象的理解、认知和态度的成果极少。

在国家形象的塑造中，作为国家政治代表的政府无疑具有决定性的作用。政府的执政理念、制度安排及施政举措，对于其在意识形态领域占据领导地位、塑造政府执政合法性，进而凝聚民心、团结和动员大众等方面都具有根本性的意义。基于当前我国的政治文化，对于普通民众而言，政府的形象，实际上就是代表了国家的形象。在我国现行政治体制中，中央政府的执政理念、制度安排会通过大众传媒迅速、简洁地传达给社会大众，而民众对政府执政理念和制度安排的体会则主要通过地方政府及其下派组织官员的施政行为来感受，两者之间时不时地会产生一定的差异甚至错位现象。这种差异和错位，会在普通民众的心理和观念上造成一种割裂，不利于基层社会的治理。鉴于此，我们结合自身近些年来率课题组在我国河南、贵州、湖南等省部分乡村地区所做的实地调查，尝试探讨乡村村民在日常生活中对国家形象的理解、态度和感受，进而探讨随着电视传媒等电子媒体的发展，"国家形象"传播对乡村社会治理的影响和意义。

一 电视传播在乡村社会中的地位

自20世纪90年代以来，电视媒介已经成为我国民众获取信息的主要渠道之一。据国家统计局的统计，到2010年底，我国广播和电视的综合人口覆盖率已分别达到96.8%和97.6%，每百户彩色电视机拥有量城镇

[①] Boulding, K. E. 1959, "Ational images and international systems", *Journal of Conflict Resolution*, p. 3, pp. 119–131.

为137.4部，农村为111.8部；全国中、短波转播发射台822座，调频转播发射台1.16万座，电视转播发射台1.6万座，微波实有站2376座；开办电视节目3350套，其中公共电视3272套，公共电视节目播出时间1635.5万小时；有线广播电视用户18 872万户，其中农村7293万户，数字电视8870万户；有线广播电视入户率为46.4%，其中农村入户率为29.35%。[①] 随着电视的普及以及电视传播媒介技术手段的不断创新，电视媒介对社会和民众的影响远远超越了以往诸如报纸、杂志、广播、电影等类型的传统媒体，成为普通百姓，尤其是乡村村民日常生活中最受欢迎的媒体。2009年7月和2010年7月，我们率调查组在贵州黔东南地区雷山县、黎平县和湖南湘西凤凰县等苗族、侗族乡村进行实地调查时，少数民族村民休闲娱乐的方式主要是看电视、赶集逛街、聊天、走亲访友、看书报、玩牌或打麻将、听广播、运动、旅游、参加宗教活动、拉歌跳舞、睡懒觉等，其中看电视的比例最高，达到了87.4%（详见表1）。在贵州雷山县西江苗寨和黎平县肇兴侗寨乡村村民的问卷调查中，占89.4%的乡村村民表示电视是他们获取信息的主要渠道，互联网、口耳相传分列为二三位（详见表2），这与其他学者在汉族地区农村所做的调查结果基本一致。[②]

表1　黔湘两省三地少数民族山村村民主要参与休闲娱乐活动类型（N=776）

休闲活动类型	频数（人）	所占比例（%）
看电视	678	87.4
看书报	100	12.9
赶集逛街	185	23.8
聊天	322	42.8
走访亲友	121	15.6
玩牌、打麻将	125	16.1
听广播	43	5.5
运动	88	11.3

---

① 中华人民共和国国家统计局：《中国统计年鉴2011》，中国统计出版社2011年版，第329、894页。

② 凌燕、李发庆：《当代中国中、东部农民与媒介接触使用情况实证研究》，《广告大观（理论版）》2006年第4期。

续表

休闲活动类型	频数（人）	所占比例（%）
旅游	17	2.2
参加宗教活动	11	1.4
拉歌跳舞	19	2.4
睡懒觉	40	5.2
其他	41	5.3

注：在湘黔两省三地少数民族山村共发放问卷1000份，回收有效问卷776份，问卷设计中允许每个村民填写不超过三项的主要休闲娱乐活动形式。

表2 贵州黔东南地区西江苗寨、肇兴侗寨青壮年男性群体获取信息主要渠道（N = 141）

获取信息渠道	频数	百分比（%）
电视	126	89.4
报纸、杂志	24	17.0
广播	11	7.8
互联网	35	24.8
口耳相传	32	22.1

注：问卷设计中允许村民填写不超过两个主要获取信息渠道。

二 电视传播中村民对国家政权的割裂认知

如果说"国家形象"置于国际关系中是包含一个国家的政府及其民众的历史、现实、政治、经济、文化、生活方式以及价值观的整体化或一体化的形象，那么在我国乡村社会中，村民所理解和感触到的国家形象则主要是政府形象。他们往往是从媒体传播中的中央政府领导人言谈举止、颁布的政策、他乡的繁荣与自身生活的遭际等方面的比较中加以体验和建构国家形象，这其中起主要作用的媒体就是电视。

笔者率课题组在河南省汝南县乡村、贵州省雷山县西江苗寨和黎平县肇兴侗寨做调查时，村民的反映大多是："国家的政策是好的，就是一到下面的官，都是坏心眼了！""大家都知道，中央政策是好的、公平的，但是下面搞得乱七八糟……没有办法。中央为人民着想，地方为荷包着想。"当调查员问他们："你们又没有去过北京，没有见过胡锦涛，你们怎么知道中央是好的呢？"村民的回答大多是："我没有见过胡锦涛？我天天见（注：指在中央电视台第一套的《新闻联播》节目上见到），我对胡锦涛天天在干什么很清楚！""看电视啊！《新闻联播》每天看他们，胡锦涛、温家宝、习近平……你看温家宝，跟老百姓在一起的时候多亲切！你再看我们这里的干部，一年四季你见不到他们，他们搞得比温家宝还忙！""哪个晓得我们县长、乡长叫啥名字，鬼影都没见过！"① 从这些话语中我们不难发现，电视传播的现实特点在一定程度上促使了村民从国家政治结构的"上"和"下"的角度来看待国家和政府，形成了"上好—下坏"这种割裂式的认知形象。

除了"上好—下坏"的认知外，村民从电视传播中还有一个"外"和"内"的对比，认为"他乡"发展得很好，而自己生活的"本乡"发展很糟糕，从而得出自己生活的"本乡"不及"他乡"的认知和印象。"每次看中央新闻里播的，我就感到气愤，同样是一个领导、一个国家，别的地儿能搞得这么好，咱这儿凭啥就搞不好呢！？""中央说的都很好，地方的都是变动的。新闻说的都是真实的，中央说的到地方说的就不一样了，黎平（县）说的和肇兴（乡镇）说的也不一样。像经济啊、照顾啊，（中央说的时候）什么都有，说到这里（乡镇）什么都不对头了。"② 村民们通过接收到的中央电视台新闻中反复播放的农村其他地方的典型经验、发展图景以及介绍外乡的好干部如何带领当地群众发展致富的故事，使得接受电视传播的村民观景生情，心理上产生"落差"，有了"他乡"发展得好，自己生活的地方发展得差、比较落后，遇到不顺心的事情时愈加对本地的政府和官员印象不好，对本地社会的发展也愈加失望和不满。

---

① 孙秋云等：《电视传播与乡村村民日常生活方式的变革》，人民出版社2014年版，第187、221、245页。

② 同上书，第245、121页。

三 村民对中央电视媒体与地方电视媒体的认知差异

在对地方基层政权形成趋恶看法的同时,乡村民众对地方电视台等媒体也形成了同样的印象。绝大部分村民相信中央电视台更为公正,更为基层百姓的利益着想。我们在贵州省雷山县西江镇调查时,当地村民就直接表白自己的观点:"我一般都看中央1台、4台、5台、12台。我不喜欢本地台,因为中央(电视)台更切合实际、公道。本地的(电视)很假。我不信任它,好的就报道,坏的就不说,只往好的方面宣传。""雷山(县)台不看,看中央(电视台)新闻,地方政策都是一句话,对国家政策不了解。像去年的雪灾补助款,上面拨下来每家150元,我们实际才得到50元。中央是很体谅我们农村的,就是(地方政府)欺上压下。""中央他们都是不了解基层,上面来检查都隐瞒过去了⋯⋯但这里的记者都是依赖政府,是连贯(注:串通的意思)在一起的。以后有一天我有事,我会打电话到中央电视台。我不相信贵州电视台⋯⋯我们这里的电视台就是政府的一个鼻子出气的,政府说你可以报道,电视台就报道,政府说你不要报道,电视台就不会报道。所以这样下面的政府做得不好,上面的也不会知道了,除非你直接去找中央电视台,像中央12台啊、《焦点访谈》啊,他们不怕得罪地方的政府。"[①]

在河南省汝南县乡村调查中得到的反映也与贵州乡村村民的观点类似:"国家的政策、一举一动都在新闻里。我看新闻的时候,要是小孩跟我争(电视频道),我都不愿意。牵连着国家政策变不变的问题,牵连着农民的利益。底下干的违法的事,与上面的政策都不吻合。上面的政策,下面的对策。中央新闻当然客观真实,它对外广播了,它能胡来吗?代表着国家的形象呢!看了中央(电视台)看河南(电视台),看《都市频道》,再看驻马店《汝南新闻》,谁看哩!现在农民的觉悟都高了。有时候地方新闻像说空的一样,咱亲身体会的事难道咱会不知道?所以电视上说的不真实。《汝南新闻》报喜不报忧,又是修路了,这儿了那儿了的,

---

① 孙秋云等:《电视传播与乡村村民日常生活方式的变革》,人民出版社2014年版,第121、219—220页。

都牵涉着群众的利益呢!领导又上那去又上这去参观,去看贫困户,有的报的是虚夸的,有的贫困户比谁都富裕!""中央新闻里讲的肯定是真的,中央都不搞真的,那哪中啊?地方新闻尽表功,说瞎话,还要天天播、反复播,谁会去看呢?汝南县是啥情况我还不知道么?几个小厂早就弄垮了,(地方新闻里)还说经济每年发展。到处脏得要死,电视里却搞得那么干净,骗傻子呢!"[1]

这种对电视媒体认知的态度并不是个案或特例,而是一种较为普遍的现象。有学者曾在全国范围对870位农民进行过抽样调查,结果显示当前乡村生活中,占54.5%的青年农民、64.1%的中年农民、58.4%的老年农民都喜欢看中央电视台的《新闻联播》,并且一致认为中央电视台的新闻节目最可靠、最真实。[2]

英国著名社会学家斯图亚特·霍尔(Stuart Hall,1932—2014)在其名作《电视话语中的编码与解码》一文中认为,电视符号是一个复杂的符号,它自身是由视觉话语和听觉话语相结合而构成的,社会现实存在于语言之外,但它永远要依靠并通过语言来作中介,这就是编码与解码。他提出了三种解释电视产品生产者在电视符号内涵上的编码与电视产品接受者如何解读电视符号内涵意义的解码立场,史称"霍尔模式",即:第一种是主导—霸权地位的立场(dominant-hegemonic position),指的是受众的解码立场与电视制作者的"职业制码"立场完全吻合,这是一种理想的"完全明晰的传播"形式。第二种是协调地位的解码立场(negotiated code),指的是受众可能充分地理解占主导地位意识形态所给定的意义,但他们一方面承认主导意识形态的权威性和合法性,另一方面也强调自身情况的特殊性。即受众对电视产品的解码既不完全同意,又不完全否定,处于一种与主导的意识形态充满矛盾和协商的过程。第三种是完全对抗性的解码立场(oppositional code),即受众可能完全理解电视话语赋予的字面和内涵意义,但他们每每根据自己的经验和背景,读出自己的理解和意

---

[1] 孙秋云等:《电视传播与乡村村民日常生活方式的变革》,人民出版社2014年版,第242、246页。

[2] 申端锋:《电视与乡村社会的变迁》,《华中科技大学学报(社会科学版)》,2008年第6期。

义来。[①] 若拿霍尔的这套编码解码理论来解释当今我国乡村村民对电视话语的解读，则他们对中央电视台，尤其是《新闻联播》《焦点访谈》《今日说法》等新闻时政类栏目的电视话语所持的是第一种立场，对省级地方电视台相关栏目电视话语所持的是第二种立场，对县市级电视台相关栏目的电视话语则持第三种立场。这在一定程度上真切地反映了我国当前社会转型时期各地社会发展的不平衡以及普通乡村村民对不同层级政府的形象和权威的认知与期望。

四 电视传播与乡村基层社会治理张力

为什么在乡村村民的认知中会产生这样一种中央政权与地方基层政权、中央电视媒体与地方县市电视媒体间如此强的认知错位和割裂状态？究其原因，大致可归为这样一些因素在起作用：

1. 在20世纪80年代以前，由于国家社会生活是政治统率一切，经济与社会生活领域也是高度意识形态化，基层政权与中央政府唱的是一个调，做的是一个事，因此，尽管乡村村民没有直接接触中央政权或国家级领导人，但广播上说的与基层干部传达的是同一个信息。这时的国家形象在革命的意识形态教育和宣传中是上下一致的。自80年代初实行改革开放以后，发展经济成了全国各地社会生活的中心，下级政府作为上级政府的直接代理者的角色发生了变化。由于意识形态压力衰减而经济发展的压力增大，地方政府在扮演中央政权政策执行者身份的同时加上了地方利益代表者的角色，各地方政府之间的关系变成了竞争性的协作关系，地方政权及其官员有了自身的政治和经济利益诉求。这样，上下级政府在资源的利用与分配、利益的选择等方面也一改过去单向度服从上级命令的模式，逐步演化为讨价还价式的协商、合作型模式。在这种情形下，地方政府会根据自身的需要对中央政府的政令采取某种程度上的变通或选择性执行，这就是所谓的"上有政策，下有对策"，使得中央政策在执行过程中严重

[①] [英]斯图亚特·霍尔：《电视话语中的编码与解码》，载罗钢、刘象愚《文化研究读本》，中国社会科学出版社2000年版，第351—365页。

变形或走样①。而自20世纪90年代以来，乡村电视的普及改变了当地社会政治信息输入的渠道，普通村民可以在电视直播中直接感知中央政府的政策大纲和施政理念，因而在社会治理大转型的过程中，乡村村民再也不愿意认可基层政府是国家的代理人，也不再轻易从基层政权那里来获取国家的政策信息，而是倾向于直接从媒体，尤其是从中央级电视媒体中获取中央政府的政策信息。这一方面树立了乡村村民心目中中央政权的权威和其国家代表的形象，同时也对日常生活中实际接触的基层政权权威和国家代表的形象产生了消解或解构的作用。

2. 电视媒介在乡村村民心目中建立了中央政权的权威，增强了村民对中央政府能力的信任，但这种权威和信任均来自于电视媒体上宣传的理念。理念，是一个社会或一个组织想要达到的愿景，常常是理想化的但常人却难以触及的东西。有时这种愿景还被神圣化或上升为意识形态，成为人们的精神依托。我国电视传播所构建的正是这种象征性的政治形态，它成为村民心目中政治的"理想类型"。当村民以之为标准来衡量现实生活中基层政权的具体工作时，常会产生达不到人们心理预期的失落感。这样，乡村居民就会对实际工作的执行者产生不信任、不认可，但他们依旧会接受和认可电视荧屏中所展示的中央政权和上级领导的工作面貌，接受电视媒介的政治社会化。这就不可避免地形成了地方，尤其是基层政府行为合法性与其所代表的国家形象之间的一种割裂状态。

治理，汉语原指"统治、管理"或"得到统治、管理"的意思，如《荀子·君道》曾云："明分职，序事业，材技官能，莫不治理，则公道达而私门塞矣，公义明而私事息矣。"英文中的"治理"（governance），一般也是指"被统治的状态"或"统治的方式、方法或制度"②。但政治学和社会学意义上的"治理"，涵义显然与一般理解的有所不同。有学者将"统治"与"治理"加以比对后认为，从机制上看，治理既包括政府机制，也包括非正式的、非政府的机制，而统治的机制和权威只能是政府的；从机制的运作上看，统治强调自上而下的"指导""命令"，治理更

---

① 崔金云：《合法性与政府权威》，《北京大学学报（哲学社会科学版）》（2003年国内访问学者、进修教师专刊）2003年，第65—70页。

② [美]乔治·弗里德里克森：《公共行政的精神》，张成福等译，中国人民大学出版社2003年版，第84页。

强调合作信任与权力分散，强调国家和社会的合作，是一个上下互动的管理过程，主要通过合作、协商、伙伴关系，确立认同和共同的目标等方式实施对公共事务的管理；从活动主体看，治理的主体可以是公共机构，也可以是私人机构或公共机构与私人机构的合作、强制与自愿的合作，统治的主体则只能是政府机构；从管理范围看，政府统治所涉及的范围是以领土为界的民族国家，其权威主要源于政府的法规法令，治理的权威主要源于公民的认同和共识。因此，治理主要代表一种政府行政、公众参与、非政府组织作用和企业影响的共同行为，它主要是一种协调、参与和磋商的过程，是民主成分居多的议政行为。① 据此，乡村基层社会的治理，主要是指乡镇政府依据国家的法律、法令和政策，与乡村社会中不同群体、不同组织及广大村民相互合作、共同协商，使其积极参与公共事务管理、维护乡村社会秩序，促进乡村社会健康发展的过程和结果。

在我国，电视媒介是各级政府建立权力与威信的重要舆论工具，也是动员民众相互合作、共同参与公共事务管理、维护乡村秩序和社会发展的有力杠杆。广大乡村居民可以通过这一通道直接了解县级以上国家权力机构想要传达的执政理念和政策，但他们一般不会对电视运作的背后机制和成规做细致的思考和分析。经过"把关人"的严密把关，媒体呈现在受众面前的不一定是现实世界的全面图景，而是符合需要出现的图景。中央电视台的综合类新闻节目，特别是《新闻联播》，是乡村村民热衷观看的为数不多的电视节目之一，当经过中央电视台"把关"的关于现实世界的信息在全国乡村受到青睐时，这种单一化的、经过意识形态严格选择的事实在乡村村民心中就会成为认知世界的全部图景。除了可以看到中央政府如何整肃吏治、惩罚贪官之外，村民在中央电视台的新闻中更多看到的是"有利于全国农民"的良好政策意图，以及诸多的先进典型是如何将这些政策执行到位的，又是如何把某地乡村建设得欣欣向荣的等事例的报道。这种站在中央宣传部的角度俯瞰全国的新闻在把报道中的个别典型美化的同时，客观上也恶化了乡村村民对自身所在地区基层政权的评价。乡村村民自己一般情况下并不会主动反思反映在电视机屏幕上的事实是被精心加工过的、专门反映"典型政绩"的事实。中国的地域差别很大，各地具体情况有所不同，因此也不能排除各地干部的勤勉程度有差异，但是

---

① 鲁哲：《论现代市民社会的城市治理》，中国社会科学出版社2008年版，第11—12页。

如果中央电视台新闻一味突出"先进典型",而不把这些典型的特殊条件加以全面地呈现,则从客观上消解了不少地方乡村基层政权的权威性和行政的合理性。

当然,乡村村民对待电视新闻也不完全是被动的。不论是中央电视台还是地方电视台,电视播放一条新闻往往只有几秒或至多数分钟的时间,普通村民很难通过这么短的新闻来全面正确地把握国家政策,他们往往会倾向于从有利于自身利益的角度来理解和解读国家政策。同时,电视是一种告知型媒体,通过中央电视台新闻所传播的政策信息没有和传播者直接面对面交流的机会,因此,电视新闻所传播的信息注定只能是笼统的、概要性的介绍,不可能顾及不同地区的差别,故只通过电视了解到的国家政策,也注定不可能是完整的国家政策信息。

五 基本结论

通过以上的研究和分析,可以得出这样几个结论:

1. 电视在乡村社会的普及,拉近了中央政府与乡村村民的距离,它将国家的惠农政策直接传播给了村民,起到了构造乡村村民对于国家形象和中央政权政治认同的重要作用。

2. 由于目前我国乡村基层政权与普通村民之间缺乏有效的信息交流平台,当村民从中央或省级以上电视媒体中第一时间了解到来自中央政府的大政方针时,地方基层政权由于行动的滞后、迟缓,或者对中央政府的决策实施不到位,导致乡村村民对地方政权的认同度和权威性下降,进而将他们从国家代理人的形象和身份中割离出来。

3. 电视新闻的传播,在构造乡村村民对于中央政府高度认同和信任的同时,客观上削弱了基层政府和村民之间的精神联系,这一方面有利于中央政府的权威树立和国家形象的建构,另一方面也导致了地方政府,尤其是乡镇政府及其下派干部国家代理人身份和形象的疏离,增加了乡村基层社会进行政治动员和社会治理的难度。

4. 这种中央政府与地方基层政府、中央电视媒体与地方电视媒体在乡村村民心目中的分离或错位,表面上看是由电视传播内容与村民接受电视传播时对其意义的解码造成的,但背后深层次的因素则是由我国电视传播的体制和机制以及政治文化的生态所造成的。

在现实的乡村治理结构中，村民们一旦发现基层政府有与民争利的行为、严重的贪污腐败行为、与中央政策明显不相符的侵害地方利益的行为时，往往会采取三种方式解决：一是上访；二是打电话给媒体，尤其是电视媒体，希望媒体能够进行曝光，主持公道；三是采取群体性事件的方式，把事情闹大，以期引起上级领导和中央电视媒体的关注，最终加以解决。在现实的压力型体制下，村民上访是被禁止的；打电话给电视台，由于各种原因，地方电视台对当地敏感性事件也往往采取回避、隐瞒、屏蔽的态度或方式加以处理，使得当地老百姓深感失望，失去了对地方媒体所抱有的基本信任。由于我国法制建设的现状，老百姓对法庭低效的体验和对法律执行的基本不信任以及原有乡村"亲情"文化的深深影响，"以法治乡"也还远不是全国多数乡村进行基层社会治理的首选路径。基于此，如果乡村社会的矛盾，尤其是涉及较大经济利益的干群关系之间的矛盾没办法找到宣泄的路径，则往往会促成乡村地区群体性事件的形成或爆发。因此，利用现有的电视在乡村基层社会中的地位，改革现有的地方电视台传播体制和机制，释放地方电视台在乡村基层民众社会生活传播中的主体性和能动性，让其成为乡村潜在较大社会矛盾的揭发口和宣泄点就显得非常重要。只有地方电视媒体能够与基层社会的村民、干部积极互动，准确、公正、完整地报道社会事实，才能帮助乡村村民更好、更全面地理解自己的权利和国家政策的执行特性，构建基层政权的合法性，进而推动乡村基层社会的科学治理，对乡村社会的现代化建设事业起到积极的引领作用。也只有借此一途，地方电视媒体也才能取信于基层百姓，营造出一种有求必应、公平公正、与百姓心连心的新形象。

（孙秋云，华中科技大学社会学系教授；王利芬，华中科技大学外语学院讲师；郑进，华中科技大学社会学系博士研究生。本文刊载于《广东社会科学》2015年第1期）。

中国电影的全球化想象与自由流动身份建构

张建珍 吴海清

摘 要：中国电影文化近年来令人印象深刻的现象之一，就是商品、资本、人员的全球性自由流动及其成功神话，并在其中不时点缀某种身份认同，尤其是民族认同。但这些身份认同在影片中并不具有独立价值，而只是作为有待全球资本认可的身份。由此，这些影片不仅掩盖了全球化和身份认同之间的不一致，更是掩盖了包括身份认同在内的各种文化和运动对资本、商品全球化的抵抗。

关键词：全球化 自由流动 身份认同 资本 想象

2013年的电影《中国合伙人》中有几个镜头令人印象深刻，一个是成东青、孟晓骏、王阳三人年轻时申请去美国时的万头攒动的情景，一个是孟晓骏申请成功后别离时的豪言壮语，一个是成东青创办的出国英语培训学校中学员们的亢奋，再有一个就是成东青们成功后在美国的自得。这些镜头让人们不得不思考中国电影全球化想象的三个问题：第一，全球化的流动真的是一种自由的流动吗？还是只是资本的自由流动呢？《中国合伙人》提供包括人力资本在内的全球资本可以自由流动而人员缺乏相应的自由流动的影像。在成东青、孟晓骏等人不具有资本或者其自身没有被转化为资本之前，他们是无法全球流动的，或者流动了也只是边缘化，或者被迫中止，或者似乎与跨国化的存在有点关系而最后还是被抛弃。只有成东青们成为具有全球资本力量的人，甚至被华尔街纳入其全球资本系统之中的人，他们才可以自由流动。第二，全球化秩序是一种正义的秩序，还是一种缺乏公正的秩序？或者说全球化秩序到底是谁的秩序？尽管

《中国合伙人》不是一部专门探索全球化秩序的电影，但从影片中可以清楚地看到它所肯定的全球秩序只是资本所有者的秩序，而不是开放的、人们可以自由而平等商议的秩序，更不是一种培养公共善的正义秩序。尤其是影片最后的美国谈判，谈判双方没有以规则、共同善、正义等价值与秩序为基础来展开，而是单纯的利益诱惑。为孟晓骏曾经所在的实验室命名也只让人看到结果，并在此基础上产生某种民族自豪感和扬眉吐气感受，其背后也只是简单的资本权力逻辑，而忽视了这种命名本身作为一种荣誉所需要的美德支持和正当程序支撑。从某种意义上说，《中国合伙人》的叙事裂缝透露出的政治无意识可以概括为资本至上。第三，全球化是一种同质性的过程，还是多元与差异的维护和对话过程？《中国合伙人》中的全球化过程虽然可以看到不同个体奋斗的差异，但这种差异只是方法和路径差异，而不是实质的多元化，英语、资本、美国、成功就是目标。影片主人公一再提到的中国本质上是民族主义面具之下的去民族化。当他们豪情万丈地走在美国街头时，他们身上既没有民族记忆，更没有任何民族符号。这时的成东青们的身份，既不是中国的，也不是美国的，而是全球资本的。准确地说，他们的身份建构及其认同已经在某种程度上转移到全球资本手中。[①]

如果人们仔细考察近年来的中国电影，不难发现《中国合伙人》所表现出来的全球化想象及其问题并非个案，而是近来中国电影文化的常见现象，如《澳门风云》《十二生肖》《泰囧》《当北京遇见西雅图》《富春山居图》《分手合约》《致我们终将逝去的青春》《被偷走的那五年》《小时代》系列，以及《春娇与志明》《桃姐》《非诚勿扰》《杜拉拉升职记》《窃听风云3》《夜·上海》《神话》《功夫之王》《非常幸运》《警察故事》《私人订制》《同桌的你》《后会无期》《香气》等，都已经将全球化作为电影叙事中的重要因素，成为建构人物生存世界、生活故事和自我认同的力量，也成为重塑当下中国形象的关键，尽管一些影片没有直接表现全球资本建构人们身份认同和全球秩序的形象。

---

① Boris Kagarlitsky, *The Twilight of Globalization Property, State and Capitalism*, Translated by Renfrey Clarke, Pluto Press, 2000, p. 1.

一 空间奇观与中国电影全球化想象霸权

全球化是时间被压缩到空间中的过程，一方面全球化通过资本、人员、商品、信息等方面流动，而渗透到全球所有空间之中，包括现代性阶段存在于文明之外的自然空间，并将世界组织到资本和商品的全球化整合之中；另一方面全球化又将现代性叙事中的现代与传统、进步与落后等以时间为主的世界想象转化为差异与奇观，保留差异作为可以全球开发、可以全球流动或被全球流动者自有消费的奇观。这也被中国电影文化所广泛采纳。

首先，我们看到近年来中国电影开始了全球化现象。作为典型的商业大片，《十二生肖》《富春山居图》《神话》《功夫之王》等影片将功夫这一为世界电影消费者所熟知的元素运用到电影之中的同时，也将中国功夫运用到全球景观之中，还通过好莱坞近些年来风靡全球的夺宝叙事将中国传统文化元素的价值放在全球化模式中加以彰显，从而突出了中国与全球化的联结。《十二生肖》表现了杰克偷盗圆明园被掠夺的四座生肖铜像，在文物学家关教授女儿Coco的爱情和爱国心的影响下，最终将这些生肖铜像归还中国。影片涉及了来自世界多个国家的文物贩子和收藏家，杰克等人的活动足迹也遍及亚洲、欧洲的诸多地区，文物、资本、人员、景观的全球流动等构成了这部影片最重要的现象。电影《富春山居图》则以为台北故宫博物院与浙江杭州分别收藏的半幅，并即将在台北故宫博物院合璧展览的元代画家黄公望所画《富春山居图》被窃为题材，讲述了警官肖锦汉等人夺回宝物的故事。故事在迪拜、台北、东京、北京、杭州等地展开，涉及来自中国、日本、英国等国家的各种偷窃宝物和夺回宝物人物之间冲突。《神话》以秦朝的宝石力量牵连起中国、印度、朝鲜半岛的几千年故事，印度的景观、歌舞和神秘宗教，中国的历史、爱情和寻宝活动，来自朝鲜半岛美丽的女性和跨越两千多年的爱情，糅合在一起，打造了一个具有东方奇观特点的寻宝故事。《功夫之王》则以中国功夫和护道传统，结合好莱坞电影的正义情怀、独立自主精神和个人英雄主义，完成了一个正义战胜恶魔的故事，中国、美国等空间被整合到这部电影之中。

这些影片运用了全球化电影商业美学元素，如盗宝与护宝、科学恶魔、人物跨国活动、善与恶的冲突、人类毁灭与拯救、反社会人物被感化而成为维护正义的英雄、美丽女性作为爱情与牺牲者、全球尤其是东方奇观、功夫等,从而构建了一个以全球消费者为对象的电影文本,尽管这些影片并未实现其全球票房的梦想。虽然这些影片是颇为典型的中国电影好莱坞化的文本,非常充分地体现了好莱坞电影文化、电影结构方式以及由此创造的全球电影消费者的心理与情感结构影响民族电影的深度,但我们这里无意分析这些电影是如何运用这些全球商业电影元素来建构其影像叙事,而将分析的重点放在影片如何建构全球化想象的。作为以华语为主要语言、以华人为主要人物的电影,这些影片可以说是中国电影直接展开全球化想象的重要文本。虽然港台电影早已经开始了华语电影的全球化想象和区域想象,甚至具有某种更加开阔的全球化视野、更丰富的全球化经验和更复杂的全球化身份体验,如王家卫、蔡明亮、吴宇森等人的电影,或者香港的移民题材电影与缉毒题材电影早已经将以中国香港为中心的中国大陆、台湾,以及日本、韩国、东南亚、澳洲、欧美等囊括到电影的想象之中,更重要的是香港电影长期在吸收全球电影文化的同时,既参与到全球共同体想象之中,也深刻地表现了全球化带来的人们身份认同的变化等,[1] 但《十二生肖》《富春山居图》等电影因为产生的语境、想象的主体、想象的对象等方面的不同,而呈现出中国电影全球化想象的不同特点。

其次,我们不难看到中国电影的全球化想象尽管不是强调民族身份,但这种民族身份想象依然延续着东方主义奇观化中国,并将之内化为自我认同的问题,只是这种奇观化中国的现象已经被放在全球语境之中,且时常采取在全球化之中奇观化他者的方式来确认自我。这些电影依然延续了此前中国电影的某些空间想象和空间文化传统,如中国/西方、传统/现代、发展/发达、抗争/霸权、边缘/中心等。如《十二生肖》《富春山居图》固然采取了全球夺宝/护宝的故事,但基本还是以西方发达国家,包括日本为掠夺者,而以中国为被掠夺者,而且影片中一再强调中国概念,这同好莱坞一些夺宝/护宝电影以印第安人或者其他未发达族群的宝物为对象时的叙事比较一致,而同好莱坞以西方国家的宝物为争夺对象的电影

---

[1] Gina Marchett and Tan See Kam, *Hong Kong Cinema and Global Change: in Hong Kong Film, Hollywood and the New Global Cinema: No film is an island*, Edited by Gina Marchetti and Tan See Kam. Routledge, 2007.

叙事则有很大不同，后者很少强调某种国家或者民族观念。由此，《富春山居图》《十二生肖》等电影同《黄飞鸿》《霍元甲》等电影民族抗争叙事具有了一脉相承的共同性了，而只不过将被动的抗争转化为主动的维护，将抗争的场所由中国国内转化为全球空间。《神话》穿越题材中涉及印度和中国，有意思的是这两个国家基本上是以东方主义的奇观呈现在电影中，如宗教、自然、风俗和浪漫的爱情等的奇观化，而来自朝鲜半岛的人则被女性化。这既延续了中国传统和现代香港电影中的某种中国中心论，也承袭了好莱坞电影和西方文化中的奇观化东方及其霸权建构的传统。[1]《功夫之王》中的传统中国和现代美国、护法精神和建立宇宙秩序分别为两个具有中国功夫与文化意识的中国人和一个年轻的美国青年所担当，让人看到了好莱坞叙事规范以及好莱坞世界电影市场所转化出的文化霸权之强大。

尽管这些影片的叙事中还延续着上述中国/西方等方面的痕迹，但这些影片确实有很突出的全球化与奇观化他者相结合的特点。这些影片的人物已经是可以自由地在全球空间中流动的人物了。《十二生肖》与《富春山居图》中的人物自由地在全球各地出没于各种主流场所中，如迪拜塔、高档酒店与写字楼、购物中心、酒会等，而毫无陌生感。这既不同于《推手》《刮痧》《不见不散》《唐山大兄》等影片中中国人在西方世界的边缘化的情形，也不同于《阿飞正传》等影片中华人在全球化中的陌生感和过客感。《神话》中的杰克虽然活动空间主要为印度和中国，而且其背景还是以传统景观化社会为主，但人物以具有现代主体性的身份观赏、经历这些景观，表现出非常充分的自由流动特点；而《功夫之王》中的人物则经历了一个非常典型的从传统到现代、从边缘到中心、从区域到全球的转化过程，并成为人类秩序的维护者。这些人物也都处在全球性网络之中，对全球性网络有着自觉的认识和主动的选择，且在全球网络中没有突出的身份归属。《富春山居图》中除了警察之外的其他人更加认同的全球性网络而非某种身份归属，《十二生肖》的杰更是如此，《神话》和《功夫之王》中的人物或者作为时空的穿越者，或者作为人类秘密的维护者，其身份认同与个人或者某种抽象的精神更加密切，而同地域、传

---

[1] [美]爱德华·W.萨义德：《文化与帝国主义》，李琨译，生活·读书·新知三联书店2003年版，第1—18页。

统等文化归属感则有距离。

而且，这些影片都有关于全球秩序的建构意识。《十二生肖》中海外华人爱国意识的表述、《富春山居图》中文物归属的对话、《神话》中宝石归于国家的意识、《功夫之王》中维护人类正义秩序的护法精神等，都涉及全球化正当秩序的问题。值得注意的是，这些影片中的各种宝物固然有中国背景，但它们在全球化世界中已经具有了人类共同的价值或者说体现了文明的重要价值，具有了为全世界所共同认可和追求的价值，这在某种程度上不单纯将中国文明推到全球化的前景，更是赋予了中国文明某种全球共享、具有整合全球力量的价值。这非常类似于好莱坞电影中将美国精神作为全球正义秩序建构者和维护者的想象。比较好莱坞电影，我们可以看到，中国文化和美国精神一样都具有美好、担当、浪漫等特点，都有地方文化精神与人类共同体主流价值相一致的想象，都会强调本土精神在创造或者维护人类正当秩序中的作用，都在创造着拯救或者维护全球秩序的英雄，影片中都会强调国家精神或者文化身份归属，等等。由此可以看到，这些影片已经在创造某种全球中国化的想象。当然，好莱坞电影所表现的美国精神和中国电影也存在着个人偏好与集体偏好的区别。[1]

此外，这些电影全球化景观已不再仅仅以所谓东方奇观的展示为主，而是非常重视以全球主流消费中心为核心了，甚至在《富春山居图》中，阿拉伯沙漠中的牵骆驼人就退到微不足道的位置了。《富春山居图》与《十二生肖》的全球景观为当代消费社会的主流景观自不待言，而影片中的华人在这些景观社会中从容自如甚至作为焦点人物，自然象征着中国已经有自信在全球消费主义景观世界中占据主流地位并奇观化东方他者了。我们可以通过比较《神话》与《功夫之王》，来看看中国奇观化东方他者的现象。《神话》是一部关于中国与印度、朝鲜半岛想象的电影。在《神话》中依然有着东方奇观，但这个东方奇观的观赏者是中国人，有着东方式爱情遭遇，是这个爱情中的核心人物。换句话说，这个中国人就像当初的西方人自我想象一样，在东方世界中遭遇冒险、美丽的风景与风俗、财富和魅力女性的爱情。于是，我们不得不问这部电影是否在复制着西方的东方主义，也不得不问这种以奇观化东方为特点的思维方式所想象的全

---

[1] [美]拉里·A. 萨瓦尔、理查德·E. 波特、埃德温·R. 麦克丹尼尔：《跨文化传播》，闵惠泉等译，中国人民大学出版社2010年版。

> 全文转载

球秩序具有正当性基础吗？《功夫之王》是关于中国与美国、人类想象的电影。影片中的中国是非常边缘化的，美国青年是在一个类似唐人街的混乱而昏暗的小店中寻找中国功夫，由一个华人老者向年轻人讲述功夫和传说故事，两个几乎不知年代的中国功夫高手护持着人类正义的秘密，这两个人最后要将宝物和秘密传给年轻的美国人，最后拯救人类的中心人物是这个年轻人。如果不考虑市场因素，我们可以问一个问题，这样将人类正义拯救和维护的责任让渡到一个年轻的美国人身上为什么会发生？这种让渡背后的意识形态是什么？

我们无意讨论上述问题，而是想回到中国电影的全球化想象独特性：在全球语境中，将比中国欠发达或者更小的国家作为奇观，而在遭遇美国等发达国家时又被奇观的现象。从电影文化角度来看，这种现象的出现是香港电影进入内地、大陆电影市场快速扩大、中国在合拍电影中话语权增强等方面的结果，但更深层次的原因则是中国进入全球市场、成为全球资本与商品整合之地、中国崛起而强调全球化时代的话语权等方面的结果。但是，如果中国电影继续走在这种奇观和被奇观的路上，希望中国电影能为全球提供具有正当秩序的文化想象就是令人怀疑的，中国电影或许会成为西方电影长期存在的东方主义的一个翻版。

二 中国电影全球化现象：资本权力与身份建构

在商业大片之外，中国电影日渐成熟的其他类型片中全球化想象更加深入，不少影片中的人物身份认同直接关系到全球化。如《非诚勿扰》《杜拉拉升职记》《北京遇见西雅图》《泰囧》《非常完美》《非常幸运》《小时代》《致我们终将逝去的青春》《中国合伙人》《同桌的你》《分手大师》《后会无期》等电影所体现出来的全球化语境中建构自我身份想象和私人生活空间的现象。

《非诚勿扰》虽然还延续着冯小刚电影市民化和幽默风格，但电影不仅将活动空间扩大到海外，将日本景观纳入到中国电影想象之中，作为中国电影文化消费对象，而不同于《不见不散》的美国环境几乎游离在人物之外并难以作为景观被消费的情形。更重要的是，影片中人物具有了全球资本支持下的自由流动的特点。两部《非诚勿扰》中的人物都具有相当的资本支持，人物在全球化的休闲娱乐、购物、度假和旅游等场所如鱼得水一般的生活，人物的自我认同既不在冯小刚此前市民电影的生活空间，也不在明确民族身份界限之内，而是在作为全球化权力的资本以及各种体现资本身份与地位的消费世界。《杜拉拉升职记》中，人物无论爱情还是自我认同都是同资本密切相关的。人物矛盾冲突的核心是如何说服与吸引国际资本，人物日常生活是由各种全球信息、全球品牌、全球化工作与生活场所、跨国人物交往、国际会议等所构成，人物的爱情则以双方参与国际资本游戏的成败、在国际知名的度假等所构成，而影片的一个核心话题就是国际资本如何构建了全球商业、人们日常生活和个体自我身份等。

《北京遇见西雅图》在北京、西雅图和纽约三地展开人物故事。尽管影片非常重视表现情感的价值，甚至最后女主人翁文佳佳突破了金钱的束缚而走向了独立和真情，但人们不难看到这部影片中另外一个更强大的力量，即资本的力量。文佳佳在美国租房待产期间，以金钱力量而自负、大量购买名牌甚至以钱压人，但其他的人并没有以道德或者真情等来面对文佳佳的资本强势，而是以一个关于更大资本的含蓄形象和奇观化的同性恋故事来建构租住房子中人们之间的秩序和平等关系。郝志作为中国知名的医生，为了女儿的未来来到美国，从事普通的接送客人工作，本以为凭借独立劳动、爱和尊严就可以获得平等与尊重，但结果是离婚、个人的不开心以及整个电影中近乎沉默的边缘性。换句话说，尽管影片似乎极力在批判资本与人性、爱、幸福和本真自我之间的不一致，但却有暗度陈仓式的赋予资本与权力、幸福、尊严、秩序、平等和个性之间的直接联系，甚至成为建构这些的主导力量，而只有资本才能真正在全球化中叱咤风云。

《小时代》中的人物基本上还是活动在上海，但上海作为全球资本中心以及人物在这种全球资本秩序中建构自我身份的表达更加明显。影片的核心冲突是资本与情感在自我建构中的作用。影片中的人物不仅活动在具有典型的全球化特点的景观之中，而且人物的生活方式、谈论的话题、交往群体、衣着装饰、生存空间以及自我意识等，都关系到全球资本，影片最后则以纯情爱情神话与资本魅力的结缘而结束。从某种意义上说，《小时代》中的人物只是资本流动的节点。《小时代》令人印象深刻的有两点：第一，影片将单纯、不带任何功利的，并在一定程度上也不受任何非情感力量影响的爱情作为重要故事情节，而演绎这一爱情的则是纯情、执著、对社会充满憧憬而毫无经验、不断制造麻烦、最后获得成功的林潇。

另一方面则是因为财富而遭遇到感情不顺利的顾里，甚至在资本诱惑和强力下而失去爱情。因而，表面看起来，影片在对比中似乎在表现浪漫的爱情童话对资本的超越，但这份爱情不仅停留在私人生活中，对其他人几乎没有产生任何影响，而且在林潇的生活和整个电影叙事中都只有边缘的地位。事实上林潇更多的精力和时间是在获得公司、宫洺、时尚圈等的认可。更重要的是，宫洺作为一个富有魅力的资本符号，一直具有神秘、高高在上、审视林潇的能力和正当权力，而林潇在整个影片中几乎没有因为能力、爱情童话和尊严等获得与宫洺之间的平等，而是一直对宫洺充满着混杂着各种感情的暧昧。由此，林潇的自我认同中，资本认可和爱情童话之间的关系就不同于影片表面的叙事，恰恰是资本认可才是更加有力的、并为人物所追求的，因此电影才会安排以宫洺对林潇的承认为结局。第二，在社会秩序的建构中，全球资本更是决定性的力量，而资本秩序才是根本正当的秩序。影片中林潇第一次面试时，在她前面的面试者的恐惧、崩溃、被骗、晕倒等几乎没有引起她的同情，而只引发了她的担忧，影片也没有任何语言表现出对资本操纵人的批判，而是通过应试者的反应表现资本才是真正的、优秀的、正当的秩序建构者。影片中伴随林潇从学校到公司最后到全球性时尚大赛，建构秩序的主导力量几乎都是资本，在学校时顾里才是主导林潇等四个同学的基本力量，在公司和时尚大赛中自然是以宫洺为代表的国际资本的力量。而且这种资本建构秩序的力量甚至还同魅力、友情、人性、时尚、真情、自我表现甚至正义等联系在一起。在最后的国际时尚比赛情节中，影片动用了所有的力量来创造一个获得全球认可的机会，而一直以完美无瑕形象存在于电影中的南湘成为站在这个舞台上的表现者和寻求认可者，极富意味地体现了资本无所不在的能力，而由此也就可以看到资本才能创造给每个人完全自我实现的、给爱情与友情以最充分表现、给差异以最大空间的正义秩序。况且，林潇虽然只是全球资本流动中的白领，但其对宫洺、对公司、对品牌、对国际时尚比赛等的认可、喜爱与天然适应，根本没有任何对全球资本的反思精神，更遑论关于全球社会中资本与求职者或者说劳动者之间正义关系的思考与行动。其他两部《小时代》电影则将这些资本与商品因素对身份的建构性力量变本加厉地表现出来。

《致我们终将逝去的青春》是一部具有怀旧意味的影片，校园中培养的友情、对爱情的寻找与坚守贯穿整个影片，甚至表现了因为嫁给富商而沉沦到没有诗意、琐碎和恶俗中的室友，以此来批判资本，但校园生活也无法避开全球化力量的渗透，陈孝正选择留学而放弃爱情开始了影片在全球化之中的人物命运叙述，人物在市场中的成就成为其身份和自我意识的重要内容，而人物因此也成为具有全球化身份特征的存在。

影片《中国合伙人》极其典型地表现了当下中国电影在资本全球化中的复杂身份想象。一方面，中国长期处在全球主流资本力量之外，造成了某种封闭的、过度政治化的社会，以致人们在这样的社会中缺乏自我选择的空间，最后只能通过体制外的生存方式实现自我。在这样的情况下，人们认可全球化力量的解放性功能，千方百计地融入全球化进程之中，借助全球化力量来改变自己置身其中的社会关系，形成自我身份。影片中的人物最终成为全球资本英雄和中国社会主流。而由于多种原因，这种全球化力量基本只是资本的力量。

在《同桌的你》和《后会无期》中我们依然看到全球化力量的存在。如同众多中国电影要将美国作为全球化世界自由身份参照系，《同桌的你》也以一个在美国生活的、在全球化主流社会挫败者的叙述，来呈现将全球化自由身份作为目标而导致了情感生活的失败，从而标志着其自由主体身份的无法确立。但如同《致我们终将逝去的青春》一样，电影采取了美国—男性/中国—女性的结构，从而令人怀疑地推测电影已经预设了自由流动的全球主体的核心是资本。《后会无期》的主人公的流动虽然受到诸多限制，并遭遇很多挫败，但其自我叙述却是以全球自由流动为核心，最关键的失败则是发生在国境线附近，自然意味深长。电影最后安排了文化和旅游全球市场的神话，虽意在与前面的故事在对比中构成关于世界偶然性的叙述，但从整个影片以全球性旅游开发开始和结尾，就表明其不得不将这个世界和人们的身份放到全球资本之中。

三　中国全球化想象与身份认同关系构建之批判

那么，中国电影的全球化身份想象具有怎样的特点呢？或许近日上映的电影《香气》可以为我们的分析提供一个有意思的文本。尽管这个电影无论在艺术还是市场上都不算成功，但它却直接将中国电影全球化想象的特点体现出来。影片叙述了一个在全球各地旅游摄影的韩国女孩主动放弃了温柔而只承诺为女朋友创造一个家的韩国男孩，这个男孩最终选择了具有很强个性和策划能力、为爱所伤的中国女孩,这个中国女孩在爱的召唤下离开了只拥有全球资本符号的前男朋友,跨国的纯洁之爱和资本之力共同角逐中国女性,资本则因其粗俗而一败涂地。于是,我们看到全球化时代身份想象已经进入中国电影的日常生活世界之中,也在某种程度上将爱情与资本作为全球流动的共同资源,并以人物在这两种资源中选择来表现全球化身份建构中的冲突和统一。由此,我们可以总结近期中国电影的全球化想象的几个特点。

首先,全球化建构者直接以资本的面目出现。比较法国电影《墙壁之间》、美国电影《珍爱》等以自由、宽容、多元甚至爱等为构建多元文化和全球化的伦理力量,以对话、批判等为反思主流文化和不同种族之间共存关系的方式,《中国合伙人》《小时代》《北京遇见西雅图》等则直接以资本作为建构全球化秩序最重要的力量。无论是成东青自我奋斗而成功的资本神话,还是宫洺令女性迷恋的资本魅力,抑或是文佳佳等凭借资本力量而全球流动,人们都不难在他们身上看到中国电影关于全球化想象的资本中心论。资本在中国电影中与魅力、自由、成功、智慧、决断、力量甚至幸福等联系在一起,是令人景仰的社会力量。中国电影这种关于资本全球化力量的无批判想象,在世界电影版图中也是令人惊讶的。即使是重视新自由主义的好莱坞电影中,我们都还可以看到《华尔街》等影片对资本的批判,即使香港电影中我们也依然可以看到《窃听风云》中对资本贪婪的批判,尽管这些商业片的资本批判并非从社会公正出发揭示资本内在地造成社会公正问题,而只是从商业伦理角度指控某些资本牟利手段缺乏合法性。

其次,中国电影全球秩序想象几乎就是一个同质化的、无差异、不关乎正义的秩序。《中国合伙人》中狂热的英语培训和美国热,《小时代》中的资本与性别之间暧昧的游戏,《致我们终将逝去的青春》中身份与成功的资本基础,《杜拉拉升职记》中国际投资的神话与权力,《非诚勿扰》中的全球化景观,人们在这些电影中既看不到民族、文化、地理等方面的差异,或者仅仅将差异转化成全球消费的奇观,而不具有历史的、生活世界的意义,更看不到这些影片关于民族、性别、阶级、种族等在全球化进程中形成的新的关系的反思与批判。令人更加不安的是,这些影片直接将全球社会中诸多重要存在和问题排除在影像表现之外,以致人们在这些影片中几乎看不到社会底层,看不到边缘群体,看不到普通市民,而只剩下资本所有者以及与资本所有者调情的中产阶级。从性别的角度来说，这些电影几乎都将资本与男性、消费与女性等同起来，而女性大多以某种或景仰或追求实利而无情，或追求纯情的或单纯的身体性等呆板形象存在于电影中，无关乎女性的不平等及其对正义秩序的建构性作用。[1] 这点最为集中地表现在《中国合伙人》与《致我们终将逝去的青春》《杜拉拉升职记》等电影之中。《中国合伙人》中的女性都因为经济或者出国等原因离开了成东青们，而《小时代》这部表面为女性赞歌的电影从一开始就将女性处理成身体、情感、消费、荷尔蒙的存在，而无关乎智慧和正义。《杜拉拉升职记》中的女性似乎获得了独立，但这部电影表面上性别之争背后却藏着一个资本力比多，是后者在决定女性的选择和女性之间的竞争，有意思的是影片最后的两性之间的妥协和解、两个女性之间的胜负之争。于是乎，中国电影的全球化想象自然不用从阶级更不用从性别角度考虑正义秩序，而只要表现资本的自由与权威就可以了，当然这些影片更乐意赋予资本的权威以情感或者性别的魅力。《中国合伙人》更是以非反思性方式处理一段跨种族的恋情，以满足游走在边缘/中心位置的中国男人的悲情神话的需要。《非诚勿扰》在轻描淡写中涉及了2008年的全球金融危机，讽刺了全球投机神话，但影片既无意于追问金融危机背后资本的贪婪和资本自由流动秩序的正当性问题，更无意于任何批判性思考，从而哪怕在最小程度上关注全球正当秩序建构。

最后，这些影片中人物的身份认同自然随之发生根本的变化。影片中，资本神话、全球自由流动、消费主义等成为建构人物身份的重要力量，从而塑造了个体在全球中自由流动的乌托邦。[2]《杜拉拉升职记》与《小时代》中的人物可谓直接体现了由信用卡、全球品牌、休闲度假等所构建的人物身份，[3] 而民族、在地等身份建构力量在这些人物身上只能发挥很小的作用，甚至就是缺席。《小时代》采取了第一人称自我叙述的方式，且叙述者虽然是以涉世未深且独立的语气展现自己的环境、爱好、经历、心理、意志和情感等，但人物也因此更清楚地表现出了其对资本、品

---

[1] Anne Fausto-Sterling, *Sexing the Body, Gender Politics and the Construction of Sexuality*, Basic Books, 2000.

[2] David Harvey, *Cosmopolitanism and the Geographies of Freedom*, Columbia University Press, 2009.

[3] James Annesley, *Fictions of Globalization*: *Continuum*, Bloomsbury Academic, 2006, p. 3.

牌等的欣赏与认可。比较贾樟柯的《世界》，我们可以看到资本与身份认同的关系。《世界》中的人们都是在资本全球化的边缘。他们被全球化带出自己的故乡，被抛到自己不熟悉、完全没有任何自主性的资本的全球化进程之中，地下室、死亡、被观看、沉默、被抛弃、无家可归、失败等是他们在这个世界中的处境和命运。而这种命运在当下中国电影的全球化想象已经几乎失踪了。

综上所述，中国电影在近些年出现了较多的全球化想象，这些想象颇为典型地体现了中国拥抱全球化过程中的资本偏好，也象征了中国社会全球化反思中关于公正、关于全球正当秩序思考的不足。如果不考虑港台电影曾经作出的全球化批判和正当秩序反思，当前中国电影全球化想象中女性、阶级甚至民族视角的全球化反思都存在严重缺席，都在热情拥抱资本与权力。就这点而言，中国电影当下的全球化想象比较《不见不散》等无疑更缺少批判精神。

结语

中国电影通过全球化与市民生活世界之间关系的想象，表现了中国电影想象全球力量建构全球社会秩序、生活世界和人们身份认同的力量与方式，在一定程度上体现了中国社会进入全球化过程时的生活世界、社会关系、心理结构、价值观念等方面变化，但应该看到中国电影全球化想象还存在着诸多问题，其中对资本权力热情的拥抱、缺乏全球化批判的多元视角、无力认真反思全球化正当秩序等，都是需要严肃面对的问题。

（张建珍，中国社会科学院新闻与传播研究所副研究员；吴海清，北京舞蹈学院教授。本文刊载于《电影艺术》2015年第1期）

在线集体记忆的协作性书写
——中文维基百科"南京大屠杀"条目（2004—2014）的个案研究

黄顺铭 李红涛

摘　要：本文从"维基百科作为全球记忆空间"的视角出发，对"南京大屠杀"这一中文条目进行系统的分析，揭示了在线记忆社群如何通过协作与争夺来建构关于一起历史事件的集体记忆。研究发现，在协作层面，版本篇幅呈现出一种正增量的整体趋势；条目的叙事结构已日趋稳定与完善；虽然围绕条目而形成的记忆社群总体规模很大，但是持久的活跃者却并不多。在协商层面，维基百科的"中立性"原则极大地影响着大屠杀叙事；不同的维基用户围绕导言展开了激烈的争夺；中文条目中还显示出了一种全球性的"文本间性"的文化意识。

关键词：中文维基百科　南京大屠杀　集体记忆　记忆社群　协作性书写

一　引言

1937年冬到1938年初，侵华日军在南京进行了惨绝人寰的大规模屠杀。受制于外部政治经济环境、外交关系，以及意识形态环境等各种因素，南京大屠杀在公共视野中可谓历经浮沉。从抗日战争胜利到中华人民共和国成立之初，南京大屠杀曾一度湮没无闻，直到20世纪80年代才被重新发掘出来。借助于纪念馆、新闻媒体、电影以及教科书等记忆场所和载体，这起大屠杀成为了抗日战争中最为重要的战争暴行，它同时也成为中国近代史上的一道难以抹去的"文化创伤"。[1]李红涛和黄顺铭以《人民日报》1949—2012年间的南京大屠杀纪念报道作为个案，全面地刻画了大屠杀在官方媒体话语中所呈现出的记忆景象。他们发现，《人民日报》的纪念报道更多地聚焦于"纪念事件"和日本右翼的"否定言行及回应"，更多地依赖于加害者、见证人而非幸存者来"为历史作证"和建构大屠杀的集体记忆，并将南京大屠杀编织到了以"国耻"为核心的近代史叙事和爱国主义叙事当中。[2]

在南京大屠杀重返当代中国人民的"公共视野"和"集体意识"之后，它也引发了不同类型和不同层次的记忆书写活动。《人民日报》的纪念报道更多地代表着官方记忆。除此之外，自然还存在着不同"记忆社群"（mnemonic community）利用不同的媒体平台所展开的记忆实践（mnemonic practices），其中有的记忆实践从形式到内容都蕴含着非常独特的研究价值。本文将聚焦于"维基百科"（Wikipedia）这一兼具民间性和系统性的媒体平台，从"维基百科作为全球记忆空间"这一视角出发，对"南京大屠杀"这一中文条目自2004年被创建以来的编辑实践进行系统的分析，力图揭示在线记忆社群如何展开协作与争夺，建构关于一起重要历史事件的集体记忆。本研究将有助于我们把南京大屠杀记忆研究的边界从"官方记忆"拓展到"民间记忆"，而且更重要的是，它也有助于我们理解新媒体如何催生出了有关集体记忆的建构、争夺与协商的新空间。

维基百科诞生于2001年，它是一部协作编辑、多语言、自由的互联网百科全书，全世界任何角落的任何人——不论是专家还是业余者——都可以参与条目的创建与编辑工作。特别值得一提的是，用户在注册账户时可以自由地选择自己的主体身份认同：世界公民抑或某个民

---

[1] Alexander, J. C., *Trauma: A Social Theory*, Cambridge: Polity Press, 2012.
[2] 李红涛、黄顺铭：《"耻化"叙事与文化创伤的建构：〈人民日报〉南京大屠杀纪念文章（1949—2012）的内容分析》，《新闻与传播研究》2014年第1期。

族国家的身份（例如"中国人"）。维基百科的出现不仅深刻地改变了传统百科全书高高在上的姿态，而且也深刻地影响着互联网时代的知识生产与消费方式。它创造出了"高贵的业余者"（nobel amateur）这一知识社会学现象，互联网上由普通用户所生产的内容使得传统的"专家专政"（dictatorship of expertise）走向了民主化。[1]尽管维基百科只有短短十年的历史，它却在2011年5月"以一种令人瞠目结舌的自信，在全球范围内征集签名，以期入选联合国教科文组织的世界文化遗产"[2]。在维基百科的多语言平台上，来自不同国家，拥有不同政治、社会和文化背景的用户进行着"协作性的书写"，他们围绕当下与过去的人类事件展开"合作"与"辩论"，构建出赛博空间里的"全球记忆空间"[3]。

维基百科本身的体例为我们分析在线记忆书写提供了异常丰富的经验材料。一是"条目页"，它是供读者浏览的"前区"，只显示最近一个条目版本，即特定时刻的记忆文本；二是查看历史页，它可以被视为记忆实践的"中区"，供读者和编辑在不同的历史版本之间进行比较，也展示了记忆文本的变动轨迹；三是讨论页，它是记忆实践的"后区"，编辑们在其中围绕条目编写过程中所产生的争议进行争论，进而达成妥协或者共识。本研究将对南京大屠杀条目的前、中、后区里丰富的经验材料既进行量化分析——尤其是内容分析和社会网络分析，也对它们进行比较详尽的质性分析。具体而言，本文将努力回答下面几个研究问题：南京大屠杀中文条目呈现出怎样的一种集体记忆面貌？在数量庞大的条目版本背后，隐含着怎样的一种叙事结构变迁？记忆社群成员之间形成了怎样一种修订与被修订的关系网络？记忆社群在条目修订过程中发生了怎样的话语/记忆争夺？

二　新媒体与集体记忆

按照伊维塔·泽鲁巴维尔（Eviatar Zerubavel）的看法，一个特定记

---

[1] Keen, A., *The Cult of the Amateur: How Today's Internet Is Killing Our Culture*, New York, NY: Doubleday/Currency, 2007.

[2] 曹卫东：《老兰培需要一个上帝》，《读书》2014年第3期。

[3] Pentzold, C., "Fixing the Floating Gap: The Online Encyclopedia: Wikipedia as a Global Memory Place", *Memory Studies*, vol. 2, no. 2, 2011, pp. 255—272.

忆社群的集体记忆"并非其成员个体回忆之总和,而是社群成员的共享记忆。就此而言,它意味着所有成员都能够回忆起来的一种共同的过去"①。当代的集体记忆研究栖身于不同的研究传统和学科版图之中,②具有强烈的跨学科性,这具体而微地表现在不同学科领域所赋予它的标签上面,从文化记忆、社会记忆、公共记忆、官方记忆到民间记忆,不一而足。因此,杰弗里·奥利克(Jeffrey Olick)就指出,我们最好将集体记忆理解为一个敏化的统摄性概念(sensitizing umbrella concept),涵盖了不同社会场景下的记忆产物与记忆实践。③ "社会记忆"的研究并不假定存在某种神秘的"群体心理",而是要致力于揭示"过去"与"现在"到底是如何纠缠在一起的。④在此意义上,集体记忆既非稳定不变,也非瞬息万变,它是一个随着时间推移而持续不断的协商过程。⑤

在现代社会中,大众传媒是最为重要的集体记忆机构。⑥对于媒体记忆或纪念报道的现有研究主要以报纸期刊、新闻摄影以及电视节目等传统媒体作为基本的记忆载体和研究对象。不过,研究者们已经开始意识到,媒介全球化和各种新媒介技术的发展为媒体记忆实践及其研究带来了崭新的挑战。⑦安娜·瑞丁(Anna Reading)就提出了一个"全球数字化记忆场域"(globital memory field)的概念,用以探讨全球化环境下集体记忆与数字化媒体之间的关系。她指出,在媒介特性、传输速度、辐射范围、传播形态、黏性(固定/流动)以及轴线(垂直/水平)等方面,全球数

---

① Zerubavel, E., *Time Maps, Collective Memory and the Social Shape of the Past*, Chicago, IL: University of Chicago Press, 2003, p. 4.

② Misztal, B. A., *Theories of Social Remembering*, Maidenhead: Open University Press, 2003.

③ Olick, J. K., From Collective Memory to the Sociology of Mnemonic Practices and Products, in Astrid Erll and Ansgar Nunning (Eds.), *A Companion to Cultural Memory Studies*, Berlin: De Gruyter, 2010.

④ Olick, J. K., & Robbins, J., "Social Memory Studies: From 'Collective Memory' to the Historical Sociology of Mnemonic Practices", *Annual Review of Sociology*, vol. 24, 1998, pp. 105—140.

⑤ Olick, J. K., & Levy, D., "Collective Memory and Cultural Constraint: Holocaust Myth and Rationality in German Politics", *American Sociological Review*, vol. 62, no. 6, 1997, pp. 921—936.

⑥ Misztal, *Theories of Social Remembering*, 2003.

⑦ Neiger, M., Meyers, O., & Zandberg, E. (Eds.), *On Media Memory: Collective Memory in a New Media Age*, New York, NY: Palgrave Macmillan, 2011.

字化记忆场域都有别于传统的媒体目击方式。[①]一方面，博客、视图分享网站以及社会化媒体作为"个人记忆机器"，[②]改变了人们存储和读取记忆的方式，形成了不同于集体记忆的个体化的文化记忆或者"数字化记忆"。[③]另一方面，新媒体也已然变成了一种另类性的记忆渠道，创造出与官方叙事、主流媒体以及主流意识形态相并行甚至相冲突的记忆空间。苏·罗宾逊（Sue Robinson）比较了主流媒体和在线公民新闻对于卡特里娜飓风的纪念报道，发现网络"公民记者"的集体记忆书写围绕着"个人经验"而展开，从而创造出了迥异于主流新闻报道的纪念文本。[④]而杨国斌则研究了中国互联网如何建构有关"文化大革命"的"反记忆"（counter memories）问题。他发现，互联网创造出了数字博物馆、档案馆、虚拟纪念堂和在线展览等新的数字化记忆载体，它们带动并扩大了"文化大革命"记忆生产与消费过程中的公共参与，也创造出了有别于官方叙事的替代性叙事。[⑤]

在安德鲁·霍斯金斯（Andrew Hoskins）看来，新的传播科技创造出了全新的记忆生态，因此记忆研究有必要进行一种"连接性转向"（connective turn）。[⑥]数字技术和数字媒介的急剧增长和迅速渗透将不同社会地

[①] Reading A., Memory and Digital Media, Six Dynamics of the Globital Memory Field, in Motti Neiger, Oren Meyers and Eyal Zandberg (Eds.), *On media memory: Collective Memory in a New Media Age*, New York, NY: Palgrave Macmillan, 2011.

[②] Van Dijck, J., "From Shoebox to Performative Agent: The Computer as Personal Memory Machine", *New Media & Society*, vol. 7, no. 3, 2005, pp. 311—332.

[③] Van Dijck, J., *Mediated Memories in a Digital Age*, Stanford, CA: Stanford University Press, 2007.

[④] Robinson, S., "'If You Had Been With Us': Mainstream Press and Citizen Journalists Jockey for Authority Over the Collective Memory of Hurricane Katrina", *New Media & Society*, vol. 11, no. 5, 2009, pp. 795—814.

[⑤] Yang, G., Alternative Genres, New Media and Counter Memories of the Chinese Cultural Revolution, in Mikyoung Kim and Barry Schwartz (Eds.), *Northeast Asia's Difficult Past: Essays in Collective Memory*, New York, NY: Palgrave Macmillan, 2010, pp. 129—146.

[⑥] Hoskins, A., "7/7 and Connective Memory: Interactional Trajectories of Remembering in Post-Scarcity Culture", *Memory Studies*, Vol. 4, No. 3, 2011, pp. 269—280. Hoskins, A., Anachronisms of Media, Anachronisms of Memory: From Collective Memory to a New Memory Ecology, in Motti Neiger, Oren Meyers and Eyal Zandberg (Eds.), *On Media Memory: Collective Memory in a New Media Age*, New York, NY: Palgrave Macmillan, 2011.

点的人们紧密联系了起来，形成高度发散的社会网络，进而重塑了人们对于时间、空间以及记忆的感知，①这一现实呼吁记忆研究要从关注个体和社会的记忆转向关注当下的在线连接机制。②以维基百科为代表的在线百科全书正是"连接性"记忆的一个典型代表。曹卫东认为，在维基百科上，"知识的生产者化身为匿名的芸芸大众"，而结果则是，在超文本语境下，"不同的信息空间被叠合在一起，而又漫无边际地离散开去"③。当然，也正如有人所指出的那样，维基并非是一个神秘的平等主义空间，它作为一个社会技术系统，其内容生产有赖于工具辅助的编辑，也有赖于"机器人"等自动化的计算机程序。总之，"合作"的背后有一系列的网络协议和严格的管理机制在起作用。④

按照克里斯蒂安·彭茨尔德（Christian Pentzold）的看法，维基百科是一个栖身于赛博空间中的"全球性记忆空间"，它使得"在地理上彼此远离的参与者能够在同一个平台上就不同的观点进行表达和展开争论，从而达成并认可共享的知识，而这些知识也就构成了集体记忆"⑤。在这样一个跨越国界的、多语言的平台上，拥有不同国籍、文化以及宗教等背景的用户彼此互动，围绕某些记忆对象展开合作、协商与争论。显然，复杂的讨论和词条创造过程正好就表明了集体记忆的话语建构本质。此外，"讨论页"的人际沟通特性和"条目页"的文本特性也使得维基百科弥合了"流动的"集体记忆与"静止的"集体记忆之间"漂浮的鸿沟"⑥。因此，对于维基百科条目话语过程的分析也就是在对特定在线环境中所开展的"记忆工作"的分析。

运用"全球记忆场所"这一概念，彭茨尔德分析了 2005 年 7 月 7 日

---

① Hoskins, A., "7/7 and Connective Memory: Interactional Trajectories of Remembering in Post-Scarcity Culture", *Memory Studies*, Vol. 4, No. 3, 2011.

② Hoskins, Anachronisms of Media, Anachronisms of Memory: From Collective Memory to a New Memory Ecology, 2011.

③ 曹卫东，《老兰培需要一个上帝》，《读书》2014 年第 3 期。

④ Niederer, S., & Van Dijck, J., "Wisdom of the Crowd or Technicity of Content? Wikipedia as a Sociotechnical System", *New Media & Society*, vol. 12, no. 8, 2010, pp. 1368—1387.

⑤ Pentzold, "Fixing the Floating Gap: The Online Encyclopedia: Wikipedia as a Global Memory Place", 2011, p. 263.

⑥ Pentzold, "Fixing the Floating Gap: The Online Encyclopedia: Wikipedia as a Global Memory Place", 2011.

伦敦爆炸事件之后维基百科相关条目的创建过程。他发现，维基用户们围绕爆炸事件是否是"恐怖袭击"展开了激烈辩论，并由此形塑出了事件的集体记忆。米雪拉·费隆（Michela Ferron）及其同事也对维基百科的记忆工作进行了一系列的经验性研究。[①]她们认为，对于维基百科的探究之所以能够丰富集体记忆的研究，是因为它开启了新的"协作性记忆"（collaborative remembering）这一方式。费隆和保罗·玛莎（Paolo Massa）以2011年"埃及革命"这一维基条目的编写过程为例，说明维基百科对于新近重大事件的"实时"记录与集体记忆建构过程既是协作性的，其间也不乏冲突和斗争。到目前为止，相关研究更多的是在关注新近发生的事件在维基百科上的记忆"沉淀"过程，而本研究的不同之处在于它聚焦的是一起重要的历史事件。我们相信，维基百科对于相对久远的历史事件也同样构成了一个记忆合作、协商以及"争夺"的重要场所。下面，我们将从"维基百科作为一个全球性记忆空间"的视角出发[②]，具体考察中文维基百科上的南京大屠杀条目在过去十年时间里（2004—2014）怎样建构一段攸关两个民族国家之间"艰难过去"（difficult past）[③]的集体记忆。

三　条目历史与记忆协作

（一）版本篇幅的变迁

2004年4月10日早上八点零七分，一个名叫Tomchiukc的香港维基用户建立了仅有825字节的南京大屠杀条目，全文如下：

[①] Ferron, M., & Massa, P., "Studying Collective Memories in Wikipedia," *Journal of Social Theory*, vol. 3, no. 4, 2011, pp. 449—466. Ferron, M., & Massa, P., "Wiki Revolutions: Wikipedia as a Lens for Studying the Real-Time Formation of Collective Memories of Revolutions", *International Journal of Communication*, vol. 5, 2011, pp. 1313—1332. Ferron, M., *Collective Memories in Wikipedia*. Unpublished Dissertation, Center for Mind/Brain Sciences, University of Trento, 2012. Ferron, M., & Massa, P., "Beyond the Encyclopedia: Collective Memories in Wikipedia", *Memory Studies*, vol 7, no. 1, 2014, pp. 22—45.

[②] Pentzold, "Fixing the Floating Gap", 2011.

[③] Kim, M., & Schwartz, B. (Eds.), *Northeast Asia's Difficult Past: Essays in Collective Memory*, New York, NY: Palgrave Macmillan, 2010.

> 南京大屠杀是中国近代史上的一件惨剧，发生在1937年12月13日。时为中国抗日战争，日本皇军在围攻当时中华民国首都南京数个月之后终于攻破，皇军为发泄多月来的怨气，在城内大量屠杀中国平民达三百万人之谱，当中包括由邻近地区涌入城的二百万难民。南京大屠杀事件就连当年日本本土的报纸也有报导，当中包括两位军官在城内进行的杀人比赛游戏，而这些第一手的战争记录现时还存放于世界各地的图书馆内。因此，尽管1980年代初期日本官方千方百计要把这段历史抹杀，却始终要向现实低头，把这段历史写入教科书内，以教训国人不要忘记过去对邻近国家所造成的伤痛。

仅仅两分钟后，他又进行了一次修订，为条目添加了10个"外部链接"。从建立至今，该条目已经走过了整整十年的历史。截至2014年3月5日，它已累计被修订了1623次。最新一版包括120 382字节，篇幅已是创建之初的146倍。在此期间，条目的年均编辑量为163.8次。其中，2010年的编辑量最大（358次）。按月而论，月均13.5次。2007年7月的编辑量最大（108次）；编辑次数为零的月份不到一成（9.2%）。按日而论，编辑量最大的是2010年3月19日，多达30次。

我们借用"增量"这一经济学术语，把相邻两次编辑而导致的字节数量变化区分为正、零和负增量三种情形。结果发现，在全部1623次编辑中，正增量情形占六成（61.2%），而负增量和零增量的情形各占三成（31.0%）和一成（7.8%）。进一步的分析显示，最常规的增量幅度落在1—99字节区间（52.3%），其次是100—499字节区间（25.1%），而颠覆性的增量——字节变动在10 000字及以上——偶有发生（0.9%）。图1清楚地显示，南京大屠杀条目在过去十年时间里呈现出一种以正增量为主的整体发展趋势。

（二）叙事结构的变迁

维基百科基于特定的"叙事模式"，不仅每一个条目版本都拥有自洽的叙事结构，而且不同版本的叙事结构之间也存在着不同程度或继承或改变的关系。就南京大屠杀条目而言，我们把"叙事结构"操作性地定义为：由条目中"目录"之下的一级标题所标示出来的一整套结构关系。最先表现出明确的目录意识的是一位英国的匿名用户。在2004年10月6

新媒体研究 在线集体记忆的协作性书写

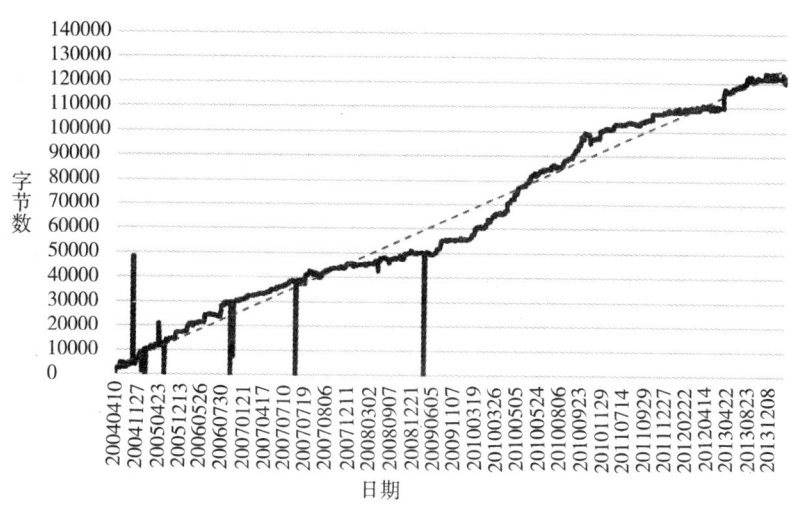

图 1 南京大屠杀条目字节数的变化趋势 (2004.4.10 – 2014.3.5)
注明：图中虚线为趋势线。

日 01：50 的版本中，该用户提出了四个一级标题的构想。而在仅仅两分钟后的第四个修订版本中，这个初步的叙事结构就成形了，即"1 南京大屠杀前的战争形势""2 日军攻占南京城后有组织的屠杀行动""3 中方提出南京大屠杀的证据"以及"4 外部链接"。

统计结果显示，自"目录"变成标示叙事结构的显性规则以来的 1600 个版本中，只有 6 个（0.4%）没有目录。在拥有目录的 1594 个版本中，一级标题的数量从 4 到 18 个不等，总共出现过 15 种不同的叙事结构。其中，包含 13 个一级标题的叙事结构出现得最为频繁，占 26.3%（420 次）；紧随其后的则是包含 14 个一级标题的结构，占 24.6%（393 次）；排在第三位的是包含 17 个一级标题的结构，占 12.3%（197 次）。从图 2 中，我们可以清楚地看到，包含 14 个一级标题和包含 13 个一级标题的叙事结构不间断地持续了最长的时间。自 2011 年 11 月 23 日 06：46 的版本至今，一直都是包含 13 个一级标题的叙事结构，即"1 背景""2 日军暴行经过""3 人道救助""4 秩序的恢复与遇难者遗体的处理""5 暴行真相的传播""6 战后审判""7 影响""8 纪念""9 有关影视作品""10 附录""11 参见""12 参考文献"以及"13 外部链接"。此外，值得指出的是，在缺乏目录的 6 次情形中，有 5 次都是由于用户极其恶意地对条目进行整体删除所致,其中有 4 次都被匿名用户删得一字不剩——3 次来自日本,1 次来自新加坡。最为恶劣的整体删除发生于 2009 年 5 月 10 日,一位日本匿名用户将条目删改为一句极富挑衅意味的话:"南京大屠杀,HELLO!"

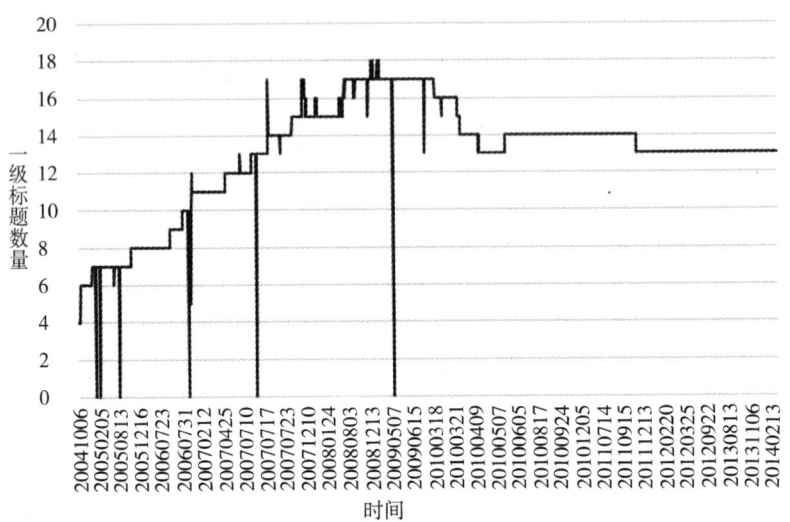

图 2　南京大屠杀条目一级标题的变化趋势(2004.10.6 – 2014.3.5)

(三) 修订关系的社会网络

既然条目是由不同用户协作性地书写,那么用户之间前后相继的修订与被修订关系无疑就构成了最值得关注的问题之一。社会网络分析方法是揭示在线记忆社群的关系网络的一种理想分析手段。维基外部工具"修订历史"所提供的用户数据显示,截至 2014 年 3 月 5 日的 1623 个条目版本是由 508 位单独用户完成的,其中包括 234 位只留下了 IP 地址的匿名用户。有趣的是,因维基网站隐藏了注册用户的 IP 地址,但匿名 IP 用户的地理位置则可以透过专门的 IP 地址查询网站而追查到。结果发现,21.8% 的匿名用户来自中国大陆,8.5% 来自香港,0.4% 来自澳门,46.6% 来自台湾,剩下的 22.6% 来自外国——具体涵盖了 13 个国家,其中来自日本的最多(8.5%),其次是美国(5.1%)。有必要指出的是,实际上的单独用户当然不足 508 位这一规模,因为以下几种情形不同程度地存在着：有的人出于某种原因注册了不止一个账号，而不同IP地址背后可能是同一个用户。在抱有一份警惕的情况下，我们接下来仍暂时基于这一统计数据来建构用于社会网络分析的矩阵。

这是一个508×508的正方邻接矩阵。在报告统计结果之前，须先说明两点：其一，因为用户既可以修改别人的版本，也可以进行自我修订，故矩阵主对角线所代表的"自反性关系"在本研究中是具有实质性意义的；其二，这本来是一个多值（valued）有向矩阵，但有时为便于分析，我们会把它降格处理为二值（binary）有向矩阵。这里，我们尤为关注自反性、互惠性与中心度（即出度和入度）等指标。首先，超过七成用户（72.0%）的自反性为0，即他们在修改别人的条目之后从未再接着进行自我修订。自反性大于等于5的用户仅占5.7%，只有2.2%的自反性大于等于10。有些特别活跃的用户之间——甚至是两人之间——会形成一种频繁的交替式的修订与被修订关系。其次，如图3所示，508位用户之间较少出现互惠（亦即双向）的修订关系，也就是，甲修订乙，乙又反过来修订甲。出乎意料的是，编辑量排在前10名者彼此之间极少出现互惠关系，仅有3对：MtBell和Mrseacow、MtBell和Shizhao以及Alltonight和Nutcracker。再次，八成人（80.7%）的出度为1，这说明他们只编辑过一次别人的条目版本。不足一成的人（8.5%）的出度大于等于3，而只有1.4%的出度大于等于10。最后，八成人（79.7%）的入度为1，即只被别人修订过一次，不足一成人（8.7%）的入度大于等于3，仅有1.4%的入度大于等于10。由此而得出的结论是：只有很小一部分人属于活跃用户。图4显示了编辑量前10名者围绕条目修订而形成的自我中心关系网络（egonet）。其中，MtBell以383次的总编辑量和290次的自反性关系而成为整个修订与被修订关系网络中首屈一指的中心节点；而前10名中最边缘的则是一位来自台湾的匿名用户（"61.217.211.70"），此人除了2次互惠关系之外，其余14次均为自反性关系。

四 记忆争夺：规则支配下的冲突与妥协

接下来的分析将落实到微观层面，考察条目变迁过程中的"记忆争夺"到底围绕哪些议题展开，具体将回答：维基百科的中立性规则如何影响关于南京大屠杀的叙事？记忆社群如何围绕条目"导言"而展开争

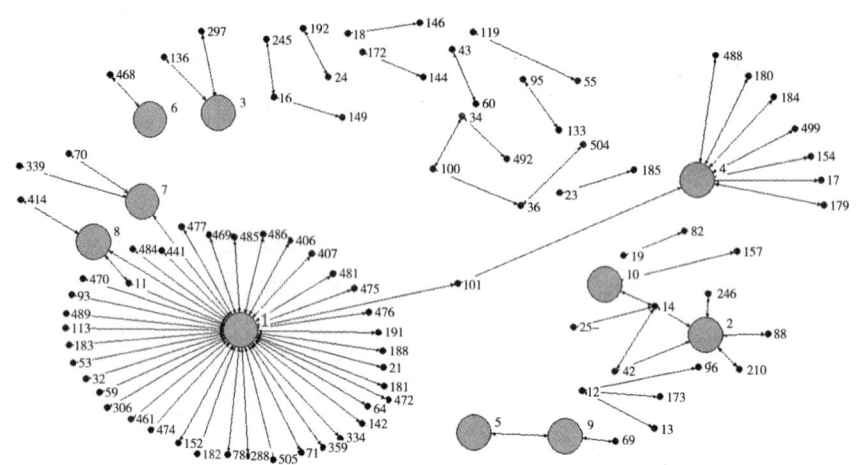

图3 参与条目修订的用户之间的互惠性关系网络（2004.4.10 – 2014.3.5）

注明：1 = MtBell；2 = Alexcn；3 = Gilgalad；4 = SyaNHs；5 = Alltonight；6 = Huang Sir；7 = Mrseacow；8 = Shizhao；9 = Nutcracker；10 = 61.217.211.70

绘图时把多值有向矩阵降格成了二值有向矩阵，绘图时也省略自反性关系。

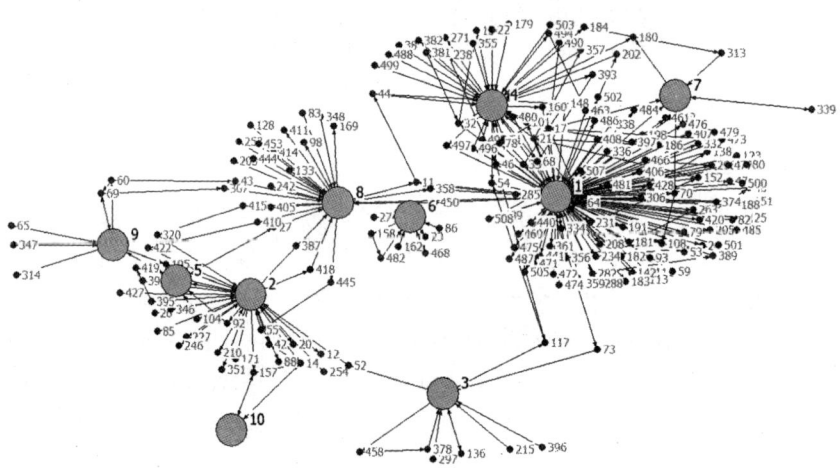

图4 编辑量前10名者的自我中心关系网络（2004.4.10 – 2014.3.5）

注明：绘图时把多值有向矩阵降格成了二值有向矩阵，绘图时也省略自反性关系。

夺？不同的记忆社群在Wikipedia这一全球性记忆空间里围绕"南京大屠杀"条目展开了怎样的交涉互争？

(一)"中立性"与大屠杀叙事

"中立性"与"可供查证""非原创研究"一起并列为维基百科的三大核心内容方针。在南京大屠杀条目的书写过程中,有关中立性的辩论不仅涉及对于维基方针的理解和贯彻,而且也与编辑们的情感卷入(例如,MtBell 就坦承"编写的时候很容易陷入负面的情绪")、民族国家的身份认同、文献引用来源及其倾向性以及大屠杀叙事的可能性等因素纠缠在一起。在讨论页上,对条目中立性的质疑始于 2006 年 7 月 29 日一篇题为"地方色彩过重"的讨论。2007 年 7 月,某些编辑曾在条目上添加/删除"中立性有争议"模板。在 2010 年 3 月 23 日和 2013 年 8 月 22 日的第二、三次优良条目评选中,均有人以"中立性"不足作为反对的理由。

围绕条目"中立性"的争夺主要表现在以下几个方面。一是,条目整体的叙述立场。讨论页早期的一条评论认为,"此条目另外都要加上'中立性有争议',[因为]本页只反映中国方面看法,并未提出可信的日本及国际间观点";另一条评论也称,"南京大屠杀的研究观点和争议许多,为何中立的百科可以下那么多争议性词汇和判断?"在具体条目的修改部分,该编辑强调,"写百科时请避免评价用语,评价请交给读者,百科本身内容请保持无立场"。而在优良条目评选时,一位反对者的意见也是"内容几乎完全是单一角度叙述"。回应者则称,"南京大屠杀的中立立场就是远东国际军事法庭的判决立场,日本右翼翻案的立场请去日文维基发表",同时在相应的条目修改中以"确认远东国际军事法庭的正确立场"为依据,这异常清楚地表达了一种民族国家的边界。此外,虽然在线记忆社群由来自不同国家和地区的人所组成,但有人仍感觉条目主要反映了中国大陆的立场,因此曾在条目上添加一个"地域中心"模板。

二是,条目的参考文献。批评者认为,"[条目]都是中方的研究观点,反而研究资料最多的日本、西方研究著作资料十分缺乏,几乎没有,在此希望写作者俾[摒]弃成见,多参考其他地区的研究成果,以完善化该条目。"但一位核心编辑则认为,问题并不在于编辑的"成见",而是"材料获取",并宣称"我不认为纸面的资料比真实的万人坑更有说服力"。由于维基百科不允许发布"原创研究",因此无论对于挑战还是捍卫条目中立性的人而言,条目的参考文献都是强调的重心,也成了支持或反对优良条目候选的一个重要理由。

事实上，迟至条目建立三年之后，编辑们才表现出了较为明确的参考文献意识。2007年4月25日，一位名叫 Wikijoiner 的用户在08∶42的版本——第365个版本——中添加了第一条参考文献，随后参考文献的数量不断增加。如今，已经突破了100个，最多时达到120个（见图5）。但是，一位接受访谈的核心编辑称，有个别人为达到某种目的会不惜杜撰参考文献，而要识破它们却往往并不容易。

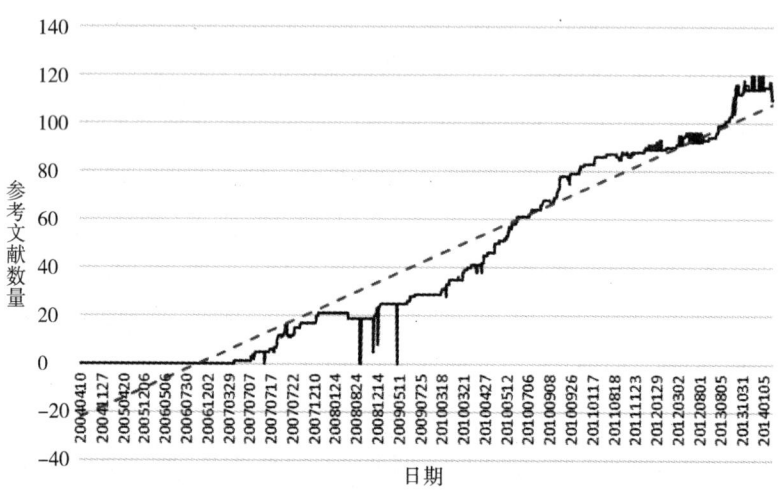

图5　南京大屠杀条目参考文献数量的变化趋势（2004.4.10 – 2014.3.5）
注明：图中虚线为趋势线

三是，对于"中立性"的不同理解也具体而微地体现在对大屠杀的语言表述上面。在2013年8月15—22日的优良条目评选意见中，一位反对者认为，"条目内一些关于日本的措辞过激，可能并不是很中立。比如1.2段标题（引者注：'日本：向南京疯狂进军'）。"而支持者则回应说，"请注意中立的本质是客观描述，不是各打五十大板。对于沿路烧杀淫掠争头功的日军来说，'疯狂进军'是很恰当的。"另外一则讨论聚焦于"'暴行'、'罪行'等字眼是否有违中立性原则"。有回应者称，"NPOV［即中立性］涉及的是观点（views），不是事实（facts）。具体到这个条目，屠杀、奸淫、劫掠、纵火，这都是事实。"我们在浏览历史页时发现，"语言表述"的中立性实在是一个很难遵循的原则，争夺的双方不时地陷入一种针锋相对的话语对抗。比如，一位台湾维基用户在2006年7

月底频繁地将"暴行"改为"屠杀行为",将"战争暴行"改为"行为",将"日军在南京的暴行"改为"行径",将"杀人暴行"改为"杀人行为",并引发了编辑战。而"中国:坚守首都的决策"和"日本:向南京疯狂进军"这两个小标题也经常被破坏性地篡改为"中国:疯狂的全面败退"和"日本:坚决向中国南京进军"。在极端的情况下,条目表述也会被置换为"否定派"的版本。例如,把"中国"篡改为"支那",把"杀害平民"篡改为"保护平民"。

(二)争夺"导言":维基条目的书写政治

与维基百科上的其他条目一样,"南京大屠杀"条目也是由"导言"和"正文"两部分构成。绝大多数时候,导言的篇幅相对于正文而言不过是弹丸之地,然而就其话语地位而言却远在正文之上。作为一个条目的浓缩性表述,导言发挥着"凝聚共识"和提纲挈领的作用。既然如此,维基用户们自然不会轻易放弃对于它的争夺,这种争夺直接体现在他们赋予南京大屠杀的标签上面。截至2014年3月5日,导言中先后出现了三种语言的13个事件标签(见表1)。在2004年4月27日09:43的版本中,一位名叫Samuel的用户在保持"南京大屠杀"作为主标签的情况下,首次引入日语标签"南京大虐殺"来提供一种附加性的说明——放在主标签后面的括号内。不过,这次引入并不顺利。在5月13日到7月25日期间,多名用户围绕该标签的删除与恢复问题展开了编辑战,最终要求保留日语标签的一方取得了暂时性的胜利。第二个附加性的日语标签是"南京事件",由用户Gakmo于2004年10月6日引入,但后来曾被日本匿名用户恶意地替换为"南京侵攻作战""于南京战斗"和"南京攻防战"三个标签,只不过很快就被撤销了。第三个被接受的日语标签——"南京虐杀"——由名为R.O.C的用户于2005年5月8日07:16版本引入,与"南京大虐殺"和"南京事件"相并置。2010年5月7日,用户MtBell根据当年年初发布的《日中歴史共同研究報告書》(日文)一书,用"南京虐殺事件"一举替换掉先前的3个日文标签。随后,以"南京大屠杀"为主标签和"南京虐殺事件"为说明性标签的格局不间断地持续了将近两年时间,多达414个版本。

统计结果显示,在全部1623个版本中,有486个版本中从未出现任何一个日语标签(29.9%);"南京大虐殺""南京虐殺"和"南京事件"

等3个日语标签同时出现在818个版本中（50.4%）；这3个日语标签与Nanking Massacre和Rape of Nanking一起出现在527个版本中（32.5%）；在全部13个标签中，最多的时候为6个标签同时出现，达605次（37.3%）。

表1 条目导言中对于事件标签的使用情况（2004.4.10 – 2014.3.5）

事件标签	地位	标签引入者	首次出现的时间	出现的百分比（N = 1623）
南京大屠杀	主要的	Tomchiukc	2004/04/10 08：07	99.6 (1616)
南京大虐杀	附加性的	Samuel	2004/04/27 09：43	69.9 (1135)
南京事件	附加性的	Gakmo	2004/10/06 05：25	57.0 (925)
南京侵攻作战	主要的	219.164.60.162	2004/10/08 12：14	0.1 (1)
于南京战斗	附加性的	219.164.60.162	2004/10/08 12：14	0.1 (1)
南京攻防战	附加性的	219.164.60.162	2004/10/08 12：14	0.1 (1)
南京虐杀	附加性的	R.O.C.	2005/05/08 07：16	50.4 (818)
Nanjing Massacre	附加性的	R.O.C.	2005/05/08 07：16	2.8 (45)
Rape of Nanjing	附加性的	R.O.C.	2005/05/08 07：16	2.8 (45)
Nanking Massacre	附加性的	伟大汉语	2005/12/13 06：57	34.5 (560)
Rape of Nanking	附加性的	伟大汉语	2005/12/13 06：57	34.5 (560)
中韩两国所指的南京大屠杀	主要的	伟大汉语	2005/12/13 06：57	0.1 (2)
南京虐杀事件	附加性的	MtBell	2010/05/07 13：40	39.4 (640)

同时，在讨论页和条目页围绕若干议题的争议中，都牵涉到对导言的争夺，而对这些争议的梳理无疑有助于我们理解维基百科条目的"书写政治"。一是，对于死难者人数的表述问题。早期的条目倾向于将各方的数字混在一起，并不刻意地强调其主次关系。例如，2006年7月29日10：17的版本的导言中就写道："屠杀中具体的遇难人数至今仍极具争议，从中国学者普遍认定的30万以上，远东国际法庭认定的20万以上，以至10多万甚至于数百人不等。"而现有的多数版本则更强调军事法庭的数字，并将其他数字放在后文来表达一种轻重关系。例如，2014年3月5日17：35的版本的导言中，第一段中的表述是，"据第二次世界大战

结束后远东国际军事法庭和南京军事法庭的有关判决和调查,在大屠杀中有20万以上乃至30万以上中国平民和战俘被日军杀害。"而第二段则分述中国政府、日本官方和日本学界对于死难人数的观点。至于这些争议的详细情况,则被放到了正文"影响"一节下的"遇难人数"之中。

二是,国民党在南京保卫战和大屠杀中的责任问题。在2007年7月21日03:18的版本中,一位台湾匿名用户在"原因"之下添加了二级标题"国民党的责任",称"唐生智严重错误的战术造成中国军人自相残杀……不能否认国民党当时也犯下罪行"。用户Alexcn随后移除了这一节,并在讨论页面进行了解释:"唐生智等人只应该负战败逃跑和没有组织撤退的责任,没有屠杀责任。"4年后,围绕这一议题的争议升级到了导言上面。2011年11月23日,一位台湾匿名用户在导言末尾添加了这样一句话:"不过,中国大陆与日本否认派都同意,南京事件是在国民党消极抗日领导无能下而导致中国军民大量死伤的原因之一。"随即,条目中围绕这一表述展开了激烈的编辑战:它们出现在11个版本中,而被删除了7次。特别值得指出的是,条目于2011年11月23日("编辑争议")、12月28日以及2012年4月30日("被IP用户或新用户破坏")先后三次被设置为"保护状态"。同时,讨论页相关的争论也异常激烈,前后共发起了8个独立的讨论。争议的一方以中国早期的官方教科书对于国民党的批判作为依据,而另一方则强调不能将守城失败与大屠杀混为一谈。2012年3月4日11:09的版本之"中国:坚守首都的决策"一节下,出现了一个妥协性的表述:"由于战前战时指挥不利,一九四九年后曾有一段时间内中国大陆的教科书及相关文章指责是国民政府'消极抗日'导致了随后的南京陷落。"用户SyaNHs对此所作的解释是,"纵观全文根本找不到放这段文字的地方(导言肯定不是能放的地方)",而其他用户则建议将其移到"南京大屠杀的争论"条目之下。这种妥协并不能解决问题:2012年三四月间,编辑战仍在继续,责任表述出现在15个版本中,被删除了12次。围绕这一议题的争夺至今仍未消停:在2013年9月14日至2014年3月5日期间,相关表述在18个版本中出现,被删除了17次。

三是,中国历史教科书对于大屠杀的处理方式,即1949年后南京大屠杀是否被写入了教科书。这一争议在2010年即已出现,起初被放在"纪念"一节。在当年12月12日16:45的版本中,一位安徽的匿名用户在导言中插入了这样一句话:"但中国曾经在70年代以前都不曾在教科书和官媒上提及大屠杀。"此后到2011年1月15日期间,这句话及其变体出现在7个版本中,被删除了6次。在1月15日05:44的版本中,南京维基人MtBell发出严重警告:"这段话如果放在合适的地方,我会补充一些材料。但放在导论,见一次删一次。"删除的原因是,这一讲法被日本右翼当作否定大屠杀存在的理由。2011年11月,这一表述再次被某些匿名用户以更为丰富的形式放到导言末尾,再度点燃了编辑战,而讨论页上也争论得颇为激烈。反对一方强调,关于教科书的这一论断来自日本右翼学者,同时他们也花费了大量精力去证明解放后的媒体和教科书中存在关于大屠杀的记录。在现有的多数版本中,这一议题被放入一级标题"影响"之下的"日本方面的观点和争议"一节,作为对日本右翼言论的批评而出现。

(三)全球记忆空间里的交涉互争

虽然"南京大屠杀"条目的记忆社群在讨论页里的讨论主要针对中文条目而展开,但他们也不时关注着其他语言版本,尤其是日文和英文的条目。不仅如此,中文条目的某些活跃用户甚至也直接参与了日文条目和/或英文条目的修订工作。他们甚至发展出了两种不同的身份策略。一是,在不同语言的维基百科上采用统一的身份。当用户MtBell发现自己在中文维基里所用的名字"Gilgalad"在其他语言的维基上已被别人占用之后,就换成了现在这个名字。二是,在不同语言的维基百科上使用不同的身份。一位目前身在德国的广东维基人这样介绍自己:"各位好,我是Nutcracker,胡桃夹子。在英语、德语、日语、法语Wikipedia也能看见我,不过英语Wiki里面我是Nussknacker,这叫作双品牌策略,呵呵……"关于中文条目的用户参与其他语言的南京大屠杀条目之修订的一个典型案例是,2013年二三月间英文条目围绕导言中的"死难人数"问题展开了激烈论争,中文条目中首要的核心人物MtBell也是这场论争的核心人物之一。当英文讨论页的论争终于尘埃落定后,他先后对英文和中文条目的导言都作了修订。可见,Wikipedia作为多语言平台的这一事实提醒我们去关注不同记忆社群在全球性记忆空间里交涉互争的状况。

我们将另撰一文,对不同语言版本的"南京大屠杀"条目的集体记忆建构进行比较研究。这里,仅就中文条目讨论页简要梳理中文记忆社群对于其他语言社群的关切。这种关切主要表现在两个层面。一是，对于不同语言版本的参照。例如，在第二次优良条目评选中，一位持反对意见的注册用户批评参考文献太少，"现在仅27个资料来源，非常不足"，而"英文维基百科就有近100个来源"。另一位持反对意见的匿名用户则借日文版本来批评中文版本："日语维基用两个条目来说明这个事件，除了有interwiki的本条目外还有没有联结其他语言的ja［引者注：Japanese（日文）的缩写］：南京大虐杀论争，对于这类事件，日语的做法严谨有整理还有引用出处。"鉴于存在不同的语言版本，一位用户则建议："将此条目的主要语言版本翻译，放在temp版，互相比较下，我相信会有一些额外的收获。"

二是，对于其他语言版本——尤其是日文版本——的批评，以及交流参与修订日文版的经验教训。早在2005年4月，一位名叫大和健一的用户就在讨论页上报告，"维基日本的'南京大屠杀'条目被阻了"。随后，也有用户批评"日本维基百科竟然不承认南京大屠杀！？去日文维基和鬼子们争辩吧，不要在这里争辩，没有意义"，或倡议"在本条目的日文版上增添一些图片。这样比较有说服力"。同样是针对条目中的图片，当有人发现"南京大屠杀的英文版本正在进行投票，准备删除揭露日军强奸暴行的照片"时，便呼吁用户"参加投票保留这些历史照片！"。2012年12月，日语维基中条目标题由"南京大虐杀"改为"南京事件"，此事在中文讨论页也引发了热烈的关注。讨论中，有些曾参与日文版条目修订和争论的人既批评日语维基，也交流经验教训。他们批评那些持右翼立场的日本人以不接受外文来源和指责文献是"宣传"为由撤销或回退了自己的修订。一位去日文版条目参与论争却以彻底失败而告终的南京维基人感叹，"连几张图片都加不进去，更不要说正名了"，他感觉"在ja那边舌战是浪费时间"，转而建议用户"帮忙完善中文版的南京大屠杀"。他在另一处也建议："最好先充实中文版的条目，然后再修改英文版，之后有足够日义能力的话再去日文版。"总之，从讨论页面的这些话语中可以清楚地看到这样一个基本的事实：在维基百科这一全球性记忆空间里，集体记忆实践仍然有着非常强烈的民族国家之身份认同边界。

五 结论与讨论

十年前，Tomchiukc 在创建"南京大屠杀"条目时附带评论道："写一条条目有多难？为什么每个人都要去 Tom.com 抄？大家都没有脑没有笔吗？"在对1600多个版本的书写实践进行了全面而系统的分析之后，我们不得不发出一句感叹：要写好这个牵涉到两个民族国家之间"艰难过去"的条目真的是非常困难。最大的困难也许在于，在维基百科这一全球性记忆空间里从事记忆工作的人有着高度复杂的政治、社会与文化背景，正是这些背景导致了围绕条目修订的各种合作、冲突与妥协。任何一个条目版本都只是代表着某一主体对于记忆对象的一种暂时性的认知和理解状态，而任何试图一劳永逸地生产出一个"权威"或"标准"的集体记忆版本的想法都必将是徒劳。在线百科全书的协作性书写与传统百科全书的编纂之间形成了巨大的反差，而这种新型的记忆实践会给知识生产和传播带来怎样的影响，我们只能拭目以待。

在过去十年间，维基用户们出于各种动机，生产出一个长长的打上了修订者与被修订者之间"主体间性"烙印的版本序列。定量的统计显示，版本篇幅呈现出一种正增量的整体趋势；条目的叙事结构已日趋稳定和完善；虽然围绕南京大屠杀条目的记忆社群的总体规模相当大，却只有一小群持久的活跃者。同时，对于条目页、浏览历史页和讨论页的质性分析则显示，维基百科的"中立性"原则极大地影响着大屠杀叙事；不同维基用户对于导言展开了激烈的争夺；中文条目中也显示出了一种全球性的"文本间性"的文化意识。

涵盖中国大陆、香港、台湾乃至更广阔的华人社区的在线记忆社群以维基百科为平台建构出什么样的大屠杀景象呢？大屠杀的在线记忆与《人民日报》等媒体所呈现的官方记忆又有何差异？对这些问题很难做出简单的回答。由于维基百科开放编辑的本质，任何一个条目版本都处于、也将会继续处于一种"未完成"的状态。尽管条目的叙事结构和内容趋于稳定，但常规的条目维护（"破坏"与"回退"之间的拉锯）与增删仍然会改变条目的面貌。不过，透过条目的基本结构、变迁历史以及编辑争议，我们还是能够有效地勾勒出维基百科上的集体记忆景象。在大多数版本中，条目的焦点并非作为"历史事件"的大屠杀，而是更多地从当代视角出发,书写大屠杀的"当代史",包括审判、真相传播、纪念、影响以及争议。具体到对暴行的记述方面,连最核心的维基用户MtBell也坦承,"'暴行'章节很难找到一个线索能条理清楚地说明整个过程,也许当时并不存在这样的'条理'"①。

现有的中文版本以暴行的类型区分为屠杀(集体屠杀、分散屠杀)、奸淫、劫掠与纵火,不但篇幅不及英文维基百科的"Nanking Massacre"条目,而且对于历史细节的再现也比后者薄弱得多。举例来说,英文维基百科曾在多处引用《拉贝日记》、目击者描述、幸存者证词以及档案文件。中文维基百科则在条目后文中专辟"暴行真相的传播"一节,分述"战时日本当局的新闻审查""战时中国和西方揭露日军暴行的努力""中国受害者的叙述"以及"日方的记录和证言"。尽管如此,这些历史资料并不是被引用来丰富对暴行的叙述,而是采用一种"陈列"的方式,作为证明大屠杀的确曾经发生的"证据",并与下一节日本方面的争议相呼应。这在某种意义上可以视为对于大屠杀当代困境——日本右翼的否定——的一种回应,同时也折射出了华文记忆社群在进行大屠杀书写时所隐含的集体文化心理。

尽管面临着类似的记忆环境,维基百科的大屠杀辞条与《人民日报》等新闻媒体所建构的官方叙事之间还是存在着巨大的差异。第一,媒介形式(亦即记忆载体)的差异导致我们在新闻媒体上所看到的是"完成的文本",而维基百科则是"书写中的脚本"。我们前面已提到,中立性和非原创性等维基原则对于记忆书写产生了深刻的影响。第二,官方记忆更多地以"断言"——不可否认的"历史事实"——的形式存在,而维基百科则表现出"记忆协商"乃至话语争夺/对抗的特征。前面所述及的记忆争议,折射出维基百科所凝聚的记忆社群内部的多元性乃至歧异性,以及记忆文本的多元表述可能。第三,与官方记忆相比,维基百科所建构的民间记忆的"意识形态性"没有那么显豁(我们很少看到"国耻"等类

---

① 作者对于MtBell的访谈。他还说:"主要原因是确实感到自己在能力上不足以把握这样大的历史事件。你可以发现,暴行细节的章节我基本都没怎么写,这是因为没有受过史学专业训练,我找不到一个可信、连贯的逻辑描述大屠杀中的一系列暴行。这需要对大屠杀的原因有所研究,而现有的历史研究,由于留存的客观史料太少,在这个基础上做出的屠杀令和日军心理的结论都不太清晰。而受到维基百科禁止'原创研究'的限制,我也不能自己概括总结。另外,长期写这个条目,接触的负能量太多,这也是在情绪上比较消极的原因。"

似的表述)。究其原因,这一方面源于不同的记忆书写意图;另一方面,过重的"宣传"色彩无疑会损害辞条的中立性,也可能招致华文记忆社群中那些非中国大陆人士的批评。

虽然中文维基百科折射出民间记忆社群的视角,并反映出了记忆建构过程中的协商与争夺,但是它并不立足于、事实上也没有建构出南京大屠杀的"反记忆"(counter-memory)。例如,中文维基条目对于死难人数的表述,既与官方"断言"有所不同,但也与英文维基百科(国际记忆社群)的陈述方式之间存在巨大的差异。在 2014 年初英文维基条目围绕导言中死难人数的激烈论争之后,目前导言首段对此的表述较为含混,称"数以万计甚或十万计人"(tens of thousands if not hundreds of thousands)遇难,而导言第二段则集中讨论围绕死难人数的争议,称不存在对于死难人数的准确估计,并列举远东国际军事法庭、南京军事法庭(中国官方)的数字,最后称学界估计的数字介于 4 万至 30 万之间。我们可以将中文维基百科的大屠杀记忆视为一种具有民间色彩的替代性记忆(alternative popular memory),而它之所以没有变成"反记忆",大抵有下列几方面的原因:其一,热心参与条目编辑的用户多半来自中国大陆,他们浸淫在相似的大屠杀文化心理当中;其二,中文维基百科以中文为主要的工作语言,主要参照中文文献,而大屠杀在中文文献中基本上是以"共识"的面貌出现的;其三,为了防止维基百科在中国大陆被封锁,条目中不能出现敏感词,也不会使用一些敏感的链接。

本文得到教育部人文社会科学规划基金项目(项目编号:11YJC860023)的资助。

(黄顺铭,四川大学文学与新闻学院副研究员;李红涛,浙江大学传媒与国际文化学院副教授。本文刊载于《新闻与传播研究》2015 年第 1 期)

场景：移动时代媒体的新要素

彭 兰

摘 要：与PC时代的互联网传播相比，移动时代场景的意义大大强化，移动传播的本质是基于场景的服务，即对场景（情境）的感知及信息（服务）适配。场景成为了继内容、形式、社交之后媒体的另一种核心要素。空间与环境、实时状态、生活惯性、社交氛围是构成场景的四个基本要素。当移动媒体在内容媒体、关系媒体、服务媒体三个方向上拓展时，它的主要任务就是完成信息流、关系流与服务流的形成与组织。此时，场景本身可能成为移动媒体的新入口。

关键词：社交媒体　移动传播　场景　内容　形式

中图分类号：G209

据美国互联网分析师玛丽·米克尔（Mary Meeker）及其所在的研究机构KPCB发布的《2014年互联网趋势》报告，截至2014年5月，全球移动互联网使用量占互联网使用量的25%，亚洲更是达到37%。[1] 而根据CNNIC发布的第35次《中国互联网络发展状况统计报告》，2014年6月，中国手机上网比例首次超过传统PC机上网比例，手机网民规模超八成。[2] 这些数据都意味着，移动互联网时代已经到来。

在媒体领域，移动化转型也成为大势所趋，但是，在很多时候，移动媒体这个词，往往被简单地与新闻客户端画上了等号。

事实上，移动互联网包含内容、社交、服务三大领域，移动互联网的

---

[1] Mary Meeker，《2014 互联网趋势》[EB/CD]，http://www.36kr.eom/p/212449.html。
[2] 报告下载地址：http://www.cnnic.net.cn/hlwfzyj/hlwxzbg/。

发展将使得内容、社交、服务三种平台的交融更加深入,而未来的移动媒体也将在内容媒体、关系媒体与服务媒体三个方向上实现自己的拓展与飞跃。

无论是对于内容媒体、关系媒体还是服务媒体,"场景"都将成为一个新的核心要素。

传统媒体时代,人们看重的媒体要素主要是内容与形式,互联网时代到来后,社交成为媒体的核心要素,社交成为内容生产的动力,人们的关系网络成为信息的传播渠道,"无社交不新闻"成为共识。而与PC时代的互联网传播相比,移动时代场景的意义大大强化,移动传播的本质是基于场景的服务,即对场景(情境)的感知及信息(服务)适配。换句话说,移动互联网时代争夺的是场景。对于媒体来说,亦是如此。因此,场景成为了继内容、形式、社交之后媒体的另一种核心要素。

罗伯特·斯考伯和谢尔·伊斯雷尔所著的《即将到来的场景时代》一书指出了与场景时代相关的五个要素:大数据、移动设备、社交媒体、传感器、定位系统。他们把这五种要素称为"场景五力",并认为:"五种原力正在改变你作为消费者、患者、观众或者在线旅行者的体验。它们同样改变着大大小小的企业。"①

值得注意的是,《即将到来的场景时代》一书的英文标题是"Age of Context"。在中国被广泛使用的"场景"一词,更多对应的是英文"Context"一词,而Context也可以译成"情境"。"场景"和"情境"在中文里的含义有些许差异,场景更偏向于空间环境,而情境更多地指行为情景或心理氛围,两者都会决定人们的行为特点与需求特征。当然,广义的场景也可以包含情境,因此,在本文中用"场景"一词来同时涵盖基于空间和基于行为与心理的环境氛围。

一 关于移动媒体用户的行为场景的调查

2014年10月,中国人民大学新闻学院新媒体研究所联合腾讯

---

① [美]罗伯特·斯考伯、谢尔·伊斯雷尔:《即将到来的场景时代》,赵乾坤、周宝曜译,北京联合出版公司2014年版,第11、78、15页。

"企鹅智酷"对移动媒体的用户进行了一次调查,① 调查问卷通过腾讯新闻客户端、腾讯网首页、QQ新闻弹窗(迷你腾讯网)、腾讯网科技频道、腾讯科技微信公众号等多个渠道发布。调查没有覆盖移动用户整体,而是考察移动媒体的重点使用群体(新闻资讯的消费者)在移动终端的行为,以揭示新闻资讯消费及其相关的社交、娱乐和其他服务的使用偏好。在其中一轮有10.9783万人参与的调查中,关于移动新闻阅读、社交使用场景的调查结果如图1、图2所示。在另一轮有10.7576万人参与的调查中,关于移动娱乐、购物场景的调查结果如图3、图4所示。

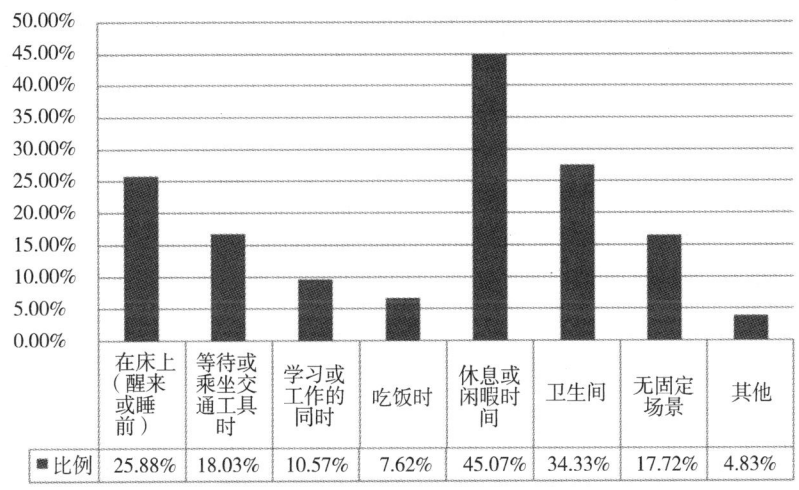

图 1　移动媒体用户阅读新闻的场景

从新闻阅读、社交、娱乐三个方面来看,除了"休息或闲暇"这个重要的场景外,"卫生间"和"在床上"成为移动传播尤为重要的场景。过去只属于报纸、杂志等传统媒体的"卫生间"和"在床上"这样的空间,已经被移动终端所占据。

另一方面,"伴随"也是移动终端使用情境的一个典型特征。移动终端往往伴随着交通工具,伴随着吃饭,甚至伴随工作与学习。

---

① 笔者是此次调查问卷的主要设计者之一。

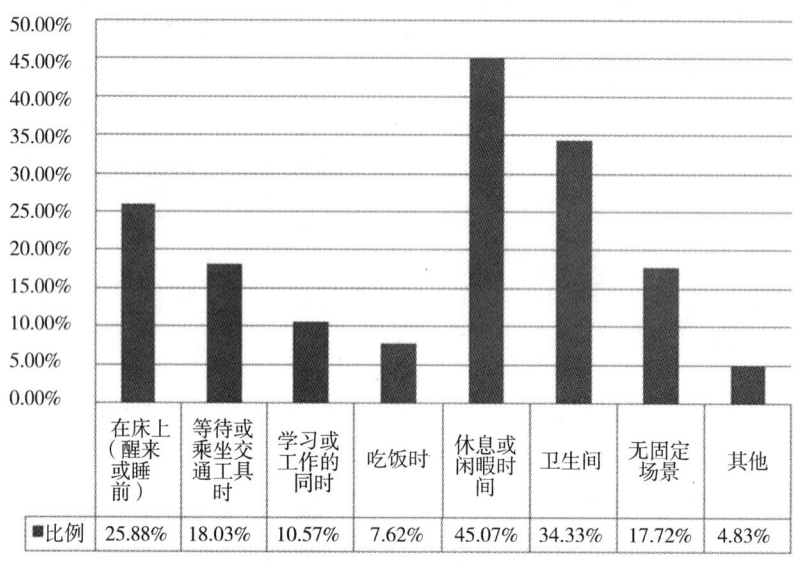

图2　移动媒体用户使用社交应用的场景

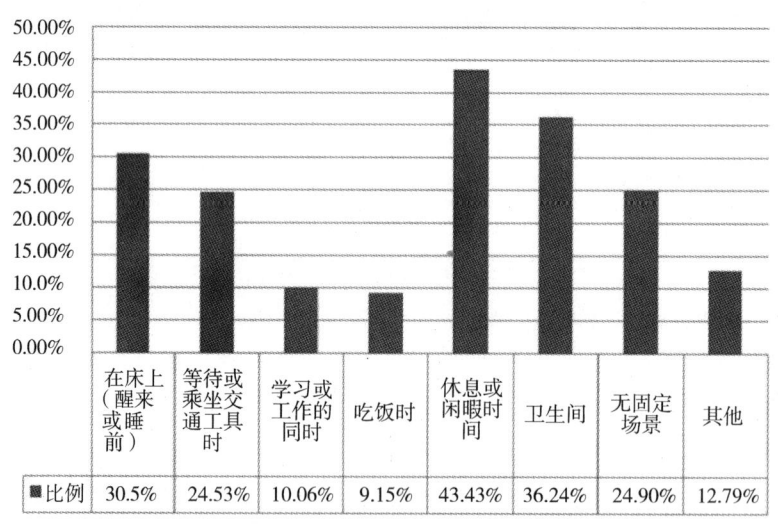

图3　移动媒体用户使用娱乐内容的场景

新媒体研究 场景：移动时代媒体的新要素

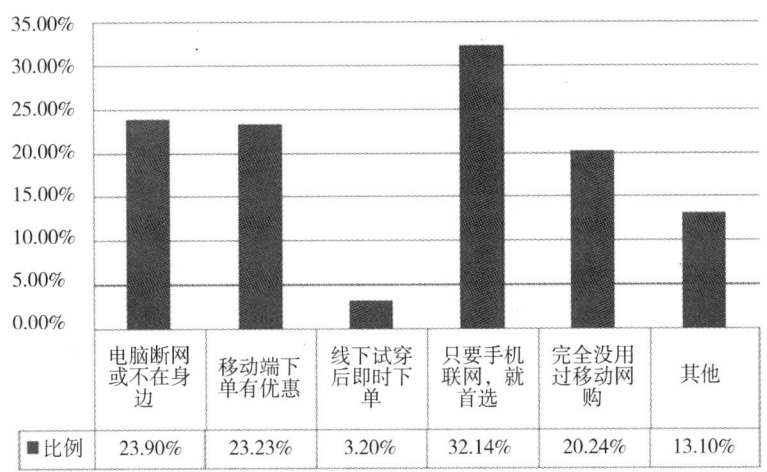

图 4　移动媒体用户使用移动购物的场景

CNNIC 于 2014 年 8 月发布的《2013—2014 年中国移动互联网调查研究报告》也显示，在"工位/教室"这样的场景中使用手机的比例从 2013 年 6 月的 31.2% 上升到 2014 年 6 月的 49.7%。[①] 这在一定程度上印证了近年来人们的一个普遍感受：移动终端把一切碎片时间都利用了起来，但它也把一切时间都变成了碎片时间。完整的工作与学习时间，往往被人为地切割成了很多的碎片。

对于移动购物而言，"电脑不能用时"或"移动端下单有优惠时"，成为用户选择移动购物的重要情境，但更高比例的用户是不假思索地选择移动购物，这说明移动购物已经变成了用户的一种普遍行为。

当然，以上的调查还只是一个很粗略的研究，它更多的只是在关注用户的共性，而无法深入到用户的个性研究中，而对于未来的移动媒体来说，场景的分析与应用，既需要基于对共性规律的洞察，也需要基于对个性行为与需求的把握。

---

① 报告下载地址：http://www.cnnic.net.cn/hlwfzyj/hlwxzbg/ydhlwbg/201408/t20140826_47880.htm。

二 空间与环境、用户实时状态、用户生活惯性、社交氛围：场景的四个基本要素

尽管"场景"一词频频出现，但目前我们对于场景的分析还是比较简单与表层的。事实上，构成场景的基本要素应该包括：空间与环境、用户实时状态、用户生活惯性、社交氛围（见图5）。而对于后三者，今天的研究与应用都还较为不足。

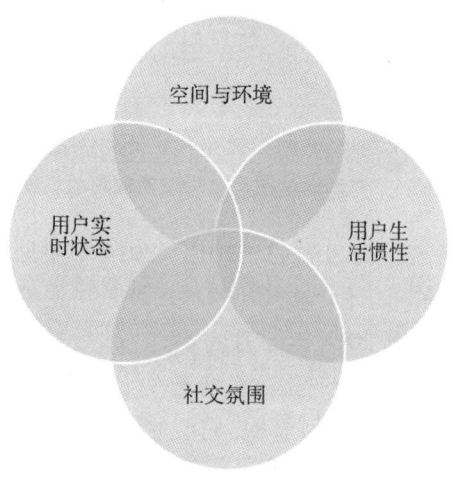

图5 构成场景的基本要素

（一）"空间与环境"要素

在此将空间与环境并列起来是表明，场景不仅仅是一种空间位置指向，也包含着与特定空间或行为相关的环境特征，以及在此环境中的人的行为模式及互动模式，空间与环境不等同，但又不可分割，所以需要把它们当作一个要素来看待。它与人们的生活惯性这个变量密切相关，在很多时候，也与一定的时间相关联。

从空间与环境这个变量来看，人们使用移动媒体的场景又分两种：固定场景与移动场景。

固定场景指的是人们在相对静止的状态下所处的空间环境，是与人们日常活动规律相关联的环境，通常它们与人们的关系是稳定的，可以视作一个"常量"。

在家庭中，在以 PC 电脑为上网终端的时代，人们使用互联网的固定场景主要局限于书房和客厅这样的公共空间，而前文提到的调查表明，移动时代，固定场景在向卧室、卫生间这样的私密空间延伸。卧室（床上）这样的空间，也对应着一定的时间上的特点，它更偏向于夜间，而相比其他时间段，这个时间具有更大的可伸缩性。

同时，吃饭（餐桌）这样过去很少被电脑终端"侵入"的场景，在今天，已经受到移动终端的普遍干扰。

移动终端在改变着家庭中的媒体使用场景的同时，也在影响着家庭成员的关系，家庭成员之间交流的干扰因素正在增多。如何针对家庭这样的场景开发新功能，弥合正在产生断裂的家庭成员关系，促进家庭成员的互动，应该是未来移动产品设计的一个重要方向。

而在学校或单位，过去使用互联网的场景往往是休息时，在今天，移动互联网的使用则已经打破了工作与学习场景中本应具有的"封闭性"与"专注性"，使得工作、学习与休息、娱乐这几者之间的界限被模糊，这也加剧了移动信息消费的碎片化特征。

移动场景指的是人们活动中不断遭遇的环境，是一个"变量"。对于每一个特定用户来说，移动场景意味着快速切换的时空，而每一种场景会带来不同的需求。

但换一个角度看，商场、旅馆、餐厅、图书馆等这些人们在移动状态下遭遇的场景，也是一种固定场景。它们本身是静止的，用户在这些空间里的行为也较为稳定。因此，多数情况下移动场景分析实际上是要分析与用户的移动轨迹相交的固定场景的使用。

在移动场景的分析与应用方面，目前我们的关注重点是用户此时此地的位置及其意义，但是，从长远来看，移动场景的分析与应用需要涉及三个阶段。除了此时此地外，还可以向"此前彼处"和"此后彼处"两个不同的时空延伸，如图 6 所示。

分析用户从何处到达此处，可以更好地理解用户在此时此地的行为的目的及可能的特点。例如，一个用户在逛商场时顺带去看一下旁边的书店，与他从很远之外的家特意到某个书店，两者有本质的差异。顺带逛书

全文转载

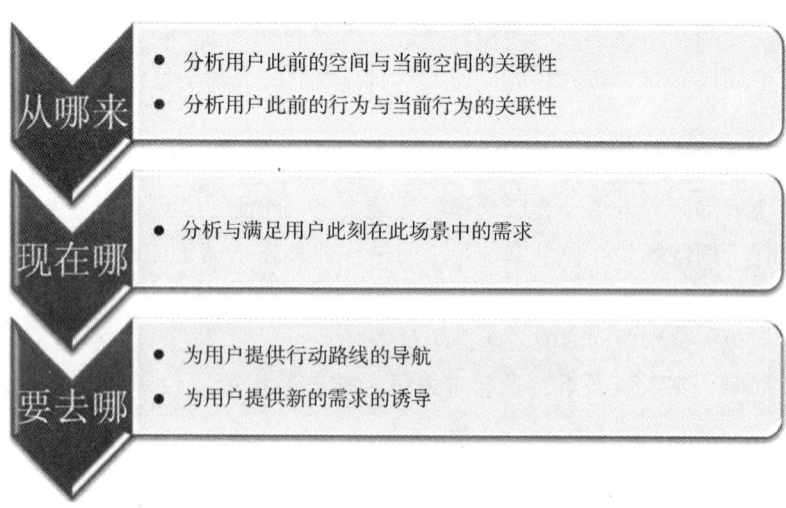

图6 移动场景分析与应用的三个阶段

店,意味着他在书店停留的时间可能是短暂的,对书的浏览可能是漫不经心的,要想留住他,需要诱导出更多的需求,打折信息、营业员的推荐、排行榜等信息的推送,对于需求的诱导可能会产生作用。而特意来书店的用户,往往是对书店有着明确的需求,可能是为了购买特定的书,也可能是为了感受书店的氛围。这时需要注重的主要不是对其需求的诱导,而是对现有需求的更好满足。

另一方面,在满足了用户此时此地的需求后,如果能够预测他们下一步的行动方向并提供相应服务,或者通过理解他们此时的行为而诱导他们的未来需求与行为方向,也可以产生新的产品空间。

例如,对于在书店的顾客,是引导他们去看一部与热门小说有关的电影,还是引导他们去附近的餐馆就餐,这都是在移动场景的分析中可以涉及的。

对于此时、此前、此后这三个时段的场景和情境分析,显然是需要LBS、各种传感器以及大数据等技术的支持的。

当然,我们也可以把这个思维移植到网络这样的虚拟空间中。在网上,人们从哪来、现在哪、要去哪,同样也可以用场景的思路来进行分析与诱导。

· 242 ·

(二)"用户实时状态"要素

用户实时状态,包括用户在此时此地的各种身体、行为、需求等数据,它们既可能基于用户以往的惯性,也可能具有偶然性、特发性。

无论是在固定场景还是移动场景中,人们的实时状态,都会与空间因素共同作用。仅仅只注意空间要素而忽略个体的实际状态,很难实现真正的个性化服务。

用户的实时状态,不仅仅表现为他们自身的数据,也表现为他们所感兴趣的环境信息。一个人周围环境的信息往往是丰富的,但任何人都只会捕捉自己感兴趣的那部分为己所用,他们究竟抓取的是哪些信息,这也是理解他们此时此地行为的一个关键。

对每一个用户实时状态的分析,在过去是难以实现的,而今天,可穿戴设备的出现,使得这个维度的数据采集与实时加工开始变得可能。

2014年百度发布的可穿戴设备百度眼(BaiduEye),正是试图定位于某些特定空间中的信息采集和个性化服务,如商场、博物馆等。当人们身在博物馆时,他们感兴趣的展品与其视线相关,百度眼了解了用户感兴趣的展品后,可以自动获取与这些展品相关的信息并通过语音传送给用户。

对于用户实时状态的分析,并不仅仅依赖用户身上的移动设备,固定设备也可以成为监测移动状态下的用户的手段。

例如,阿根廷公司Shopperception已经在一些沃尔玛超市进行了这样的试验,在天花板上安装带立体传感器的面板,这些传感器可以了解到顾客察看了哪些商品,在哪些地方停留,把哪些商品放进了购物车以及所花的时间等。[①]

英特尔推出的环境感知营销解决方案,则把用户实时数据的采集推向了进一步的应用层面。

它制作的动态数字广告牌可以根据观众的年龄和性别动态变更所展示的广告内容,当一位消费者路过基于英特尔酷睿处理器的数字广告牌时,英特尔广告框架技术可分析包括天气、社交媒体和顾客手机在内的信息,

---

① [美]罗伯特·斯考伯、谢尔·伊斯雷尔:《即将到来的场景时代》,赵乾坤、周宝曜译,北京联合出版公司2014年版,第11、78、15页。

调整内容和用户界面，使其与受众更相关、更个性化。①

上面这些探索也意味着，对用户实时状态数据的采集与分析，还可以集合起来，变成对用户群体分析的依据。例如，当一个超市内所有顾客的路线移动、视线移动等数据被结合起来时，就可以帮助超市理解顾客在超市活动的一般规律，了解到哪些商品受到过顾客的关注，也可以将这样的观察聚焦于某一个特定区域，研究特定品牌产品受到关注的程度。

因此，对于场景中的用户状态的分析，不仅可以理解此时此地的个别用户，还可以成为研究用户群体的一种新手段。

（三）"用户生活惯性"要素

人们在各种场景下的需求与行为模式，常常会带着他们以往的生活经验，打着惯性的烙印，惯性是理解他们行为走向的基本依据，因此，场景的分析，往往也要结合用户以往的习惯。

数字化时代，人们的生活惯性越来越多地被以数据的方式收集，通过数据库的方式存储，场景分析的目标，是将某一个对象识别出来并与其数据库进行匹配，而对于用户的识别、匹配，也有赖于可穿戴设备。

2014年初，英国维珍航空公司展开了一项以谷歌眼镜和索尼智能手表等为助手的服务试验。利用这两种设备，维珍航空人员可以实时识别出头等舱旅客，并获取他们的信息，包括饮食偏好、上次出行信息、最终目的地等，以提供及时的个性化服务。

维珍公司的实验是利用移动终端来匹配服务对象（他者）的生活惯性数据，而未来，更多用户的数据可以与他们自己身上的移动设备关联。

（四）"社交氛围"要素

在《即将到来的场景时代》一书中，两位作者将社交媒体也作为场景时代的一个重要元素，并指出，正是通过在线交谈，我们明确了自己的喜好、所处的位置以及我们所寻求的目标。随着社交媒体与其他四种技术的结合，它将成为极富个性化内容的源泉。这些内容使得技术可以理解你

---

① 《英特尔通过物联网和大数据实现个性化购物》，http://smb.yesky.com/118/35777618.shtml。

是谁、你正在做什么以及你接下来可能做什么等场景。①

可见，两位作者眼中的"场景"并不只是与空间有关，它还包括各种社交氛围。尽管这样的"场景"并非移动时代所特有，但是社交氛围对于人们的活动（包括空间的变化方向）的确是有影响的，而且在今天的影响越来越明显。因此，对于社交媒体中用户及其相关者的数据的分析，可以为场景分析提供另一个维度的支持。

三 场景适配：移动媒体服务的核心目标

场景分析的最终目标是要提供特定场景下的适配信息或服务。适配意味着不仅仅要理解特定场景中的用户，还要能够迅速地找到并推送出与他们需求相适应的内容或服务。对相关信息或服务的发现、聚合与推送能力，也决定着适配的水平。

基于地理位置的信息推送，今天开始在商业应用中推广，如针对附近的移动用户推送打折信息。但在新闻类应用中，它的推送还有限，但一些探索思路正初现端倪。

BreakingNews.com 在其客户端中应用了"让新闻追着用户跑"的新思维：在每篇新闻报道中嵌入了具体的地理位置信息，同时，该应用可以通过 GPS 找到用户所在的位置，把新闻推送给特定区域的用户。而换个角度来看这样一个思路，那便是——让用户躲开那些与他们无关的信息。新华社推出的"我在现场"新闻客户端里，也出现了初步的 LBS 思维，即通过地理位置来聚合相关新闻，同时以此吸引用户的注意。尽管目前思路还比较粗糙，但也是一个有价值的探索。

服务适配比信息适配的范围更广，手段更多样，满足的需求更多元。

服务适配与 O2O（线上—线下服务）有着密切关联。尽管并非所有移动服务的提供都一定要伴随着线下的活动，但通过各种智能设备理解人们在线下的行为，将线上与线下的服务结合起来，将是未来移动服务应用的一个重要方向。在这样的服务适配的推动下，线上与线下空间融为一体的趋势将更为明显。

---

① ［美］罗伯特·斯考伯、谢尔·伊斯雷尔：《即将到来的场景时代》，赵乾坤、周宝曜译，北京联合出版公司 2014 年版，第 11、78、15 页。

服务适配可以只是针对用户的某个特定活动提供单一化的服务，也可以通过了解他的行为逻辑与习惯提供综合性的配套服务。

但需要注意的是，无论是对信息还是服务的适配，都与一定的形式适配相关联。从信息推送的角度看，适配不仅意味着内容与场景的匹配，也意味着形式与特定场景下的阅读需求相适应。

用户在移动场景中活动的特点是时间的碎片化、情境和空间的快速切换。这样的特点，对于社交与娱乐来说，也许不会是太大的障碍，对新闻阅读而言，却会带来影响。人们对于长篇的、深度的内容的阅读需求虽然仍在，但是，时空的碎片化使得人们难以保持一个封闭的、持续静态的阅读过程。简单地指责网民阅读能力下降是无济于事的，试图让他们停留在一张报纸读一天的时代也是不现实的。对于移动媒体的内容生产者来说，今天的一个重要目标，是通过自己的努力，将文字的精华，通过其他的表现形式，如信息图表、PPT等进行提炼与再呈现。因此，今天的移动媒体的标题中，越来越多地出现了"一分钟读懂""两分钟了解""十张图让你知道"等字眼，PPT作为一种信息呈现的方式，在移动终端也开始大行其道，尤其是研究报告的呈现，这正是顺应用户行为特点做出的传播策略的调整。尽管今天我们看到的未必是最佳手段，但是无疑，移动媒体的表现形式一定要与移动阅读的时空相匹配。

上面的分析，还只是涉及移动阅读所对应的形式的一般特点，不同场景下信息阅读的个性化特点如何在呈现形式上做出适应，也需要在未来做进一步探索。

对于服务类应用形式适配的目标，是更为便捷、人性化的操作。"一指搞定"是理想的境界。某些场景下，语音操作也是必要的。多数服务类应用都涉及支付，所以支付形式的优化更为关键。

从场景适配的对象范围来看，又可以分为标准化适配和个性化适配两个层面。

标准化适配，是对共性的理解与满足，即针对用户群体在一个特定场景中的普遍性、一般性需求，进行信息、服务等的提供，使不同的用户都可以获得这一场景中的基本满足。

而个性化适配，则意味着要把个体用户的当下状态及既往习惯等都纳入考虑范围，是对个性的把握与满足。例如，某个地理位置可以接收到各类餐馆推送的信息，但是，如果了解到某个用户是回民的话，那么，给他推送的信息应该将那些不适合他的餐馆信息过滤掉。

当然，在个性化作为一个卖点泛滥的今天，我们提供的究竟是用户真正需要的个性化，还是我们自己以为的个性化，仍需要不断研究。在个性化信息与公共性信息之间的平衡，也仍是移动媒体需要把握的。

场景的适配可以是迎合性的，也可以是诱导性的。诱导性的适配意味着对人们自己尚未意识到的需求的挖掘。当然，这种挖掘与诱导的分寸把握是十分重要的，过犹不及。

四 场景：信息流、关系流与服务流的新入口

当移动媒体在内容媒体、关系媒体、服务媒体三个方向上拓展时，移动媒体的主要任务就是完成信息流、关系流与服务流的形成与组织。

之所以提出"流"这个说法，是要强调信息、关系、服务是活性的，它们会在各种渠道不断流动，最终按照某种逻辑结构在一些平台上汇聚、结合，它们流动的路径以及结合的逻辑（"流"的结构），决定了"流"的能量大小，以及用户发现它们的几率和利用它们的程度。有助于强势的"流"形成的平台，也就具有成为"入口"的潜力。

当越来越多的信息与服务依赖场景这一变量时，场景本身，可以成为信息组织、关系组织与服务组织的核心逻辑，可以成为信息—关系—服务等几者连接的纽带，进一步，场景本身可能成为移动媒体的新入口。

从网络信息的组织模式来看，门户时代已经锤炼出一套成熟"话题信息流"组织模式，即围绕话题的关系来进行内容组织。SNS、微博等社会化媒体兴起后，以关系为纽带产生的"关系信息流"和以时间为线索组织的"时间信息流"模式也日渐普及。

对于移动媒体来说，另一种信息流正在出现，那就是"空间信息流"，即在特定的地理位置上产生或者与某一特定空间有关的所有信息的汇聚。

空间信息流应该如何组织，空间信息流如何与其他三种信息流更好地整合，仍是一个新的课题。理解信息流的新模式，特别是空间信息流的影响，是寻找移动互联网时代新的内容架构方向的起点。这方面的一个新入口将是地图。

今天的高德地图可以通过新浪微博账号登录，用户的社交和微博信息

将可以在高德地图上显现。这意味着通过地图整合空间信息流已经变得可行。

新闻客户端如何与地图更好地结合，也是未来移动媒体产品设计与内容组织时需要思考的一个新的方向。

除了地图这样的空间呈现手段外，其他与场景有关的应用，也都可以考虑如何成为汇聚信息流的新手段。

场景也会成为关系流的一个新入口。

今天的社交平台，多是以人们的现实关系为逻辑来组织的，但是，在很多社交应用中，已经出现了以空间或其他场景要素为基础建构社交关系的功能，陌陌等移动社交产品，更是把空间这个要素发挥到极致。未来应该会有更多的社交产品继续发挥场景思维，通过场景来聚合人们的社交行为与社交关系。

基于空间的服务在移动端的服务类应用中已经不少，滴滴、快的打车等移动应用，其服务完全是建立在空间这个参数基础上的，未来在电子商务、在线医疗等领域，也必然会有越来越多的以场景为基础的服务。

但今天基于场景的服务更多的是分而治之的、割裂的。因此，任何一个应用都很难称为服务流的入口。如果可以将与某一场景有关的一整套服务整合在一起，那么，场景的入口作用将更为显著。

今天有一种说法，移动互联网更倚重场景而非入口，但把场景与入口对立起来，是不合适的，对场景的把控，其实也可以转化为对入口的把控。当然，场景要成为新的入口，产品的设计思维与组织方式也许与今天的产品有很大的不同。

尽管今天在我们讨论场景的意义时，更多的是试图把场景的分析作为设计新产品、提升服务质量的依据。但应该看到的是，移动传播带来的信息消费场景或社交场景的变化，并非都是在向着更人性、更友好的方向发展，甚至它可能是在一定程度上侵蚀人的良好天性，破坏人与环境（空间的或人际的）的友好关系，因此，对于场景的开发与应用，也应该保持一定的警惕与节制。未来的移动服务提供商，未必是要将自己侵入到每一个场景中。某些时候，场景分析的目标也许并非是渗透，而是规避。

本文为笔者与腾讯企鹅智酷合作项目"中国网络媒体的未来

(2014)"的研究成果。

（彭兰，中国人民大学新闻学院教授，中国人民大学新闻与社会发展研究中心研究员，中国人民大学新闻学院新媒体研究所所长。本文刊载于《新闻记者》2015年第3期）

观点摘登

中国新闻从业者的社交媒体运用及其影响因素：一项针对上海青年新闻从业者的调查研究

该研究运用一个在上海市进行的青年新闻从业者抽样调查数据，实证地检视其社交媒体运用与影响因素。本研究的三个目的是：第一，以系统的随机抽样调查样本，反映新闻从业者社交媒体使用的一般特征；第二，从概念上区分并经验地展现该群体社交媒体使用的不同形态；第三，综合运用个人属性、组织背景、新闻范式和心理变量，对新闻从业者的社交媒体使用做出比较系统的解释。

研究发现，新闻从业者的社交媒体运用以服务工作为主，其次是常规表达，而后台披露最少；在个人属性中，年龄是影响新闻从业者在社交媒体进行表达的重要变量，一线记者与有职位的新闻从业者会更多在新闻工作中运用社交媒体；对组织因素而言，广电媒体从业者相对其他媒体从业者更多在社交媒体披露"后台"，而新闻单位对运用新媒体和社交媒体的鼓励与支持，是影响新闻从业者个体社交媒体运用的重要力量；新闻从业者所持的不同新闻范式（体现为不同的新闻范例评价）对其在社交媒体上的常规表达具有显著影响；对互联网工作功效的认知、对社交媒体表达的正向态度，均能显著影响不同维度的社交媒体运用。

该研究理论上的意义在于：第一，首次系统地对新闻从业者社交媒体使用的不同维度做出概念阐释与理论区分，并经验地加以验证；第二，超越简单的"创新扩散"与"技术采纳"思路，发现了组织因素、心理机制，特别是新闻范式对从业者社交媒体使用的重要影响，为未来研究建立起较为扎实的基础。

（周葆华，复旦大学新闻学院副教授。原载《新闻与传播研究》2014年第12期，第34—53页）

新媒体语境下的新闻叙事模式

新媒体语境下有三种新的新闻叙事模式：蜂巢型新闻叙事模式、菱形新闻叙事模式和钻石型新闻叙事模式。蜂巢型的新闻叙事模式是指类似于"马航 MH370 失联"事件的报道，即媒体报道在形式上与内容上都是对事件信息进行一点点地更新。菱形的新闻叙事模式是指媒体对新闻各范畴进行独立报道，其先后顺序基本是：快讯、事件、反应、背景、评论、后续事件、定制新闻，这些范畴报道在速度和深度两条轴线呈现出菱形的形状。钻石型的新闻叙事模式是指类似于 Snow Fall 的报道，即媒体采纳各种元素对事件进行完整、深刻、多维的报道。

虽然蜂巢型模式和菱形模式描述的是连续报道，而钻石型模式是就单篇报道而言。但事实上，蜂巢型模式和菱形模式所描述的连续报道是为了适应当今新媒体语境下的新闻时效而形成的。在以往的媒体环境下，这些事件的报道通常是以单篇报道的形式出现，而非连续报道的方式。

在新媒体语境下，蜂巢型的新闻叙事与钻石型的新闻叙事相得益彰。因为前者是一种碎片化的实时报道，满足了新媒体语境下的时效性要求和人们当时迫切了解信息的需要；而后者则是一种完整、多维的事后呈现，弥补了碎片化报道所带来的人们难以获得事件全貌的缺陷。蜂巢型新闻叙事与菱形新闻叙事又相互补充，前者是对大型的、经历时间较长的事件的报道模式，后者则是对中等大小的、经历时间较短的事件的叙事方式。

（曾庆香，中国传媒大学新闻学院教授。原载《新闻与传播研究》2014 年第 11 期，第 48—59 页）

从"新闻人"到"产品经理"，从"受众中心"到"用户驱动"：网络时代的媒体转型与"大众新闻"危机——兼谈财经新闻教育改革

以"互联网思维"为代表的转型，最深刻的变化是从消费时代的"受众中心"，转向更彻底的市场思维导向的"用户驱动"，以细分服务、消费需求为特征，崇尚"用户至上"。

"产品总监"或"产品经理"已经成了很多传统媒体在向新媒体转型过程中新设立的岗位。从新闻人转型为"产品经理"，不仅仅是职位名称的变化，更是意味着很多新闻人的工作将从专注内容生产，调整为更加专注市场拓展和用户维护，更加注重研究内容产生的市场价值。这在"新闻创造价值"的财经新闻界更为明显。

既然是产品，用户是使用者和消费者合一，用户体验和共同参与生产则成为移动互联媒体产品开发和制作的重要环节。"互联网时代的新闻，不仅需要写作，需要编辑，还需要运营。加强黏性、吸引用户参与、贡献内容、实现围绕新闻内容的弱社交，就是新闻运营的实质。"为用户制作新闻，让用户生产新闻，相比过去的"受众中心"，"用户"会更加主动，有更多的决定权和参与感，与媒体的捆绑感、维系感会更加强烈，市场意识也随之成为决定性意识。

受众是类型化的，用户则是个体化的。强调用户至上、驱动新闻生产，必然随之会走向以需定产的高度细分的个性化市场。传统媒体最重要的社会功能是信息服务和价值生产，高度细分的网络渠道和形形色色的"私人订制"很有可能引起大众新闻的衰落，财经新闻界表现得更为突出，而面向大众服务的新闻曾意味着新闻人的"光荣与梦想"，也是新闻界"权力"的象征。

（林晖，上海财经大学人文学院经济新闻系教授。原载《新闻大学》2015年第2期，第1—6页）

大数据在电视新闻中的应用：创新、问题与方向——以央视2014年大数据系列报道为例

大数据在电视新闻中得到运用，与大数据概念的深入人心密切相关。具体到电视新闻业，以大数据的"大规模"和"全样本"特质作为依托，同交互性、可视化的多媒体技术相结合，通过对有价值信息的筛选和整合，一种独特的电视节目形态——大数据电视新闻产生。

在大数据新闻生产的过程中，新闻工作者很大程度上是对相关的海量信息进行反复筛选整合，甚至在"数据挖掘"没有完成之前，没有人知道最终的新闻点是什么，它更考验新闻从业者的"信息整理能力""新闻敏感能力""数据研判能力"。大数据新闻生产要经过"获取数据—分析数据—数据可视化"的过程。因此，与传统的精确报道相比，数据新闻尤其是大数据新闻是一种自下而上的生产过程。

虽然大数据电视新闻是一种从宏观和中观层面把握社会动态的新闻形态，多是对共性与规律的揭示，但大数据报道需要谨防"以面盖面"。如果只将焦点集中在"整体"上，新闻的精确性和未被统计进去的那部分意见就会被淡化，所挖掘整合的新闻也会受质疑。所以，适当加入微观的

精确分析很重要，比如对个体的视频访谈、专家的电话连线、其他非数据音视频资料的使用等。

（毛湛文，中国人民大学新闻学院博士；李瑞阳，福建师范大学传播学院硕士。原载《电视研究》2014年第12期，第42—45页）

清末民初新闻团体争取言论自由的历史轨迹

清末民初，我国新闻团体伴随新闻事业的发展时起时伏、聚散不定，致使我国新闻团体的言论自由意识也经历了一个由自发产生到自觉维护和不断抗争的复杂发展过程，期间既有高涨和低落，又有迂回和缓退，在清末民初演绎成一条独特的发展轨迹。

从新闻团体为新闻界争取和维护言论自由的历史发展轨迹看，清末民初的新闻界总摆脱不了循环率的羁绊，报界几度兴衰，新闻团体对言论自由的抗争也随着跌宕起伏，时而激进，时而沉寂，时而缓退。但无论如何，新闻团体已成为清末民初新闻界争取和维护言论自由的一支重要力量，它用实际行动为我国新闻界扩大言论自由空间付出了巨大努力。这支力量所扮演的角色在中国言论自由思想史上留下了浓墨重彩的一笔。

同时，它也留给我们许多思考的空间。比如，团体之间争取言论自由的意识缺乏平衡，步调不一，有的激进，有的冷漠。再如，团体争取言论自由意识缺乏一贯性，出现漂移和涣散。袁世凯复辟帝制时，新闻团体失去抗争言论自由的热情和勇气，出现"集体失语"。

（余玉，中国人民大学新闻学院博士研究生。原载《现代传播》2014年第10期，第50—54页）

清末学堂学生的读报活动与观念变革

尽管戊戌变法宣告失败，但是"庚子事变"后宣布实施的新政，却使中国社会走向"改良"的道路，西学和新学的广泛传播已是不可逆转的潮流。在改书院、兴学堂、废科举的潮流中,部分有功名的士人加入新式学堂中接受知识改造,从而成为"士""学"兼具的"第三类人",而许多新生代的学生,由于没有功名的拖累,也就具有与旧时代决裂的最为坚决的态度。全面系统地探讨清末报刊与学生阅读世界的内在联系,对于研究清末阅读史、社会史和思想史有一定的参考价值和理论意义。

对于清末一代的学生而言,报纸打开了一个全新的思想世界,后来成为政治精英和文化精英的许多核心人物,都在回忆录和日记中承认梁启超、章太炎等人所创办报刊的巨大影响。学堂是一个新型的公共空间,读报纸并非单纯的个体行为,一张报纸经由一班同学竞相传阅,会对某些重要观念产生共鸣。他们获得的报刊思想,经由家庭和初级社群的广泛传播,又进一步革新了社会价值体系。

由于学生的思想可塑性较强,容易产生观念上的转变,清末政论性报刊自身的变革也关顾到学生的阅读需求,包括西方译著、文艺副刊、小说专栏和学界风潮等新栏目的推出,很大程度上满足了学生多元的消费需要。而大多数杂志采用洋式装订,使它在形态和内容上兼具书籍和报纸的特征,其大量的翻刻本和合订本,具有很好的阅读延续性和空间延展性。

(蒋建国,河南大学"黄河学者"特聘教授。原载《新闻与传播研究》2014年第7期,第87—103页)

为了重建的反思:传播研究的范式创新

社会巨变与学术转向互为激荡。席卷全球的新技术革命、各种路径的传播思想奔涌而来、传播学核心概念分崩离析,致使传播研究主流范式遭遇危机。面对此种情形,传播学必得进行反思现有研究、清理理论遗产、研究范式创新的重建。传播学需要多元范式并置、多种学派纷呈以展开对话、交锋的开阔气象,以达成促进学科繁荣、回应历史变革之目标。

当前,传播学领域的研究存在两种不良偏向:或是隔绝与其他学科的对话,以求所谓的传播理论自主性,抵御其他学科的"入侵";或是罔顾理论概念的学术脉络,随意拿来其他学科的理论,嫁接到传播学研究中,传播领域于是成为各种学科理论、概念的演练场，传播学因此陷入学术研究的下游、末端、工具性的命运。

将美国主流范式的传播学研究取向（也只能算之一）当作人类传播研究的全部价值与意义，正是当前大陆传播学学科危机感、身份焦虑的主因。如果我们永远在操作性层面理解传播学（新闻学），我们就无从摆脱学科边缘化、被其他学科"入侵""替代"的命运。

面对当前的全球化、新技术、城市化浪潮，要将被芝加哥学派从城市中剥离出来的报纸"再嵌入"到社会生活中，因为当今时代，传播、媒介已经成为构成社会的基本要素，不能也无法将其分离。

（孙玮，复旦大学新闻学院教授。原载《新闻记者》2014年第12期，第50—58页）

新媒体视域下"沉默的螺旋"理论的检视与研究——以长三角农民工的QQ表达为例

农民工是我国城乡二元融合过程中形成的特定社会群体，在现实社会公众的认知中通常被"边缘化"为弱势群体，在现实主流媒体中，他们也往往处于失语状态，被动地陷入"沉默的螺旋"。而网络的发展，特别是手机等移动智能媒介的应用，为破解新生代农民工表达的需求提供了新契机。

调查显示，长三角农民工在意见气候情境下，在四个QQ群中分别对同一话题进行横向比较时，不约而同地都出现一致的现象：有关情感与交友方面的话题都更愿意"迎合大家"，而有关工作与生活方面的话题都倾向于"坚持自己的观点"或者"选择沉默"。

总体而言，"沉默的螺旋"在长三角农民工QQ社交平台中仍然存在，并具有以下重要特征：第一，长三角农民工的个体差异与社会经济地位差别对其QQ表达造成社会孤立压力，"沉默的螺旋"在性别、年龄、社会地位认知上存在着统计学显著性。第二，长三角农民工的现实社会孤立压力与QQ的"个人表达"、长三角农民工QQ个体表达（少数人）与意见气候（多数人）并不同步，存在着一定的意见气候隔离。第三，"沉默的螺旋"不仅影响长三角农民工的虚拟QQ空间的表达，也影响着其现实行动取向与能力，其中"坚持自己的观点"（中坚分子）更趋于积极主动。

（宋红岩，浙江传媒学院社科部副教授；曾静平，北京邮电大学教

授。原载《新闻与传播研究》2015年第4期，第46—60页）

对话的重要性：国际传播中的理解和接受

目前，我国的国际传播面临覆盖率不断提升，影响力却持续不足的问题。国内现有研究将原因归结于世界传播格局、中外政治文化与价值观差异等外部条件，缺乏对国际传播的理念和内容本身进行评论与反思。国外学者以对话性理论为基础，结合意义的创造、双向对等传播、交往行为理论，分析了西方媒体在阿拉伯地区传播的节目类型、模式、议题、用语等因素。这些研究表明，对不同社会文化传统缺乏理解与尊重、以改变受众态度为目标的单向传播理念，是效果有限的症结所在。中国传统哲学有爱好对话和互惠知识的内在倾向，中国式对话更注重取得双方都能接受的互利结果，应借重这种思想和文化资源，提升中国国际传播的影响力。

有价值、有意义的对话，应该承认、正视并尊重不同文化之间差异的存在，从根本上理解另一种文化。现实是人们过于依赖"普遍"的人性与理性，认为普遍的知识才有意义，试图通过对话发现更多的全球性伦理。这种对本土文化特性缺少敏感性的传播内容，很难在受众中引发共鸣。另一种情况是，在国际传播中过于强调共性而回避差异，在安全区内讨论问题，无法形成实质性对话。

中国自古以来只有取经，没有传教，尊重不同文化和不同观念，抱着"海纳百川、有容乃大"的胸怀接受外来文化，促进文化融合。在与不同文化展开对话时，不仅要阐释这样的文化传统，更需要借重这种宝贵的思想和文化资源，将这样的传统与资源融入中国与世界的对话中，相互的理解与接受必将有更为乐观的前景。

[张小娅，清华大学新闻与传播学院博士生。原载《清华大学学报》（哲学社会科学版）2015年第1期，第129—136页]

辟谣信息构成要素：一种整合框架——二战以后西方辟谣实证研究回顾

与以往研究不同，本文首次采用"辟谣信息构成要素"这一全新的分类整合框架，将碎片化的辟谣策略归结为五种辟谣信息构成要素的设计，即辟谣来源选择、背景谣言介绍、谣言反驳适用、事实真相陈述和情愫唤起呈现。

选择谣言受益者、专业对口者、层级适当者作为辟谣来源，可以提高辟谣信息的说服力，但由于"睡眠者效应"的存在，这种说服力会随着时间的推移而减弱。介绍背景谣言是为了避免受众误解辟谣动机，同时提高受众对后续谣言的"免疫力"，但重述谣言可能会带来"真相错觉"，所以需要运用否定语句来表述背景谣言，以达到谣言"灭活"效果。

使用谣言反驳可以降低谣言信度或认知影响，但对内容不断发生变化的谣言效果不显著，而且反驳也容易激怒受众，导致辟谣效果适得其反。陈述事实真相可以避免因谣言及其反驳而产生的"真相错觉"和"逆火效应"，也可以最大限度地降低谣言变种的信度或认知影响，但事实陈述对人们的吸引力远不如谣言及其反驳。情愫唤起可以减少谣言对受众的情感影响，但有可能使受众联想到谣言，继而导致辟谣适得其反。

（熊炎，北京市社会科学院首都社会治安综合治理研究所副研究员。原载《国外社会科学》2015年第1期，第78—88页）

突发性群体事件谣言的人物关系分析

该文收集整理了2004年到2012年发生在国内的16起突发性群体事件的谣言，在此基础上展开谣言的人物关系分析。首先，谣言中所涉及的人物主要有干部、警察、学生和农民工等，谣言利用各种手段虚构了很多子虚乌有的人物。其次，从人物所属群体看，主要集中在两个群体：一个是以警察、干部和富商为代表的强势群体；一个是以农民工为代表的弱势群体，群体之间存在竞争和对立，具有社会心理机制的"替罪羊"效应。最后，根据格雷玛斯的符号矩阵，谣言中人物的对立体现为角色差异、身份对抗和伦理上的善恶对决。

面对社会的发展变化，学者提出了以职业为基础，以组织资源、经济资源和文化资源的占有状况为标准来划分社会阶层的理论框架，用十个社会阶层和五种社会地位等级来描述整个社会的阶层结构。社会阶层分化造就了处于社会两端的两种群体：弱势群体和强势群体。强势群体拥有影响社会公共政策制定和执行的能力，还有对社会公共舆论的影响和话语形成能力。正因为强势群体有很大的社会能量，弱势群体不得不依附于强势群体。

(蔡盈洲,江西财经大学人文学院副教授。原载《现代传播》2014年第10期,第41—45页)

面向公众的科学传播:新技术时代的理念与实践原则

科学传播的目的并不仅仅是推广科学知识,而是塑造知情的公众。当新技术打破科学信息扩散流通的传统权力逻辑时,公众科学知识需求的增加与多样化却未能得到充分满足。面向公众的科学传播理念与实践原则今天正在经历强烈重塑。鉴于科学议题的专业性和高门槛,在科学新闻报道实践中,要格外警惕"虚假中立"。

即便科学新闻仍是当今科学传播的重要领域,新技术时代的科学传播已不止仅以科学新闻为中心。互联网极大地促进了科学信息的广泛扩散,其传播形态的去中心化和互动性也突出了一些以往科学传播难以达成的效果,如公开、透明、多主体参与的讨论,以及快速的纠错能力。

科学传播与当代政治、社会生活密不可分,无论如何,今天科学记者"面临的挑战在于,如何提供更为严谨、更具批判性的新闻报道,使得公众更为清醒,更加知情,更愿意投身到关于科技进步、科学发展进程和科学技术伦理的公共辩论中"。面对人类文明的传承和发展,科学传播任重道远。

(陆晔,复旦大学新闻学院教授;周睿鸣,复旦大学新闻学院博士研究生。原载《新闻记者》2015年第5期,第4—11页)

中国语境下"传播"概念的演变及意义

关于"communication"译为"传播"是否恰当,大陆学术界一直存在争议。因为从字义上来看,"传"与"播"皆含有单向的意义。例如,《说文解字》将"传"与"遽"互训,二者均指"驿车";《说文解字》中,"播"的本义为"种"(播种),引申为"布"(传布)或《广韵》所说的"扬"(分散)。因此,"传"与"播"二者连用并不能准确地传达英语中双向互动的意思。一些研究者认为,"交流""沟通""交际"能够更贴切地表达出双向的意思,尤其是在人际传播、跨文化传播等强调传、受方双向互动的领域，不少研究者放弃了"传播"一词。

在传播与传播学已经深入人心的今天，是否要放弃"传播"这一概念，还有待学术界进一步讨论。不过从建构主义和实用主义的角度来看，语言只是一个表意工具，从"交通"到"传播"，符号能指虽有变化，但其指代的对象却都与 communication 这个英语单词高度重合。尽管从字面上看，"传播"具有单向意义，考虑到此翻译已经深入人心，未尝不可在使用中逐渐对其进行改造，重新赋予这个传统的词汇以新双向互动意义。

总结起来，中文的"传播"系外来词，对应英语中的 communication 一词。本文作者主张仍然沿用"传播"一词，但在今后的使用中应超越单向的意义，赋予其双向沟通的内涵。在对传播的理解上，应关注关系、知识、权力三个维度。对于传播，本文暂时给出的概念说明为："传播是一定社会结构与社会关系中的信息传递与知识共享行为。"

（刘海龙，中国人民大学新闻学院副教授。原载《新闻与传播研究》2014 年第 8 期，第 113—119 页）

广播史研究的范式转移

广播史作为学术性的专业研究是从 20 世纪 70 年代末开始的，然而在新闻史的大框架下，广播史却以报刊（革命）史的研究范式沿袭至今。这就忽视了广播不同于报刊的技术依赖性、制度规定性和功能多元性的特征。由此，在新媒体的技术条件下，本文认为，应该将广播史回归传播史的研究范式，探讨在技术变迁的历史背景下，广播的传者（广播与国家的关系）、广播的内容乃至广播受众的发展史；还可以借鉴美国深具传统的广播文化史的研究范式，探讨广播与文化发展的历史互动，比如 80 年代初开始风靡全国的英语教学广播节目。广播节目主持人在电视时代到来前就改变了语态，重塑了"声音共同体"，其与"听众喜爱的十五首广播歌曲"的大众评选活动一起都推动了改革开放和思想解放的文化启蒙风潮。广播史研究要独立于报刊史，更要超越新闻史，无论尝试传播史还是文化史的范式，都是对新技术"地球村"时代的最好呼应和观照。

（李煜，中国传媒大学新闻传播学部新闻学院副教授。原载《现代传播》2014年第9期，第38—45页）

中国国家形象个人代言的传播效果研究

国家形象是国家软实力的重要组成，具有国际影响的个人是国家形象的重要代言人，研究个人代言对国家形象的影响具有重要的国际传播意义。国家形象的塑造主体为政府、企业和全体国民三大类。但由于传播技术手段的不断发展，国家（政府）不再作为主要的或唯一的传播国家形象的主体，个人和企业摆在了依附地位，逐渐成为国家形象传播的重要方式。国家形象代言人一直以来被认为是国际社会中最具关注度、最具代表性的中国公民。其中，名人、国家领导人、第一夫人和企业家等，作为全体国民中的主要传播主体，在国家形象建设与传播中的应用具有不可替代的优势。

研究发现，（1）从传播效果角度，国外媒体对中国形象代言人的总体报道偏向正面，传播效果好；（2）从媒体关注度角度，国际媒介对国家领导人的关注度最高；（3）从传播分类研究角度，第一夫人代言中国国家形象传播效果最好。

（薛可，上海交通大学媒体与设计学院新闻与传播系教授；黄炜琳，上海交通大学媒体与设计学院新闻与传播系本科生；鲁思奇，上海交通大学媒体与设计学院新闻与传播系本科生。原载《新闻大学》2015年第2期，第73—80页）

跨时期网络舆论铺垫效果的构念启动与使用——基于《人民日报》"城管"议题微博的统计分析与时序考察

笔者在该文中将选择"城管"这一饱受争议的公共议题，从铺垫效果的理论梳理入手，以人民日报微博为样本数据，对《人民日报》城管议题的微博舆论在一定时间跨度内的传播过程进行时序考察和统计分析，

围绕城管自身改革引发的议题、涉及城管的社会新闻事件引发的议题、突发暴力事件引发的议题、城管正面形象传播引发的议题、城管领域中非暴力事件引发的议题等。突发暴力事件发生之后，对其构成的是一种强烈的"当前刺激"，这一刺激中的身份主体（小贩或城管）、事件性质（暴力标签和极端手段，如血腥、凶残、暴烈、迅猛等）以及事件后果（如死亡、伤残、伤及无辜等）都会使得议题归置到"暴力执法"和"暴力抗法"这对冤家矛盾之中，从而构成了一种强烈的引爆信号，在"铺垫效果"的作用机制下，网民会从其长期积累的知识仓储中寻找到记忆片段，而这样的记忆片段已经在十数年来城管发展历史中累积了一连串的案例和名字，依据"暂时近用性"获得最近的信息片段，依据"习惯近用性"获得他脑海中最惯常出现的信息片段，再依据"应用性"获取记忆中的框架图式，然后一同与工作记忆（短期性记忆）汇集，形成构念，从而对这一"当前刺激"进行评价判断，最终形成舆论意见，这都会使得城管形象标签上被深深打上一个"暴力"的底色，烙下一个"血腥"的印痕。

（廖为民，浙江理工大学文化传播学院副教授。原载《浙江传媒学院学报》2015年第1期，第2—11页）

社交媒体的中国道路：现状、特色和未来

中国社交媒体的发展分为四个主要阶段：早期社交网络——BBS时代、休闲娱乐型社交网络时代、微信息社交网络时代、垂直社交网络应用时代。

中国社交媒体现状分析：（一）主要社交媒体介绍：1. 腾讯QQ、新浪微博、微信、QQ空间、人人网、知乎、陌陌、友秘。（二）社交媒体用户分析：整体网民覆盖率最高为即时通信，其次为社交网站，最后为微博。整体网民中，微博流失率达6.32%，微信流失率达2.62%。微博普及率高但是流失率也高，社交网站因为有QQ空间存在，整体流失率比较低。使用社交网站的网民年龄偏大，收入偏低，学历偏低；使用微博的网民年龄偏小，收入偏高，学历偏高；使用微信的网民年龄偏大，收入偏高，学历偏高。超过70%的用户同时使用两个以上的产品，使用的重合度较高。其中同时使用三个产品的人占37.0%，同时使用社交网站和微

信的人占53.1%，用户重合度较高。

中国社交媒体的特色和创新：（一）独特的"防火墙"国情；（二）C2C模式（Copy to China）与创新；（三）发展速度惊人，互联网一代崛起；（四）中国的社交媒体承载了更多的社会责任；（五）过度娱乐化和挥之不去的利益链条。

中国社交网络未来的发展趋势：（一）向移动端迁移；（二）从大平台逃离到垂直社交；（三）匿名社交和阅后即焚兴起；（四）社群化的社交媒体。

（李娜，北京大学新闻与传播学院硕士生；胡泳，北京大学新闻与传播学院教授。原载《新闻爱好者》2014年第12期，第5—11页）

微博语境下大数据"技术神话"的建构与批判

从正向情绪微博语义网来看，微博建构了一个"多快好省"、好大全、大数据神话。在这一框架中，大数据无所不能、无处不在。从内容上看，主要偏向于技术与应用，通过文字、图片、案例等，使大数据被符号化，与其他新兴的云计算、物联网等名词联系在一起，变成万能和技术的代名词，形成人人言必称大数据的局面。大数据的广泛应用与实践，如作为公司、企业的精准营销平台，在客户关系管理、投资智慧城市、幸福城市排行、医疗等各方面的应用加速了大数据神话化。大数据的神话过程中亦掺杂着美好的谎言，令人真假难辨。

大数据的负面认知：技术神话的批判。负面情绪微博批判了大数据会带来个人和企业的难题，如数据安全等。此外，这类微博信息许多是从个人角度出发，且未提出问题解决的办法，无论是从数量上还是强烈程度上，都处于弱势，因而，这些反对和批评的声音被淹没在大量的其他信息中。对大数据的批判首先表现在对大数据神话的批评与反思，以及目前技术与环境条件下现实与理想的差距。一些微博质疑大数据的被神话化。在大数据时代，隐私和安全问题愈加受关注，信息安全或许正是大数据产业健康发展的命门。可见，对于大数据的批判主要集中在对目前言必大数据、大数据无所不能的氛围的批评以及各行业应对大数据的不足，此外还包括大数据带来的隐私安全和其他问题。然而不难发现，这些问题虽然被提出来，但是却没有或无法给出解决的办法，从语义网图谱中的各个节点也可以看出这些词的提及率并不高,因此,在微博中的影响力也较小,并未引起多数网友的关注与讨论。

(何睿,中国人民大学新闻学院博士生。原载《当代传播》2015年第2期,第69—71页)

美国关于新媒体规制的争论

网络自由主义者、网络联邦主义者和网络现实主义者的观点激烈交锋,从中反映出人们对互联网的认识从早期的乌托邦到后来逐渐回归成熟理性的过程。

网络自由主义学派的立场,也称之为网络空间的无政府主义立场,主张互联网超越了现存的一切边界限制,成为一个人类追求自由的新世界,互联网有独立于现实世界的自己的治理规则,是一个完全不同的社会,人们既没有必要也无可能按照现实世界的逻辑给互联网立法。这个空间社会应该是一个完全自我组织的实体,没有统治者,没有政治干预。这些网络空间的自由主义者,想象在互联网上的人们通过互助可以自由地、低成本地组成通讯社区,从而构建成某种生活方式;在这个空间内,人们可以扩展他们的情感和智能。

网络联邦主义观点主张网络自治,拒绝国际法介入。他们分析了网络行为由于突破了国界限制而带给网络治理的新挑战,一个无视地理界限的电子媒介的出现带来了崭新的现象,从而使法律陷入混乱。他们认为网络空间需要一套和现实世界截然不同的法律。同时,网络空间并非一个同质性的地域,在各种线上场所的诸多群体和活动都拥有独特的性质和特征,每个地区都可能发展出自己独特的规则,应该由每个虚拟地区的成员来制订和执行,更多地通过网络信息活动中特有的游戏规则,解决所面临的种种信息问题。

网络现实主义者认为网络空间虽然被称为虚拟空间,却是客观存在的,只不过是存在的方式不同于传统的物理空间,现实社会中存在的利益冲突、权利侵害在网络空间中也有所体现,网络空间同样离不开法律的规范。规范互联网等新兴媒体的法律法规同样来自于人与人之间的交往,也用于规范现实生活中的人与人之间的关系;互联网的发展完全是由强大的政治和经济力量所驱动,而不是人类新建的一个更自由、更美好、更民主的另类天地。在现实世界发生的信息违法行为,如侵犯版权和破坏信息安全,也同样会在网络信息空间里发生,而且网络参与者也同样是我们现实世界的公民,他们所要遵守的法律与其他公民所要遵守的法律别无两样。

(戴元光,上海政法学院教授,上海大学影视学院特聘教授,浙江传媒学院特聘教授;周鸿雁,济南市委宣传部干部。原载《当代传播》2014年第6期,第51—62页)

大数据时代传媒业的转型进路:试析定制内容、众包生产与跨界融合的实践模式

在大数据时代,从用户服务模式到内容生产方式,再到媒体行业本身,无不在经历着颠覆与重塑。

个性化信息推荐:内容聚合及定制推送以用户为中心。大数据时代,信息超载已然成为人类面临的又一难题,如何在海量信息中找到有用的信息,是除数据挖掘与分析之外的另一个挑战。由此,个性化推荐应运而生。通过对用户行为和关系的分析,挖掘用户对内容的偏好和潜在需求,通过信息聚合,自动生成符合其需求的信息,从而实现个性化的内容推荐和定制新闻发送。

何以实现"数据闭环"。"数据闭环"指的是在数据的生成、采集、聚合、集成到数据挖掘和分析的过程中,由各种数据来源、数据采集方式、数据库、数据挖掘技术、数据模型和数据产品组成的一个环状数据运营系统,以数据养数据,打造数据新闻循环生产体系,同时也会形成数据自然增长和循环利用的密闭型生态系统,使数据闭环"转起来",这种基于生物逻辑的数据循环和生产方式,会赋予大数据新闻持续的创新动力。

众包新闻就是基于UGC(Users Generated Content,用户生成内容)的新闻生产。基于社会化媒体的新闻生产方式,赋予新闻生产新的社会情境,不仅破除了媒体间的障碍,而且对传统媒体作为信息提供者的角色提出了挑战,把新闻生产变为一种信息集成过程。众包新闻降低了新闻写作的门槛,赋予新闻生产新的社会意义,推动了新闻生产的外部化。

跨界与融合：媒介业态转型实践。推倒新闻编辑室的墙，加强采编部门和客户服务、技术应用与设计、数字挖掘、产品研发这些部门的合作，产品第一、部门第二；要脱离过去采编部分独立于其他部门，只关注内容生产的单一模式，记者编辑也要参与到内容推广的流程当中，摆脱依靠广告和订阅赢利的落后模式，打造一个有吸引力的数字公司。

（喻国明，中国人民大学新闻学院副院长、教授；李慧娟，中国人民大学新闻学院传媒经济专业 2012 级博士研究生。原载《现代传播》2014 年第 12 期，第 1—5、11 页）

论中国社会转型初期（1978—1991）的"社会主义广告"

在 1978—1991 年间，科学探讨了"社会主义广告"中的商品广告，认真批评了"社会主义广告"中新闻与广告的关系及性质。邓小平 1992 年南方谈话后，关于"社会主义广告"与"资本主义广告"合法性的讨论才真正落幕。

提出"社会主义广告"是与"资本主义广告"相对应的广告学范畴，利用"资本主义广告"之长发展"社会主义广告"，同时建议发展和建设广告学。商业广告又是社会主义文化领域内的一种美术形式，富于思想性和艺术性的商业广告，还起着美化市容、街道、商店和丰富人民文化生活的作用，各种形式的商业广告既要有思想内容，又应力求做到主题明确、布局得当、颜色调和，具有群众喜闻乐见的民族风格，合乎社会主义现实的要求，商业广告的思想性、政策性、真实性、艺术性是统一的。

商品广告是计划经济条件下的产品广告，对企业广告进行较全面的分析与较深入的研究是该时期的一大特点。一方面，对商品广告的概念内涵和外延、功能、类型、特点、特征与中国广告现实发展进行全面研讨及论述。另一方面，为便于广告传播及其传播效果，对商品广告语言进行充分、细致、系统地探讨，对广告的社会主义属性、广告的商品属性及广告传播视角进行探讨，促进了广告的健康发展，完成了广告学及其学术批评的建构转型。

当时宣传的"社会主义广告"和"资本主义广告"有严格区分的两

个对立范畴，即：中国广告是"社会主义广告"，在意识形态上是与"资本主义广告"相对立的。"社会主义广告"是市场发展要求的经济话语，是中国现代广告合规律性的发展形态。在理论引进与实践操作层面，"社会主义广告"学习和借鉴"资本主义广告"经济属性的优点，为社会主义经济服务，为商品生产和商品销售服务，沟通生产者和消费者的关系，为新产品、新技术广辟销路、调剂余缺以及搞活经济起了很大的作用，为工业、农业和人民生活服务作出了贡献。

（王凤翔，中国社会科学院新闻与传播研究所副研究员，世界传媒研究中心副主任。原载《现代传播》2015年第6期，第51—55页）

中国社区媒体运行模式及其价值研究

按照社区媒体从创办到发行的整个生产流程来进行分类，中国社区媒体的运行模式主要有以下九种：独立采编，合作方负责出资发行，经营外包给广告公司；独立采编，合作方负责出资，居民＋主报负责发行，经营外包给广告公司；独立采编，政府出资，发行采取邮发，经营还未开始；独立采编＋经营，合作方负责出资＋发行；独立采编＋经营＋发行，由政府出资；独立采稿＋出资，编辑＋经营＋印刷发行外包给广告公司；合作采编＋出资＋经营＋印刷发行；独立采访，母报编辑＋出资，经营外包，发行多样，选择有利可图的非空白点；无采编，与淘宝平台合作。从以上分类可以看到，中国社区媒体的发展模式多样，却有一个最基本的共性特点，即"合作"。

中国社区媒体的合作模式大多采用"媒体定制"方式，主要有两种：一种是有形的合作，这种合作方式是最多的，合作方出现在报名或版面上等；另一种是隐形的合作，合作方在幕后。

社区媒体倾听民众呼声，反映民情民意，帮助政府有的放矢地工作，从社区建设和社会稳定的角度来说是非常有效的一种机制。中国的城镇建设、社区建设离不开能够充分发挥"建设性"功能的社区媒体，社区媒体的协商功能对公共领域的缔造也是有一定积极作用的。社区媒体还是培育社区共同体的一个有效渠道，政府在社区建设方面可以借助社区媒体的力量，通过社区媒体进驻社区开展服务，并通过完善社区服务功能，使居民对社区产生认同感。对于社区媒体来说，服务社区是它的第一功能。作为社区媒体记者，需要熟悉社区里的人，与社区里的人交朋友，通过微信、QQ群等人际交往渠道与用户建立紧密的联系，让居民感到可亲近、可信赖。

（贾茜，重庆大学新闻学院讲师；蔡雯，中国人民大学新闻学院教授，中国人民大学新闻与社会发展研究中心研究员。原载《当代传播》2015年第1期，第14—16页）

推荐论文题录

《从中庸之道到"无知之幕":四种媒体伦理理论评析》,展江、彭桂兵,《南京社会科学》2014年第12期,第106—114页。

《新闻专业主义视域下新闻消费主义分析》,梁尧,《中国报业》2015年第2期,第36—37页。

《从西方媒体有关规范看记者如何处理隐私问题》,张宸,《中国记者》2015年第3期,第46—48页。

《作为反思性实践的新闻专业主义——以邓玉娇事件报道为例》,李艳红,《新闻记者》2014年第7期,第68—77页。

《新媒体语境下记者职业角色的理论争辩》,王斌,《新闻战线》2014年第10期,第46—49页。

《从"组织人"到"创业者":媒体从业者职业图像的变迁》,张煜麟,《新闻记者》2014年第8期,第33—39页。

《内容的至上地位永难撼动——兼与〈旗帜鲜明地反对"内容为王"〉商榷》,辜晓进,《新闻记者》2014年第9期,第54—59页。

《历史记叙与新闻真实性观念的发生》,王蔚,《社会科学》2014年第9期,第154—163页。

《〈京报〉英译活动中的跨文化传播策略与技巧——以〈中国丛报〉文本为例》,工海,《国际新闻界》2014年第10期,第62—81页。

《制造职业荣誉的象征:中国官方新闻奖的制度实践(1980—2013)》,黄顺铭,《国际新闻界》2014年第6期,第29—45页。

传播学

《从蚂蚁效应看互联网群体传播的双重效果》，隋岩、张丽萍，《新闻记者》2015年第2期，第72—77页。

《策略性框架与框架化机制：乌坎事件中抗争性话语的建构与传播》，周裕琼、齐发鹏，《新闻与传播研究》2014年第8期，第46—69页。

《中国抗争行动的"文化框架"——基于拆迁抗争案例的类型学分析（2003—2012）》，郑雯、黄荣贵，《新闻与传播研究》2015年第2期，第5—26页。

《全媒体时代政治传播的现实特征与基本转向》，邵培仁、张梦晗，《探索与争鸣》2015年第2期，第57—60页。

《发展传播学近三十余年的学术流变与理论转型》，韩鸿，《国际新闻界》2014年第7期，第99—112页。

《国有企业舆情风险与危机传播管理体系研究》，段鹏，《当代传播》2015年第1期，第32—35页。

《制度嵌入与技术规训：实名制作为网络治理术及其限度》，姜方炳，《浙江社会科学》2014年第8期，第70—76页。

媒介、社会与文化

《媒介学：观念与命题——关于媒介学的学术对谈》，陈卫星、雷吉斯·德布雷，《南京社会科学》2015年4期，第101—106页。

《媒体使用、媒体信任与基层投票行为——以村/居委会换届选举投票为例》，李丹峰，《江苏社会科学》2015年第1期，第41—51页。

《媒体融合对社会发展的推动作用》，时统宇，《电视研究》2014年第10期，第26—27页。

《从"模式"到"实践":国家、资本与社会关系中的中国有线电视数字化转换》,姬德强,《新闻大学》2015年第1期,第65—72页。

《"互联网+"时代电视营销策略解读》,张君昌,《电视研究》2015年第6期,第7—9页。

《经验功能主义:还原、反思与重构》,张勇锋,《新闻与传播研究》2014年第9期,第24—38页。

《社会化媒体与空间的社会化生产——列斐伏尔和福柯"空间思想"的批判与对话机制研究》,刘涛,《新闻与传播研究》2015年第5期,第73—92页。

《新媒体涉私内容传播与隐私权理念审视》,陈堂发,《学术月刊》2014年第12期,第13—21页。

《"互联网+"意味着什么——对"互联网+"的深层认识》,黄楚新、王丹,《新闻与写作》2015年第5期,第5—9页。

《话语转译与意义勾连:网络集体行动的多元逻辑——以"南京梧桐树事件"为例》,石义彬、林颖、吴鼎铭,《当代传播》2014年第12期,第15—17页。

《网络舆情不等于网络民意——基于"中国网络社会心态调查(2014)"的思考》,郑雯,《新闻记者》2014年第12期,第10—15页。

《新媒体不是"媒体"——基于媒介组织形态的分析》,谭天,《新闻爱好者》2014年第6期,第4—6页。

《社会化媒体对传统媒体信息传播的启示——从微信公众号谈起》,杨佳昕,《编辑之友》2014年第10期,第55—57页。